『춘관통고』 무보에 근거한 문무 춤사위 _임학선

1958년 춘기석전대제에 ○○ 성균관 ○○ 총장님(이선근)과 약학대학 입학생들 / 성균관
○○ ○○학대학생 남정현(양주향교)이 기증한 사진

2006 추기석전대제에서 일무선의 원형복원일무가 처음 시행됨 / 성균관대성전
춘관통고의 문무 춤사위

2007 춘기석전대제에서 임학선의 원형복원 일무가 공식 시행 됨 / 성균관대성전
악률전서의 무무 춤사위

2011 성균관대 전통학위 수여식 고유례 / 성균관대성전

악률전서 무보에 근거한 무무 춤사위 _임학선

여자가 신혜와 해진

돈텔일리의

상기에몬한화튼롬연산수 좋시리즈 5

유가예술문화콘텐츠연구소 총서시리즈 5

문묘일무의
역사적 원형과 왜곡

임 학 선 지음

차례

그림과 표 차례

문묘일무, 오늘에 이르기까지

　문묘일무 연구에 매진한 지 어느덧 20년, 문묘일무가 나의 춤과 내 일상 곳곳에 스며 있음을 느낀다. 공자의 흔적을 찾아 그의 숨결을 느껴보고자 중국 산동성 곡부를 여러 차례 오갔고, 국제공자문화절 참가를 계기로 서울 공연에 앞서 공자의 〈죽간춤〉과 〈문묘일무〉를 2003년 곡부 공묘대성전에서 먼저 선보이게 되었다.

　2004년, 무용 〈공자〉의 전막이 서울 예술의전당 오페라극장에서 초연된 이후, 프랑스 파리 유네스코와 중국 북경대, 산동대, 곡부사범대, 대만의 공묘대성전 등을 순회하였고, 2006년 문묘일무를 원형으로 복원하게 되었다. 또한 프랑스 호아이오몽 문화재단 초청 문묘일무 강연과 600여 년 전 무보 재현을 비롯해 독일 프랑크푸르트 세계도서전『문묘일무보 도해』전시와 문묘일무 워크숍, 그리고 한국석전학회와 국제석전학회 창립, 성균관대 유가예술문화콘텐츠연구소 설립에 이르기까지 문묘일무의 원형과 정통성 확보에 대해 참으로 많은 이야기를 남긴 길고 긴 시간의 여정이었다.

많은 사람들이 춤으로 공자를 만날 수 있다는 사실에 흥미로워했고, 막연하게 느껴졌던 『논어』〈팔일편〉 일무에 대해 알게 되어 기쁘다고 했다. 그들은 원형으로 복원된 한국의 문묘일무가 역사적 정통성을 지니고 있음에 격려의 말도 아끼지 않았다. 프랑스 유네스코 공연을 관람했던 학자들은 춤으로 만난 공자를 잊을 수 없다고 했고, 국제석전학회에 참가한 미국 학자는 한글판 문묘일무 책을 보고 있다고도 했다. 그리고 대만 불광대 이기상, 싱가폴국립대 이작연, 중국 절강대 조영광, 특히, 대만의 장수장(공자 78대 직계손), 중국의 공상림(공자후손), 중국의 장계강(북경올림픽 총괄안무) 등과의 국제교류는 한국 문묘일무 연구의 진정성에 무게를 더해주는 인연이었다.

이제 일무라는 춤은 더 이상 베일에 싸인 고대의 옛 춤이 아니라 어느덧 세상 밖으로 나와 그 진가를 발휘하고 있다. 더욱이 문묘일무 연구의 중심에 한국이 있고 또 미래가 있다는 사실이 필자의 심장을 강하게 두드린다.

작품 창작을 위해 시작된 문묘일무 연구는 고문헌을 발굴 수집하며 원형 찾기에 몰두하였다. 고서를 들추며 한자 풀이에 난해했던 필자만큼, 일반 독자들에게도 문묘일무는 낯설고 생소한 춤으로 여겨질 것이다. 그러나 누구나 반드시 접해 보아야 할 춤이 곧 문묘일무라는 것을 연구를 통해 알게 되었다. 공경·사양·겸양을 상징하는 문묘일무 춤사위에는 현대인의 에티켓인 예의범절의 의미가 담겨 있기에, 오늘날 그 사회적 교육적 가치는 더욱 주목받고 있다. 바로 이러한 점들이 필자의 연구를 보람되게 한다.

문묘일무 원형 복원에 관한 연구 성과는 다수의 논문과 저서로 출판되었으며 성균관과 문화재청 주최로 두 번에 걸친 원형성 검증이 있었다. 그 사이 문묘일무를 콘텐츠화 한 작품 〈스승 공자〉와 〈영웅 이순신〉, 그리고 문과 무가 하나 된 〈문·무·꿈·춤〉을 대작으로 완성하게 되었다. 덕분에 춤을 통해 공자와 이순신을 만나게 되었고, 이들을 주인공으로 작품을 창작하던 매 순간은 기쁨과 즐거움의 연속이었다. 지나고 보니 모든 게 학이시습지의 열정이었고 설레임이었다. 그럼에도 나는 아직 꿈꾸고 있으니 말이다.

문묘일무는 수신(修身)의 춤이기에 유가에서는 전통적으로 예를 체득하고 실천할 수 있도록 일무를 널리 가르쳤다. 오늘날 성균관에서 공자를 비롯한 39분의 훌륭한 스승을 기리는 석전대제를 거행하는 이유이고, 배움의 터전인 문묘에서 예를 행하는 석전 절차에 일무와 노래와 연주가 따르는 이유인 것이다.

그런데 그 춤이 일제 강점기를 거치는 지난 100여 년 동안 왜곡되었고, 성균관 유생들과 성균관대 학생들이 추던 일무를 외부 학생들이 담당하기도 했다. 이를 2004년 성균관대로 되찾아 왔으나 일무에 대한 이해 부족으로 아직도 표류 중이니 반드시 바로잡아야 할 일이다.

공자 탄신 2570주년이 되는 금년, 『문묘일무의 역사적 원형과 왜곡』을 출판하게 되었다. 이 책은 『문묘일무보 도해』, 『문묘일무의 이해』, 『문묘일무의 예악사상』에 이은 것으로 문묘일무 원형 연구 20년의 총결산이다. 제 1장은 문묘일무의 시원과 한국 문묘일무의 전승경로를 밝히고, 제 2장은 문묘일무의 원형복원을 위한 학술적 분석을, 제 3장은 문묘일무의 원형성 검증 내용을 사실 그대로 수록하였다. 이번 출판이 남다른 보람을 갖는 것은 문묘일무가 한국의 특화된 연구 분야로써 동아시아 문묘일무 연구의 중심국이 되었고, 불모지에서 문묘일무 전공 박사까지 배출할 수 있었다. 오늘의 문묘일무가 한국의 미래임을 생각하게 된다.

  작은 일에도 늘 힘을 모아주는 귀한 인연이 있다는 건 정말 행복한 일이다. 먼저, 문묘일무 연구를 가능케 한 성균관대와 성균관 석전대제보존회에 고개 숙여 감사하며 총장님을 비롯한 여러 교수님들과 출판부 그리고 총동창회에도 감사드린다. 또한 연구와 콘텐츠개발 현장까지 늘 함께 하며 격려해 주신 이상일, 이상은, 임태승 교수님과 무용계 선후배님들, 임학선댄스위와 팔일무단, 특히 다섯 권의 총서가 발간될 수 있도록 편집에 힘써준 연구소 수석 박자은과 디자인의 이승은에게 고마움을 전한다. 끝으로 아낌없는 응원으로 늘 버팀목이 되어 주는 나의 가족에게도 감사와 사랑을 보내며, 이것으로 『임학선 문묘일무』의 출판을 갈음하고자 한다.

성균관대 문행석좌교수

성균관대 유가예술문화콘텐츠연구소 소장

林 鶴 璇

1장

한국 문묘일무의 역사

1
문묘일무 시원

이 논문은 중국 북경무도학원 2014 학술논문집에 「일무시원고」로 발표되었고, 중국 '중화인민공화국 교육부'와 '인민대학'이 편집 출판하는 『무대예술(舞台艺术)』에 게재되었다. 《무대예술》은 희극희곡학, 무용학, 음악학 중점분야의 교육연구, 이론과 실기의 결합 등 중요 참고자료를 포함하는 학술자료이다. 중국 내 유일한 예술 분야 학술논문 발췌 간행물로 이미 주요 학술지에 발표된 논문 중 학술적 성과가 뛰어나고 그 파급효과가 큰 우수한 논문을 중심으로 발췌하여 엮는다. 기타 학술지와 같이 개인적으로 투고할 수 없고 오직 논문의 우수성에 기반 해 몇 편의 논문만 발췌되는 간행물인 만큼 그 의미가 크다고 할 수 있다.

Ⅰ. 서론

문묘일무(文廟佾舞)는 유교제례무로 스승 공자를 추모하는 춤이다. 이 춤은 고대 중국에서 유래되어 고려 예종 11년(1116) 우리나라로 유입된 이래 성균관을 통해 그 전통이 이어지고 있다. 문묘 성균관에서는 문무(文舞)를 출 때 약(籥, 피리)과 적(翟, 꿩 깃)을 들고, 무무(武舞)에서는 간(干, 방패)과 척(戚, 도끼)을 든다. 그러나 오늘날 중국 곡부 공묘의 제공악무(祭孔樂舞)는 약적을 드는 문무만을 추고 있다. 송대 이후 무무를 추지 않는 것이 한국과 다르지만, 결국 한국에서 문묘일무로 지칭되는 공저 제사무는 중국 공묘의 제공악무와 같은 것임을 알 수 있다.

한국에서는 일무가 일반적으로 춤을 일컫는 하나의 명칭으로 인식되어왔다. 그러나 엄격히 말해 일무는 행(行)과 열(列)로 줄지어 늘어서는 춤의 '형식'을 뜻하는 바, 주대(周代)에 확립되었던 이 같은 춤 형식의 근원을 살피는 것은 일무의 시원뿐 아니라 넓은 의미에서 원시 고대 무용의 시원을 추적하는 데에도 매우 중요한 사안이다.

신인합일(神人合一)을 목적으로 하였던 고대의 제례는 춤과 노래와 음악을 수반하였다. 여기서 무(舞)는 일무를 지칭하는 것으로, 이는 고대 중국 육대대무(六代大舞)를 가리킨다. 육대대무는 황제, 요, 순, 우, 탕, 무의 여섯 황제의 공덕을 상징하여 만든 춤이기 때문에 최고의 예를 올리는 팔일(八佾)의 형식으로 춤추었다.

본 논문에서는 공자제사무를 고대 중국의 육대대무로 소급하여 '문묘일무 시원'을 밝혀보고자 한다. 이는 춤의 역사는 물론 춤의 원리 및 춤에 내재된 사상과 철학을 아우르는 가장 기본적인 연구이기 때문이다. 따라서 육대대무에서 취한 팔일의 춤 형식과 팔일을 행하였던 무위(舞位, 일무 위치)를 역사적 관점에서 분석한 본 연구자의 기존 연구를 토대로 문묘일무의 시원을 고찰해보고자 한다.

Ⅱ. 일무의 개념

1. 일무

일무는 엄격히 말하자면 "춤의 이름이 아니라 춤추는 형식"[1]이다. 『논어』「팔일」편에서 '무열야(舞列也)'라 하여 '일(佾)'이라는 글자가 춤의 줄(列)을 뜻하는 것임을 확인할 수 있다. 줄을 지어서 춤추는 일무의 형식이란 사회적 지위에 따라 춤의 규모를 달리한 것으로 천자(天子) 팔일(八佾), 제후(諸侯) 육일(六佾), 대부(大夫) 사일(四佾), 사(士) 이일(二佾)로 차등을 두었다.

춤의 줄 수와 관련하여 『좌전』에서 "춤은 반드시 8인으로 대열을 삼아야 한다"라고 하였다. 일무에서 '8'을 춤의 기준으로 삼은 것은 '팔괘의 원리'를 따른 것으로 팔음(八音), 팔풍(八風), 팔방(八方)과 깊이 연관된다. 그래서 "춤은 팔음을 조화시키고, 팔방의 풍류에 알맞게 하는 것일 뿐만 아니라, 팔음을 조절하여 조화를 이루어야만 악을 이룰 수가 있다"라고 하였다.[2] 또한 『주역』의 「계사전」에는 "팔

---

1) 임학선(2006), 『문묘일무의 이해』, 성균관대학교 출판부, 29쪽.
2) 장안무, 『반궁예악전서』券16, 左傳衆仲曰 舞所以節八音而行八風 故自八以降 天子用八 諸侯用六 大夫 用四 士二……劉宋太常博士 傳崇議曰 杜氏註 左傳佾舞云 諸侯六六三十六人 以爲非也 夫舞者 所以節 八音者也 八音克諧 然後成樂 故樂必以八人爲列.

괘성열상재기중의(八卦成列象在基中矣)"라 하여 팔괘가 열을 이루어 상(象)이 가운데 있다고 한 것과 깊이 관련되며, '육효의 변화'를 취하여 만든 춤이 바로 일무임을 『반궁예악전서』에 전하고 있다. 이처럼 일무는 일정한 형식을 조화롭게 하는 춤이라 할 수 있으며, 그 근본은 자연의 이치를 취하여 음(— —)과 양(—)의 부호로 나타낸 팔괘 원리에 준하는 춤인 것이다.

앞서 언급한 바와 같이, 일무 줄의 수는 신분의 고하를 상징한다. 때문에 '팔괘의 열'과 동일한 원리를 취하여 8을 춤의 기준으로 삼아 직급에 따라 여덟, 여섯, 넷, 두 줄로 표현된다. 천자에서 사에 이르기까지 춤의 줄을 두 줄씩 감하여 차등을 두게 된 것은 일무가 음양의 짝을 이루는 구조적 특성을 지니는 춤이기 때문이다. 이렇듯 여러 무원들이 줄을 이루어 추는 춤은 하·은·주 삼대 이전부터 있어 온 것이었으나 주대에 이르러 팔일의 춤 형식 체계를 갖추게 되었다. 당시의 계급제도는 천자로부터 그 아래로 엄격한 구분을 이루었다. '천자 팔일' 형식을 가장 큰 규모로 하여 '제후 육일', '대부 사일', '사 이일'로 신분에 따라 차등을 둔다. 이를 적용하면 고대 중국의 6대를 잇는 황제, 요, 순, 우, 탕, 무 등 여섯 황제를 상징하는 육대대무(六代大舞)는 춤의 규모가 가장 큰 팔일의 규모로 춤을 추게 된다. 이와 같이 일무는 사회적 신분과 지위를 나타내는 것으로 존비와 차등을 극명하게 구분하고 있으며, 특히 주대의 사회 계급제도를 그대로 반영하는 일종의 규범으로 존재했다는 것을 미루어 짐작할 수 있다.

2. 일무 형식

무원들이 줄지어 춤추는 형식은 주대에 이르러 육대대무가 확립됨에 따라 견고한 틀을 갖추게 되었다. 주대에는 사회적 신분과 계급에 따라 춤의 줄 수와 무원 수를 달리하였는데 여기에서 팔일, 육일, 사일, 이일이라고 하는 것은 춤의 줄 수를 일컫는 것이다. 일무의 춤추는 형식은 '복건설'과 '두예설' 두 가지가 전해지는데, 각각 춤의 줄 수와 무원 수에서 차이를 보이고 있다. 복건설은 8을 기준으로 열만을 두 줄씩 줄여 팔일, 육일, 사일, 이일로 춤추지만, 두예설은 행과 열을 각각 두 줄씩 감하여 춤의 줄 수와 무원 수를 달리한다. 사료에서 알 수 있듯이 역사적으로도 두 가지 설을 두고 옳고 그름의 논의가 많았다. 하지만 팔일은 자연의 이치와 원리를 취한 팔괘, 팔음, 팔풍, 팔방과도 깊숙이 연관되어 있어서 본 연구자는 8을 기준으로 한 복건설이 타당하다고 보는 입장이다.

1) 복건설

복건설은 8을 기준으로 춤의 줄 수를 두 줄씩 줄여 '천자 팔일'의 64인(8×8), '제후 육일'의 48인(8×6), '대부 사일'의 32인(8×4), '사 이일'의 16인(8×2)이 춤추도록 하는 방식이다.

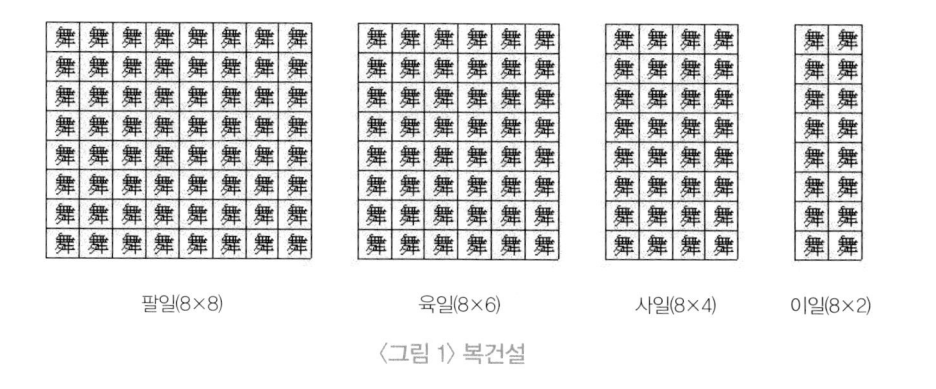

팔일(8×8)　　　육일(8×6)　　　사일(8×4)　　　이일(8×2)

〈그림 1〉 복건설

2) 두예설

두예설은 8을 기준으로 한 것이 아니라 행(行)과 열(列)을 두 줄씩 감하는 방식이다. '천자 팔일'의 64인(8×8)은 동일하지만, '제후 육일'의 36인(6×6), '대부 사일'의 16인(4×4), '사 이일'의 4인(2×2)이 춤추도록 하여 복건설과 차이를 보인다.

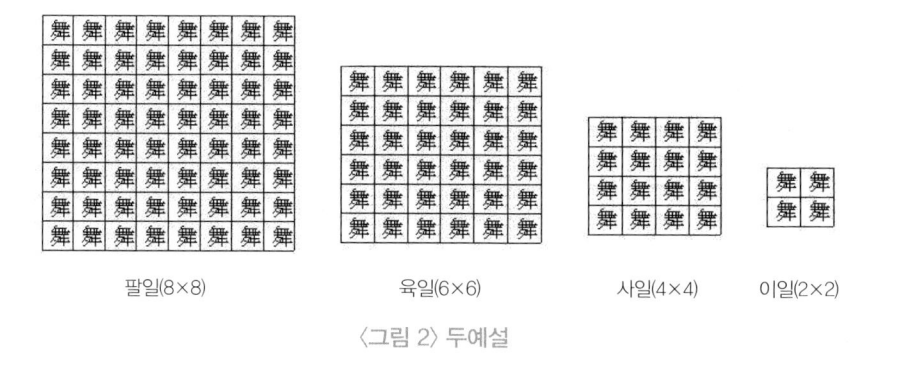

팔일(8×8)　　　육일(6×6)　　　사일(4×4)　　　이일(2×2)

〈그림 2〉 두예설

Ⅲ. 문묘일무 시원

　예로부터 "춤은 공덕에서 나온다"고 하였다. 전통적으로 한 왕이 일어나면 반드시 그 왕의 악(樂)을 만들고, 훌륭한 임금은 공(功)을 이루고 정치를 안정케 한 후 성악(聲樂)을 만들어 그 덕을 형상화하였다.[3] 청대의 문헌『반궁예악전서』에 의하면 육대대무(六代大舞)가 하·은·주 삼대 왕조 이전에 이미 존재해왔다고 되어 있으므로, 줄을 지어 추는 일무는 그보다 훨씬 전인 상고시대로부터 비롯된 춤임을 추측할 수 있다.

　한편 고대 중국에서는 황제들의 공과 덕을 널리 알리기 위해 만든 춤을 각종 제사에 올리고 후에 공자의 제사에도 사용하였다. 각종 제사의식에는 일종의 의식 행위가 치러지는데 이 때 팔일 형식의 춤이 전제된다. 그것이 곧 육대대무인 〈운문〉, 〈함지〉, 〈대소〉, 〈대하〉, 〈대호〉, 〈대무〉이다. 따라서 문묘일무의 시원은 신분의 차이에 따라 춤의 등급을 달리한 유대대무로 소급하여 추적해 볼 수 있는 것이다. 다음은 고대 일무의 근간을 이루고 있는 육대대무와 팔일의 춤 형식, 그리고 팔일을 행한 그 위치를 통해 문묘일무의 시원을 탐색해보고자 한다.

1. 고대 일무

　고대 중국에는 여섯 종류의 대표적인 춤이 있다. 이 춤들은 줄을 지어서 춤추

---

3)『증보문헌비고』「악고」1, 一王之興 必有一王之樂……古之聖王 功成治定 制爲聲樂 皆各象基德.

<그림 3>『악률전서』에 수록된 육대대무

는 것이 특징이다. 주나라는 건국 초 종법제에 따른 예악제도를 제정, 예를 정하고 악무를 만드는 제례작악(制禮作樂)이 본격적으로 이루어지게 되었다. 건국 초에 악무를 집대성하여 육대의 전통을 세우기 위해 여섯 종류의 춤을 만든 것이다. 신화시대로부터 이어진 〈운문대권(雲門大卷)〉, 〈대장(大章)〉, 〈대소(大韶)〉, 〈대하(大夏)〉, 〈대호(大濩)〉와 그 밖의 춤들을 모두 수용하였고, 춤의 이름도 〈운문대권〉을 〈운문(雲門)〉으로, 대장을 〈함지(咸池)〉로 개칭하였다. 또한 〈상(象)〉이라는 춤을 〈대무(大武)〉로 새로 만들어 〈운문〉, 〈함지〉, 〈대소〉, 〈대하〉, 〈대호〉에 추가함에 따라 마침내 육대대무가 이루어진 것이다.[4] 육대대무는 여섯 황제들의 공덕을 상징하는 무구를 들고 춤추었다.

　주재육(朱載堉)[5]의 『악률전서(樂律全書)』에 전하는 「육대소무보(六代小舞譜)」[6]에 의하면 〈운문〉은 오색기를 들고 추었고, 〈함지〉는 무구 없이 옷소매만을, 〈대소〉는 붕

---

4) 임학선(2011), 『문묘일무의 예악사상』, 성균관대학교 출판부, 44쪽.
5) 주재육(1536~1611)은 명대의 유명한 법률가이자 역사가이다. 그는 사서에 기록된 것을 근거로 하여 몇몇 고대 무보를 만들었다.
6) 「육대소무보」는 〈인무(人舞)〉를 제외한 원래의 무보들이 소실되어 명나라 때 주재육이 다시 만든 무보이다. 주재육은 『악률전서』에서 무보에 그린 춤사위는 "비교 서술한 것이지 창작한 것이 아니다"라고 명백히 밝히고 있어서 「육대소무보」가 옛 문헌의 검증과 고증을 통해 대무와 소무 모두를 무보화한 것임을 알 수 있다.

소, 〈대하〉는 약적, 〈대호〉는 모(旄), 〈대무〉는 간척을 들고 춤을 추었다.

이후 시대의 흐름에 따라 정치와 제도의 변화가 있을 때마다 새로운 악무를 지어 춤의 이름을 달리하였다. 한(漢)의 〈문시지무(文始之舞)〉와 〈무덕지무(武德之舞)〉, 당(唐)의 〈공성경선악(功成慶善樂)〉과 〈진왕파진악(秦王破陣樂)〉, 〈용선화지무(用宣和之舞)〉, 송(宋)의 〈화성천하지무(化成天下之舞)〉와 〈위가사해지무(威加四海之舞)〉, 남송(南宋)의 〈현덕승문지무(玄德升聞之舞)〉와 〈천하대정지무(天下大定之舞)〉, 그리고 명(明)의 〈영화지무(寧和之舞)〉, 〈안화지무(安和之舞)〉, 〈경화지무(景和之舞)〉와 청(淸)의 〈선평지무(宣平之舞)〉, 〈질평지무(秩平之舞)〉, 〈서평지무(叙平之舞)〉가 그것이다. 이 춤들역시 팔일로 춤추었고, 공자의 제사는 대부분 육일로 행하였다.

주대에 확립된 팔일 형식의 춤은 공자가 존재했던 춘추전국시대를 거쳐 후대로 이어졌으며 송대에 이르러 하·은·주 삼대의 제도를 복원하면서 부흥기를 맞는다. 송대에는 신종 원풍 2년(1079)에 만든 문무 육성(六成)과 무무 육변(六變)이 있고, 철종 원우 4년(1089)에 섭방(葉防)이 만든 문무 〈화성천하지무〉와 무무 〈위가사해지무〉가 있다. 이 두 춤을 공자 제사에 사용하였는데, 이 시기에 만든 문무와 무무가 아악과 함께 고려 예종 11년 우리나라로 유입되었다. 문무의 약적과 무무의 간척이 당시 함께 들어와 오늘에 이르게 되니 그 역사가 매우 오래되었다.

2. 일무 위치

무위(舞位)는 일무 위치를 뜻하는 것으로 무원들이 춤추는 자리이다. 일무의 공간

배치는 삼재사상과 음양사상[7]에 의해 정해진다. 일무를 이루는 무원 수 형식에도 법칙이 있듯, 무원들이 서는 자리에도 일정한 법칙이 존재한다. 춤추는 공간에 따라 춤동작과 의미가 달라질 수 있기 때문에 일무 추는 위치를 매우 중히 여겼다.

황제시대 이후 주대에 이르기까지 고대 일무의 위치는 크게 두 가지 양상을 띤다. 『장자(莊子)』「천운(天運)」편에 따르면 〈함지〉는 동정(洞庭)의 뜰, 즉 궁성 외곽의 언덕에서 천신과 지신에게 제사지낼 때 일무를 추었음을 알 수 있다. 여기서 유추할 수 있는 것은 천신과 지신에게는 최고의 예를 갖추어 팔일의 형식으로 춤추었다는 점이다. 고대 중국의 육대를 잇는 순임금시대에 일무의 체계를 짐작해 볼 수 있는 중요한 단서이다. 한편 『시악화성(詩樂和聲)』에 따르면 순임금 시절 문무와 무무를 양쪽 계단에서 추었음을 확인할 수 있다. 그 위치를 좀 더 자세히 살펴보면, 황제가 〈함지〉를 '동정의 뜰'[8]에서 베푼 것을 비롯하여 우순시대에는 〈간우(干羽)〉를 '양쪽 계단'[9]에서 추었으며, 은나라에서는 〈만무(萬舞)〉를 '사당의 뜰'[10]에서 행하였다. 그 후 명대에 이르러서는 일무를 '계단 위'[11] 섬돌에서 추는 변화가 따랐다. 반면 조선시대에는 대개 '동쪽과 서쪽의 양쪽 계단 아래(東階之下 西階之下)'[12], 즉 악현의 북쪽 섬돌의 남쪽 계단 아래(縣北階南)에서 일무를 추었으나, '묘정의 가운데 뜰' 또

---

7) 임학선(2009), 「석전 무위의 역사적 추이에 대한 소고」, 2009 한국석전학회 춘계학술회의 자료집, 32쪽.
8) 『장자』, 「天運」, 北門成問于黃帝曰 帝張咸池之樂于洞庭之野……
9) 『서경』, 「虞書」, 大禹謨, 禹拜昌言 曰兪 班師振旅 帝乃誕敷文德 舞干羽于兩階 七旬有苗格……
10) 『시경』, 庸鼓有斁 萬舞有奕 我有嘉客 亦不夷懌……
11) 『시악화성』 券9, 「二舞位序」, 皇明旣舞于階上……
12) 『시악화성』 券9, 「二舞位序」, 書曰舜舞干羽于兩階 干武舞也 羽文舞也 兩階東西階也 蓋文舞位于東階之下 武舞位西階之下 而兩階之下 恰當堂上堂下二懸之間 所以象人事之在天地間也 古者宮室 量其行禮而作之 故文舞退 則必由堂下懸之東 而不侵及其西 武舞進 則必由堂下懸之西 而不侵及其東 周禮大胥 正舞位以序出入 是也.

는 서쪽[13] 한편에서 추기도 하였다. 이렇듯 일무의 위치는 여러 설이 전해지지만 본래 위치는 동쪽과 서쪽의 양쪽 계단 아래로 당상악과 당하악 사이 '묘정의 뜰'로, 이 자리는 순임금시대에 간과 우를 들고 춤추었던 양쪽 계단이라고 한 바로 그 위치이다. 순임금 때 문무와 무무 두 춤을 양쪽 계단에 배치하였던 것과 관련된 내용이 『시악화성』에 전한다.[14]

일무원이 묘정의 뜰에 위치하는 것은 인위(人位)가 천지 사이에 존재함을 나타낸 것으로, 삼재사상에 의해 배치된 자리이다. 그 자리에 인사(人事)를 상징하여 만든 문무와 무무 두 춤을 두게 되는데, 음양사상에 따라 양에 속하는 문무를 동쪽으로 하고, 음에 해당하는 무무는 서쪽으로 하였다. 이는 문을 무보다 높이 여기고 동을 서보다 높이 여긴 것에 기인한다.

〈그림 4〉는 우순시대의 일무 위치를 복원하여 도식화한 것으로, 2009년 본 연구자가 사료에 근거하여 최초로 재현한 그림이다.[15]

13) 『정조실록』 券24, 正祖 11년(1787), 蓋國初宗廟正殿東西庭之廣隨之 當祭時 殿下板位 盥洗位及諸執事拜位 盥洗位及諸執事序立之位 皆在東庭 地勢逼窄難容 故佾舞之設於西庭 似以是歟…….
14) 『시악화성』 券9, 書日舜舞干羽于兩階, 干武舞也, 羽文舞也, 兩階東西階也. 蓋文舞位于東階之下, 武舞位西階之下, 而兩階之下, 恰當堂上堂下二懸之間, 所以象人事之在天地間也. 古者宮室, 量其行禮而作之, 故文舞退, 則必由堂下懸之東, 而不侵及其西, 武舞進, 則必由堂下懸之西, 而不侵及其東, 周禮大胥, 正舞位以序出入, 是也.
15) 임학선(2009), 위의 논문. 33쪽.

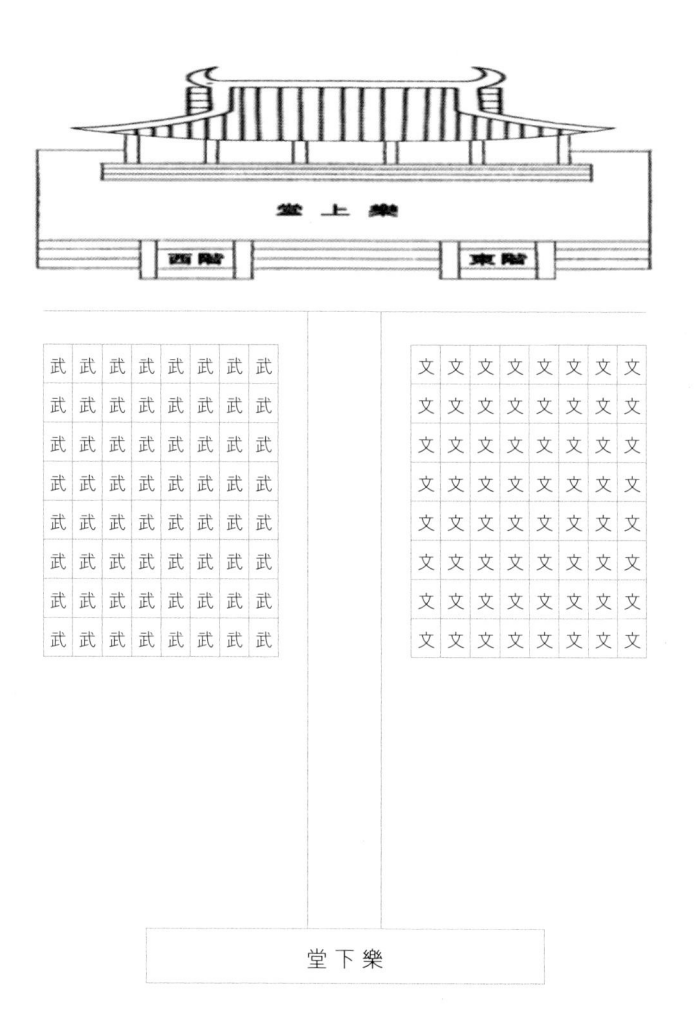

〈그림 4〉 고대 중국 우순시대의 문무와 무무 위치

Ⅳ. 결론

삼국시대부터 중국의 유교 제례는 우리나라에 문화적 영향을 미치기 시작하였다. 더욱이 문묘일무는 고려 예종 때 대성아악과 함께 전래되었으며 유교적 예악문화는 동아시아 예의 정수라 불리는 문묘일무에서 그 빛을 발하게 되었다.

21세기는 전 세계적으로 유학의 인문학적 가치가 새롭게 조명되고 있다. 이러한 시기에 유가예술의 꽃이라 일컬어지는 문묘일무의 시원을 밝히는 연구는 단순히 유교적 가치를 초월해 원시 고대 무용의 시원을 가늠하는 중대한 가치를 지니는 것이라 하겠다.

문묘일무는 신을 절대시하던 원시시대로부터 황제를 최고로 여기는 국가체제를 이루는 접점에서 확립된 춤으로, 그 모든 내용은 구전에서 경전으로 기록되는 '신화의 경전화'로 오늘에 이른다. 기록을 통해 가장 오래된 춤이 〈운문〉, 〈함지〉, 〈대소〉, 〈대하〉, 〈대호〉, 〈대무〉임을 알 수 있었고, 고대 중국의 여섯 황제를 상징하는 이 춤이 곧 문묘일무의 시원이자 무용의 시원과도 맞닿아 있음을 팔일의 춤 형식과 무위 분석을 통해 알 수 있었다.

문묘일무는 일반적인 민속무용이나 창작무용과는 다른 제례무로, 오랜 세월 동안 변함 없이 기록으로 전해 내려오는 춤이다. 때문에 이 춤은 제례를 통해 유가의 사상을 구현하고 전승시키는 특성을 지니고 있다.

오랜 세월 기록으로 전해지는 무보의 춤사위를 분석해보면, 당상과 당하 사이묘정의 뜰에 서 있는 무원들은 두 줄씩 또는 동서 무원 전체가 나아가고 물러가면서 서로 마주보고 등을 지며, 위를 우러르고 아래를 굽어보며, 등을 굽히고 펴면서 춤을 추는 모습이다. 이는 당시 사람들이 서로의 마음을 주고받으며 살아가는 모습 그 자체를 표현한 것으로, 인류 보편적 삶의 도리이자 가치이며 인류의 시원과 맞닿아 있는 춤의 시원을 포괄하고 있음을 짐작하게 한다. 근본이 없으면 성립될 수 없고 형식이 없으면 그 무엇도 바로 행할 수 없다 하였듯, 고대 육대대무는 문묘일무의 시원이자 인류 춤 문화의 모태라는 사실에 주목해야 할 것이다.

2
현행 문무와
무무의 유래

이 논문은 한국무용사학회 논문집 제7호(2007. 10)에 「약적무와 간척무의 유래」로
발표된 논문을 수정·보완한 것이다. 본 연구는 고대 중국의 육대대무로부터 기원
한 문무와 무무의 유래를 밝히고 있다.

Ⅰ. 서론

오늘날 문묘 성균관의 석전은 공자를 비롯한 퇴계와 율곡 등 훌륭한 스승 39신 위전에 올리는 의례이다. 공자, 안자, 증자, 자사자, 맹자 등 오성(五聖)과 공문십철(孔門十哲)의 안회, 민자건, 염백우, 중궁(염옹), 재아, 자공, 염유(염구), 계로, 자유, 자하 및 송조육현(宋朝六賢)의 주돈이, 정호, 정이, 장재, 소옹, 주희 그리고 동국 18현의 최치원, 설총, 안유, 정몽주, 정여창, 김굉필, 이언적, 조광조, 김인후, 이황, 성혼, 이이, 조헌, 송시열, 김장생, 김집, 박세채, 송준길 등 총 39인의 위패를 모시고 제향을 올리고 있다.

석전은 본시 고대 중국에서 천(天)·지(地)·인(人), 산천(山川), 사망(四望), 조상(祖上)에게 제사하던 의식이었으나 후에 공자의 제사로 자리매김된 것이다. 석전이 공자의 제사로 압축된 배경[1]은 무엇보다도 한 나라가 유교를 국교로 정했다고 하는 사실과, 공자가 비단 중국 내에서뿐만 아니라 한국·일본 등 여러 동아시아 국가의 철학자 내지는 사상가 집단들로부터 가장 존경받고 추앙받는 성현의 지위에 오름으로써 성균관을 비롯한 학교를 중심으로 한 문묘대제로 정착하였다는 사실도 빼놓을수 없다. 이러한 석전이 우리나라로 전래된 것은 고구려 소수림왕 2년(372) 때이다.

예로부터 석전을 올릴 때는 스승 공자를 공경의 마음으로 섬기는 노래와 음악에 맞추어 그 예를 나타내는 몸짓으로 일무를 추게 된다. 고려 예종 11년 송으로부터 유입된 한국의 문묘일무는 고려와 조선의 성균관을 통해 900여 년간 이어져 오늘에 이른다.

---

1) 장재천(2003), 「석전의 사회교육·문화적 가치」, 『문묘일원과 석전대제』, 종로구청, 78쪽.

연구자는 17종의 무보 외에 문무와 무무의 유래를 밝힐 수 있는 옛 문헌을 추가로 발견하게 되었다. 그것은 명나라 때 주재육에 의해 편찬된 『악률전서(樂律全書)』로, 고대 중국의 6대를 잇는 황제, 요, 순, 우, 탕, 무의 공덕을 상징하는 여섯 종류의 춤을 확인할 수 있는 「육대소무보」가 수록되어 있다. 문무 3종과 무무 3종의 무보가 전해지는데, 6종의 춤은 사용하는 무구가 모두 다르고 상징하는 바도 각각 다르다. 본 논문에서는 「육대소무보」 분석을 통해 현존하는 문무와 무무의 유래를 밝히고자 한다.

Ⅱ. 일무의 의미

고대 중국에서는 여러 명이 줄줄이 늘어서서 추는 춤이 성행하였다. 이러한 일무의 형식은 하·은·주 삼대 이전부터 실재한 춤이었으나 주나라 시대에 이르러 팔일을 행하는 춤의 형식 체계를 갖추게 된 것이다. 춤의 줄은 그 당시 사회적 신분 차이, 즉 존비에 따라 춤의 줄 수를 달리하여 천자로부터 제후, 대부, 사에 이르기까지 춤의 규모에 차이를 두어 여덟 줄, 여섯 줄, 세 줄, 두 줄로 춤추도록 제도화하였다. 일무는 사회의 계급제도를 그대로 반영하는 춤이었기에 일종의 규범과도 같았다. 때문에 일무에서 춤의 줄 수 또한 그 신분과 지위에 따라 차이를 두어 춤의 형식 체계를 달리한 것이다. 여덟 줄로 춤추는 팔일을 제일 큰 규모로 하여 춤의 줄 수를 두 줄씩 줄여서 동서 각각 한 줄씩 감하는 춤의 원칙은 음양사상에 의한 것이다.

Ⅲ. 주대의 육대대무

　주나라는 건국 초에 황제, 요임금, 순임금, 우왕, 탕왕, 무왕의 공덕을 상징하는 여섯 황제의 악무를 집대성하여 육대대무를 완성하게 되었다. 상고시대로부터 전해진 원시 무용을 비롯하여 하나라와 은나라의 춤 〈운문대권〉, 〈대장〉, 〈대소〉, 〈대호〉, 〈대하〉를 수용하는 한편, 〈운문대권〉을 〈운문〉으로, 〈대장〉을 〈함지〉로 개칭했다. 이어 주공이 주나라 악무를 재정비하고 〈대무(大舞)〉를 새로 만들어 〈운문(雲門)〉, 〈함지(咸池)〉, 〈대소(大韶)〉, 〈대호(大濩)〉, 〈대하(大夏)〉에 추가함에 따라 이른바 육대대무가 그 모습을 갖추게 되었다. 〈운문〉이 생긴 이후로는 다시 〈불무(帗舞)〉, 〈인무(人舞)〉, 〈황무(皇舞)〉, 〈우무(羽舞)〉, 〈모무(旄舞)〉, 〈간무(干舞)〉의 육대소무(六代小舞)가 생겼다.[2] 육대소무는 육대대무에서 비롯된 춤들로, 당시 인재를 양성하기 위한 교육 목적으로 널리 사용되었다.

　육대대무와 육대소무의 관계는 「육대소무보」를 통해 그 내용이 파악된다. 주재육은 「육대소무보」를 창제하면서 육대대무와 육대소무의 유래와 각각의 춤이 가지는 의미를 붙이고, 『예기』 「악기」와 『시경』 「좌전」 등 옛 문헌에 남아 있는 춤의 기록들을 발췌하여 무보 하단에 기록함으로써 육대대무와 육대소무에 대한 이해를 돕고 있다.

　「육대소무보」를 살펴보면 각각의 무보 상단에 "운문별명불무 함지별명인무 대소별명황무 대하별명우무 대호별명모무 대무별명간무(雲門別名帗舞 咸池別名人舞 大韶別名皇舞 大夏別名羽舞 大濩別名旄舞 大武別名干舞)"라 하여 각각의 별명을 〈운문〉은 〈불

---

2) 임학선(2006), 『문묘일무의 이해』, 성균관대학교 출판부, 87쪽.

무〉, 〈함지〉는 〈인무〉, 〈대소〉는 〈황무〉, 〈대하〉는 〈우무〉, 〈대호〉는 〈모무〉, 〈대무〉는 〈간무〉라 적음으로써 육대대무의 별명이 육대소무라는 점을 분명히 하고 있어 육대대무와 육대소무는 같은 춤임을 알 수 있다. 여섯 종류의 춤에서 〈운문·불무〉는 고대 중국의 시조라 할 수 있는 황제의 춤이며, 〈함지·인무〉는 요임금의 춤, 〈대소·황무〉는 순임금의 춤, 〈대하·우무〉는 우왕의 춤, 〈대호·모무〉는 탕왕의 춤, 〈대무·간무〉는 주나라 무왕의 춤이다.

「육대소무보」에서 확인되듯이 육대대무는 춤에 따라 사용하는 무구가 각각 다르다. 〈운문〉에 속하는 〈불무〉는 큰 오색기를 들고 춤추며, 〈함지〉의 〈인무〉는 무구를 사용하지 않고 긴 소맷자락으로, 〈대소〉의 〈황무〉는 소(봉소)를 들고, 〈대하〉의 〈우무〉는 약과 적을 들고, 〈대호〉의 〈모무〉는 모를 들고, 〈대무〉에 속하는 〈간무〉는 간과 척을 들고 각각 춤을 춘다. 이렇듯 춤에 사용된 도구가 각기 다른 것은 여섯 황제의 업적을 상징하는 바가 다르기 때문이다. 옷소매와 소와 약적은 문(文)을, 오색기와 모와 간척은 무덕을 상징하여 문무 3종과 무무 3종을 만든 것이다.

이상의 여섯 춤 중에서 약적을 들고 추는 〈대하〉와 간척을 들고 추는 〈대무〉가 대표작으로 남겨지게 되었다. 오늘날 성균관 석전대제에서 추는 문무와 무무는 바로 〈대하〉와 〈대무〉에서 유래된 것으로 그 내용은 다음과 같다.

Ⅳ. 현행 문무와 무무의 유래

1. 문무의 유래

문무는 오른손에 적(翟)을 들고 왼손에 약(籥)을 드는 춤으로 우왕의 춤 〈대하〉에서 비롯된다. 「육대소무보」에는 약적을 들고 추는 〈우무〉의 춤동작이 그림으로 그려져 있고, 그 아래에 춤과 관련한 내용을 기록하고 있다.

〈그림 1〉「육대소무보」의 〈우무〉

〈우무〉는 〈대하〉의 한 갈래이다. 『서경』에서는 우건하적(羽畎夏翟)이라 말하였고 『악기』에서는 하약서흥(夏籥序興)이라고 말하였는데, 약과 적에 모두 하(夏) 자를 붙여 이름을 삼은 것은 〈대하〉를 춤출 때 약과 적을 잡기 때문이다. 『시경』에서 "왼손에는 약을 잡고 오른손에는 적을 잡네"라고 한 것이 이것이다. 3)

---

3) 주재육, 『악률전서』券37, 380쪽. 羽舞者 大夏支派也 書曰 羽畎夏翟 記曰 夏籥序興 籥翟 皆以夏爲名者

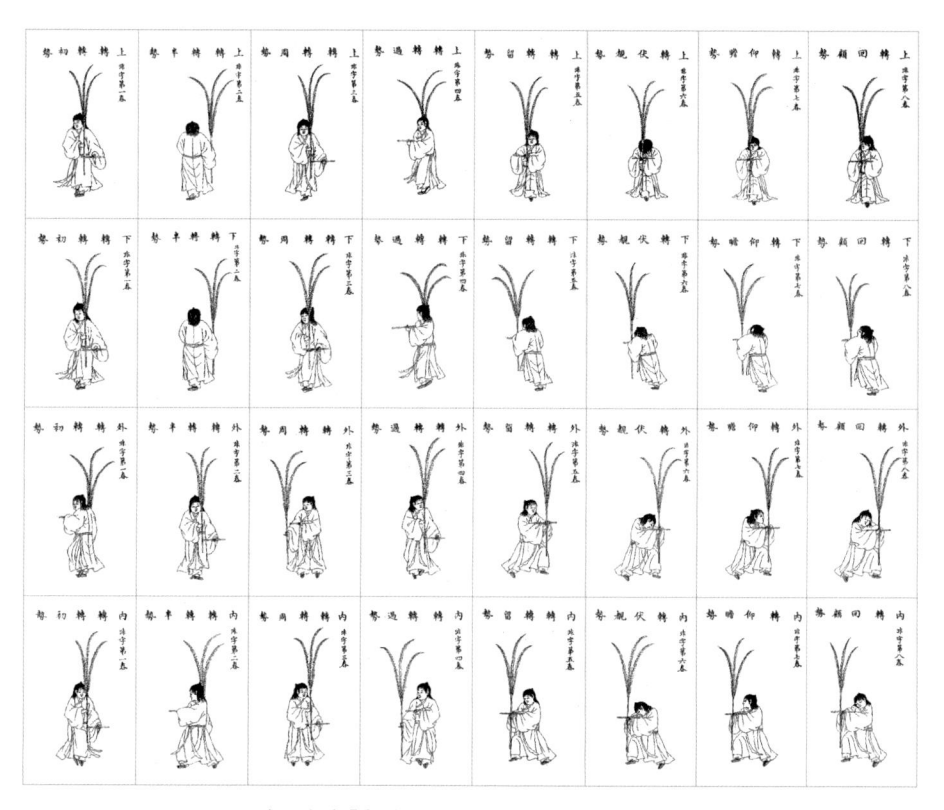

〈그림 2〉「육대소무보」의 〈대하·우무〉 춤사위

〈대하〉는 하나라 첫 임금 우왕의 악무로 〈하약〉이라고도 한다.[4] 우왕이 "황제 왕조의 성왕이었던 두 임금, 즉 요임금과 순임금의 도에 순응하여 실행할 수 있다는 뜻으로 만든 춤이다." 피리는 하약(夏籥)이라 하며, 꿩깃을 꽂아 만들어 춤추

以舞大夏 所執故也 詩曰 左手執籥 右手秉翟是也.
4) 주재육, 위의 책, 379쪽.

는 도구로 삼은 것은 하적(夏翟)이라 하였다. 꿩깃을 매달아 만든 자루의 길이는 3척인데 자루 길이가 5척이라고도 말한다. 꿩은 타고난 본성이 밝고 굳세기 때문에 선왕이 이를 귀하게 여겨 이용하였다. 춤에 있어서 그 밝고 굳셈을 취하여 예악법도로 삼으니 선비의 덕과 유사한 것이라 하였다. 약적을 들고 추는 〈대하〉는 성인이 되는 20세가 되어야만 배울 수 있는 춤으로, 인재들로 하여금 덕을 상징하는 춤을 습득하여 법도를 익히도록 했음을 알 수 있다.

『주례』에 의하면 약사로 하여금 공경대부 자제에게 〈우무〉를 추는 것과 피리 부는 것을 가르치고 관장하게 하였다고 기록하고 있다. 그리고 『예기』 「문왕세자」 편에서는 "가을과 겨울에 〈우무〉와 피리 부는 것을 배웠다"[5]라고 하였으며, 『시경』에서는 "피리라는 것은 대나무 소리의 하나일 뿐인데 이를 잡고서 춤을 추는 이유는 무엇인가"를 묻고 "성음의 근본이 여기에 붙어 있는 까닭에 문무에서 이를 숭상한 것이다"[6]라고 답하였다.

「육대소무보」에서 〈대하〉의 춤동작[7]을 살펴보면 약은 평평하게 앞으로 들고 적은 곧게 세워 위를 향하여 드는데, 약적을 합하는 십자형 동작과 약적을 양쪽으로 벌려 드는 동작이 주를 이룬다. 그리고 약을 앞으로 들고 적을 뒤로 하는 동작, 약을 앞으로 들고 적을 뒤로 휘감는 듯한 동작도 있다. 약은 땅을 상징하고 적은 하늘을 상징하며, 약적을 십자형으로 합하는 것은 '천지인 합일'을 의미하는 것으로 하늘과 땅과 하나되고자 한 인간의 마음을 기원하였던 것이다.

---

5) 장안무, 『반궁예악전서』 券16, 562쪽.
6) 장안무, 위의 책, 562쪽.
7) 주재육, 위의 책, 381쪽.

2. 무무의 유래

무무는 오른손에 척(戚)을 들고 왼손에 간(干)을 든다. 간척의 춤은 주나라 무왕을 상징한 〈대무〉에서 비롯된다. 〈대무〉의 별칭이 〈간무〉인데 「육대소무보」에 〈간무〉의 춤동작이 그림으로 그려져 있고 춤과 관련된 내용도 기록되어 있다.

〈그림 3〉「육대소무보」의 〈간무〉

〈간무〉는 〈대무〉의 한 갈래이다. 옛날의 천자(天子)는 주간(朱干, 붉은 방패)과 옥척(玉戚, 옥으로 만든 도끼)을 들고 〈대무〉를 추었다. 제후 이하에게 "감히 도끼 와 방패를 들고 춤추어서는 안 된다"라고 말한 것은 아니니, 다만 감히 붉은색과 옥으로써 장식하지 못할 뿐이고 검은 칠을 사용하여 꾸미는 것은 가능하였다.[8]

『여씨춘추(呂氏春秋)』에 주공이 〈대무〉를 창제하게 된 배경이 전해진다. 주나라

---

8) 주재육, 위의 책, 381쪽. 干舞者 大武支派也 古之天子 朱干玉戚 以舞大武 諸侯已下 非謂不敢舞干戚也 但不敢以朱玉爲飾耳 用黑漆爲飾可也.

무왕이 즉위하자 육군으로써 은나라를 쳤는데, 육군이 아직 은나라 도읍지에 이르지도 않고서 정예군대로 하여금 들판에서 그들 우두머리인 주(紂)를 물리쳤다. 무왕은 전쟁에서 승리하고 돌아와 태묘의 태실에서 포로를 바치고 이들의 목을 베었다. 이에 주공에게 명하여 〈대무〉를 짓게 하였다[9]고 전한다.

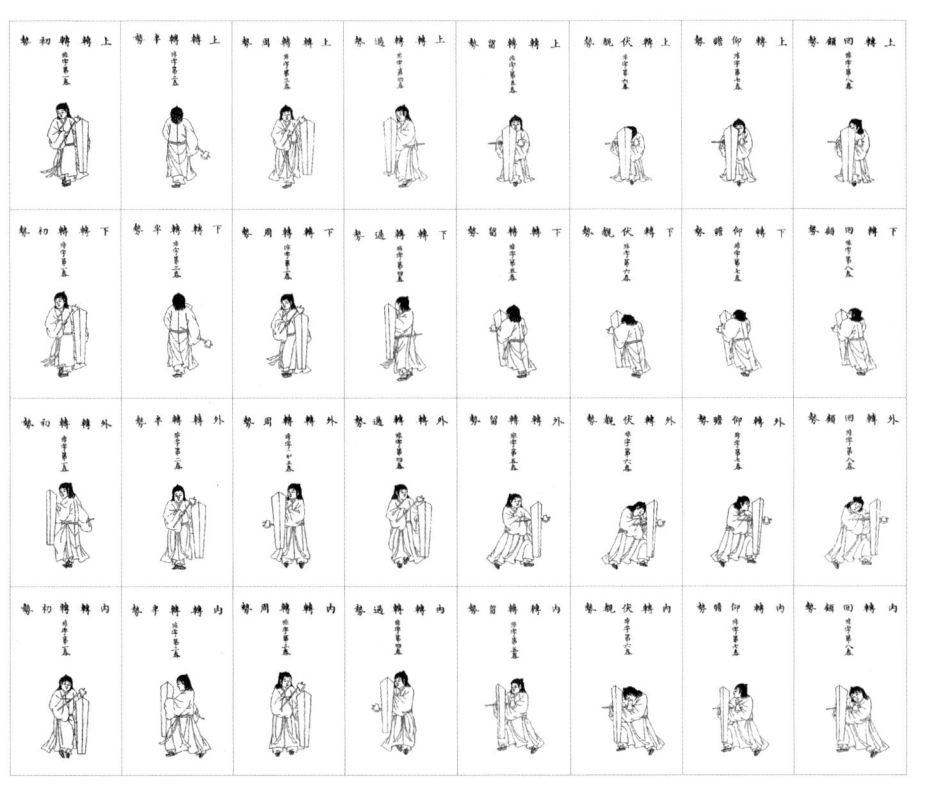

〈그림 4〉「육대소무보」의 〈대무·간무〉 춤사위

---

9) 김근 역(1993), 『여씨춘추』, 민음사, 243~253쪽.

〈대무〉는 무왕 발(發)이 당시 은나라 왕인 주(紂)를 토벌한 일을 칭송한 것으로, 천하 사람들이 은나라를 정벌하여 멸망시키고 주나라를 세우는 데 무용(武勇)을 떨쳤던 사실을 즐거워했다는 뜻이 담겨져 있다. 이 춤을 출 때 천자는 붉은색으로 장식된 방패와 옥으로 된 도끼를 들고 춤을 추었지만, 제후 이하의 사람들은 검은색의 칠기로 장식한 도끼와 방패를 들고 춤출 수 있었다.

「육대소무보」에서 〈대무〉의 춤동작을 살펴보면 왼손의 간은 세워서 막고 척은 오른손에 쥐고 내려치는 모습을 취하거나, 십자형으로 합하거나, 간척을 벌려 드는 동작으로 일관된다. 또한 간척을 십자형으로 합하거나 이를 나누어 쥐기도 한다. 한쪽 무릎을 낮추어 바닥에 대고 동서남북 사방으로 춤춘다. 이렇게 한쪽 무릎을 바닥에 대는 이유는 무인은 결코 양 무릎으로 꿇어앉지 않기 때문이다. 이와 같이 방패를 세우고 도끼로 내려치는 간척의 동작은 군사들의 진법을 상징하는 것으로 공격과 방어의 보벌(步伐)과 지제(止齊)를 의미하는 동작이다.[10]

V. 결론

고대 중국에서 비롯된 석전은 고구려 소수림왕 시대, 그리고 문묘일무는 고려 예종 때 우리나라로 유입되었다. 예로부터 석전에는 악가무 합악을 이루는 것이 필수였으므로 고구려의 석전에도 일무가 따랐을 것으로 추정되나 그 내용은 확인

---

10) 임학선, 위의 책, 119~122쪽. 『예기』 「악기」 편에 공자와 빈모고(賓牟賈)가 주나라의 무왕을 상징하는 춤 〈대무〉에 대해 나눈 내용이 전해지는데, 〈대무〉의 춤사위 하나하나가 지니는 의미에 대해 상세하게 이야기하고 있다.

되지 않는다. 고려시대에 들어온 문묘일무는 시대에 따라 차이를 보이지만 긴 세월 동안 그 맥이 이어져올 수 있었다. 문묘일무는 당시 예법에 따라 제도화된 춤이기에 공자의 덕을 찬양하는 노래와 그것을 표현한 춤사위가 유가의 전통으로 고스란히 남겨지게 되었기 때문이다.

성균관 석전대제로 이어지고 있는 문무와 무무의 유래는 『악률전서』의 「육대소무보」 분석을 통해서 그 실마리를 풀 수 있었다. 문무인 약적의 춤은 하나라 우왕을 상징한 〈대하〉에서, 무무인 간척의 춤은 주나라 무왕의 공덕을 기린 〈대무〉에서 각각 유래된 것임을 알 수 있었다. 주나라 때 확립된 문무 〈함지〉, 〈대소〉, 〈대하〉와 무무 〈운문〉, 〈대호〉, 〈대무〉 중에서 오로지 문무의 대표작으로는 〈대하〉가, 무무는 〈대무〉만이 남겨진 것이다.

일무의 종주국인 중국은 현재 문무의 명맥만을 유지하고 있을 뿐 무무는 사라진 지 오래이다. 중국 송나라 때 이미 공자의 문덕만을 섬겼던 제도에 따라 무무는 추지 않게 되었기 때문에 자연히 역사 속으로 사라진 것이다. 명·청 시대의 무보 대부분이 약적을 들고 추는 문무의 춤동작만을 기록하고 있는 것은, 공자의 문덕만을 섬겼던 송나라의 제도가 명나라와 청나라로 그대로 이어졌기 때문이다. 반면 한국은 문무와 무무 두 춤을 모두 지켜오고 있어 중국의 전승을 넘어서는 발전을 이루고 있어 자긍심을 갖게 한다.

3
송대로부터 이어진
한국 문묘일무

이 논문은 2007 석전학 국제학술회의 "문묘석전의 성찰과 정립"에서 발표된 것으로, 2009년 『한국무용연구』(제27권 1호)에 게재된 논문 「사료를 통해 본 송대 이후의 문묘일무」를 수정·보완한 것이다.

Ⅰ. 서론

한국의 문묘일무는 고려시대에 송으로부터 유입된 것에 유래를 두고 있다. 송대의 일무는 『송사』에 춤사위 술어가 전해지고, 명대에 이르러 술어로 전해지는 송대의 춤사위를 그림으로 그려 무보의 기록으로 남겼다. 그 모습이 조선시대 『춘관통고』의 무보로 전해져 오늘에 이른다.

중국 명·청대의 문묘일무보는 『궐리지』(1504), 『남옹지』(1544), 『황명태학지』(1557), 『삼재도회』(1597), 『반궁예악소』(1573~1615), 『반궁예악전서』(1656), 『대성통지』(1669), 『궐리광지』(1673), 『문묘예악고』(1674), 『국학예악록』(1719), 『문묘정제보』(1845), 『청읍반궁악무도설』(1851), 『성문악지』(1887)가 있으며, 조선시대와 개화기의 문묘일무보는 『춘관통고』(1788), 『궐리지』(1900년경), 『속수성적도후학록』(1917), 『공부자성적도성학유림록』(1926) 등이 있다.

문묘석전은 공자의 성덕을 본받고 학교에서 스승을 받드는 유교 의례이다. 이 의례에서 거행되는 문묘일무는 스승에 대한 공경의 예절을 나타내는 특별한 의미의 철학적 성격이 두드러진다.

공경의 예로써 스승을 기리는 문묘일무는 아악기만으로 연주되는 문묘제례악에 맞추어 춤을 추게 된다. 이 음악은 음의 길이가 길고 짧은 장단이 있는 것이 아니라 한 음 한 음의 길이가 모두 같고, 한 음에 한 동작을 춤추는 '일자일무(一字一舞)'의 형식을 취하게 된다. 이러한 형식의 문묘일무는 '삼진삼퇴(三進三退)'로써 공경과 사양과 겸양의 읍(揖)·사(辭)·겸(謙)을 춤추는 문무와 공격과 방어의 보벌(步伐)·지제(止齊)를 춤추는 무무가 특징이다.

본 연구에서는 이상과 같은 문묘일무의 특징을 송대의 춤사위 술어와 『궐리지』,

『남옹지』, 『반궁예악소』, 『반궁예악전서』, 『국학예악록』, 『춘관통고』의 춤사위를 비교·분석하여 그 실체를 파악해보고자 한다.

첫째, 송·명·청대와 조선시대 문묘일무를 비교한다.

둘째, 삼진삼퇴의 유래를 살핀다.

셋째, 송대 일무 춤사위 술어에서 삼진삼퇴의 읍·사·겸 춤사위와 보벌·지제의 춤사위를 추출한다.

넷째, 명·청대 『궐리지』, 『남옹지』, 『반궁예악소』, 『반궁예악전서』, 『국학예악록』의 무보와 조선시대 『춘관통고』의 무보를 비교·분석하여 그 관계성을 분석한다.

다섯째, 조선시대 『춘관통고』의 무보에서 삼진삼퇴와 읍·사·겸의 춤사위를 추출하여 송·명·청대와 조선시대 문묘일무와의 관계성을 도출한다.

Ⅱ. 송·명·청대와 조선시대의 문묘일무

1. 송대 문묘일무

『송사』(1345)에는 한국 문묘일무와 깊은 관계가 있는 두 종류의 문무와 무무가 전해진다. 기록에 의하면 하나는 신종 원풍 2년(1079)에 만든 문무와 무무이고, 또 다른 하나는 철종 원우 4년(1089)에 섭방(葉防)이 만든 문무 〈화성천하지무(化成天下之舞)〉와 무무 〈위가사해지무(威加四海之舞)〉이다. 주대의 제도를 따른 것으로 전하

는 〈화성천하지무〉는 천하를 화평하게 만든다는 의미의 춤이고, 〈위가사해지무〉
는 한고조의 위엄이 온 세상에 더해진다는 의미의 춤이다.

1) 신종의 문무와 무무

신종의 춤은 문무 육성(六成)과 무무 육변(六變)으로 구성되어 있다. 두 춤 모두
일무 위치에 무표(舞表)를 세우고 삼진삼퇴의 춤을 추었다. 무표는 무원이 춤추는
동선과 방향을 표시하기 위해 세운 것으로, 동서남북 사방에 4개를 세워 춤의 기
준으로 삼았다. 이러한 전통은 주나라 무왕의 춤 〈대무〉에서 비롯된 것으로, 무원
은 4개의 무표를 따라서 나아가고 물러가는 진퇴를 삼아 선회하며 춤을 추었다.

『송사』의 기록에서 무표를 따라 이동하며 진퇴와 선회를 춤추었던 신종의 문무
와 무무를 살펴보면 다음과 같다.

남쪽의 첫 번째 표시로부터 두 번째 표시에 이르기까지 일성이 된다. 세 번
째 표시에 이르면 이성이 된다. 북쪽의 첫 번째 표시에 이르면 삼성이 된다. 몸
을 돌려 뒷걸음질해서 세 번째 표시에 이르면 사성이 된다. 두 번째 표시에 이
르면 오성이 된다. 다시 남쪽의 첫 번째 표시에 이르면 육성이 되고, 무무를 시
작한다. 두 번째 표시에 이르러 일변이 된다. 세 번째 표시에 이르러 이변이 된
다. 북쪽의 첫 번째 표시에 이르러 삼변이 된다. 춤추는 자가 몸을 돌려 당을
향하고 뒷걸음질하여 남쪽으로 가서 셋째 표시에 이르러 사변이 된다. 치고 찌
르고 앞에 나아가서 두 번째 표시에 이르러 줄을 바꿔가며 차분하게 절도 있는
걸음을 걷고 좌우로 나누어 무릎을 꿇어서 오른쪽 무릎이 땅에 닿게 하고 왼쪽
발을 세워 이문지무의 형상으로 오변을 이룬다. 춤추어 나아가서 병사가 싸움

터에서 돌아와 사기를 진작하는 형상을 이루니 방울과 도고를 흔들고 북을 치
며 순우로 장단을 맞추고 탁을 대신하여 요를 울린다. 다시 무원들이 남쪽의
첫 번째 표시에 이르러 육변이 되니 여기서 춤을 마친다.

위에서 알 수 있듯이 신종의 춤은 일무를 추는 장소에 남표(남)를 제1표로 하여
제2표(서)와 제3표(동) 그리고 북표(북)를 제4표로 세웠다. 무원은 동서남북에 세
운 4개의 무표를 따라 방향을 바꾸어가며 춤을 추는데 남표에서→2표(일성)→3
표(이성)→북표(삼성)를 향해 세 번 앞으로 나아가고, 다시 북표에서 방향을 바꿔
→3표(사성)→2표(오성)→남표(육성)를 향해 세 번 뒤로 물러가는 삼진삼퇴를 춤
추게 된다.

삼진삼퇴로 육성을 춤추는 문무는 나아가고 물러가면서 둘씩 서로를 향해 예를
표하며 완성을 이루는 모습이다. 육변을 춤추는 무무는 위엄과 용맹한 모습으로
매 걸음 나아가고 물러갈 때마다 둘씩 서로를 향하여 치고 찌르고 가지런히 하는
형상으로 공격과 방어를 춤춘다.

2) 섭방의 문무와 무무

섭방의 춤은 문무 삼변(三變)과 무무 삼변(三變)으로 구성되어 있다. 섭방의 춤도
신종의 춤과 마찬가지로 일무의 위치에 무표를 세우고 동일한 방법으로 진퇴의 춤
을 춘다. 『송사』의 기록을 통해 섭방의 춤을 살펴보면 다음과 같다.

문무 〈화성천하지무〉 일변
무인이 남쪽에 세운 남표에 서고 음악이 시작되면 곧 무릎을 굽힌다. 다시 북

반궁예악전서의 무위사표도	무위사표도를 풀이한 내용
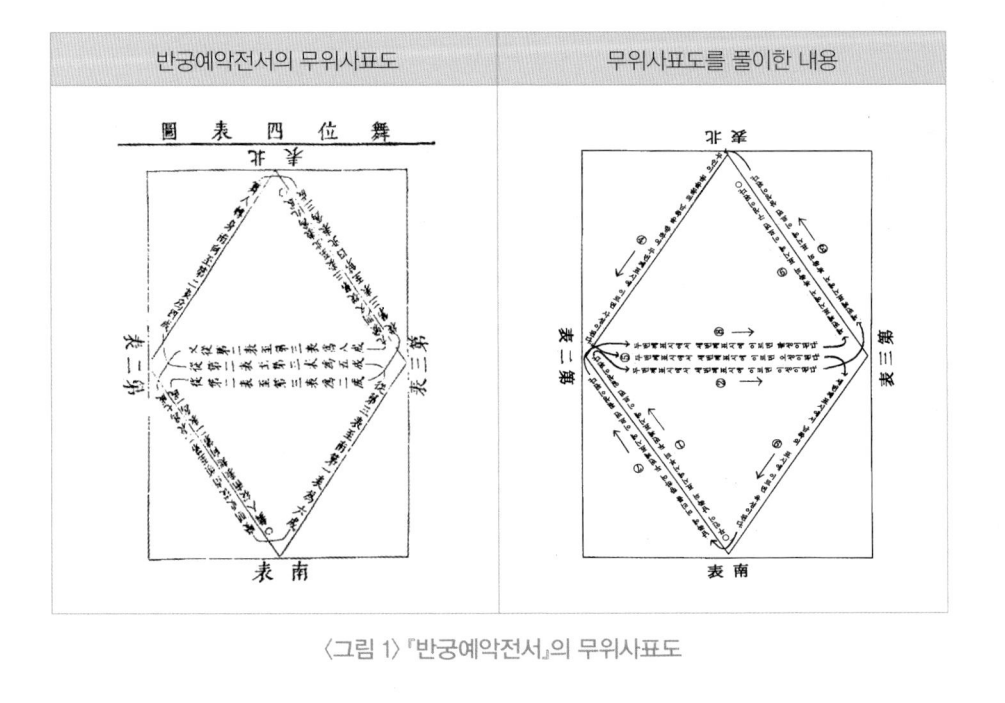	

〈그림 1〉『반궁예악전서』의 무위사표도

을 치면 모두 춤을 추며 한 걸음 걸어 나아가 바르게 선다. 다시 북을 치면 모두 조금 앞으로 걸어 나아가 바르게 읍하고(첫 번째) 손을 아래에서 위로 합한다. 다시 북을 치면 모두 왼쪽으로 돌아보며 왼쪽으로 읍한다.(두 번째) 다시 북을 치면 모두 오른쪽으로 돌아보며 오른쪽으로 읍한다.(세 번째) 다시 북을 치면 모두 손을 벌리고 무릎을 굽힌다. 다시 북을 치면 모두 춤을 추며 한 걸음 걸어 나아가 바로 선다. 다시 북을 치면 모두 조금 물러나 초사하되(첫 번째) 손을 위에서 아래로 합한다. 다시 북을 치면 모두 오른쪽으로 돌아보고 오른손은 앞으로 하고 왼손은 뒤로 밀며 재사한다.(두 번째) 다시 북을 치면 모두 왼쪽으로 돌아보고 왼손은 앞으로 하고 오른손을 내밀어 고사한다.(세 번째) 다시 북을 치면 모두 손을 합하고 무릎을 굽힌다. 다시 북을 치면 모두 춤을 추며 한 걸음 걸어 나아가 바로 선다. 다시 북을 치면 모두 몸을 구부리고 서로 돌아보며 초검하되(첫 번째) 손을 합하여 가슴에 댄다. 다시 북을 치면 모두 오른쪽으로 몸을 기울이고 왼손은 아래로 드리우며 재검한다.(두 번째) 다시 북을 치면 모두 왼쪽으로 몸을 기울여 오른손은 아래로 드리우며 삼검한다.(세 번째) 다시 북을 치면 모두 몸을 굽혀주는 자세를 취하며, 일변을 마치는 음악이 나오면 곧 무릎을 굽힌다. 이변과 삼변의 춤도 이와 같다.

무무 〈위가사해지무〉 일변

무인은 남쪽 표로 세 걸음 나아가 방패를 모으고 선다. 음악이 시작되면 함께 세 번 북소리에 맞추어 앞으로 세 걸음 걸어 나아가고 표에 이르면 무릎을 굽힌다. 다시 북을 치면 모두 춤추며 한 걸음 걸어 나아가 바르게 선다. 다시 북을 치면 모두 방패를 잡고 창을 들고 서로 보며 용맹스럽고 재빠른 형상을 짓는다. 다시 북을 치면 몸을 돌려 안을 향하고 방패와 창으로 서로 치고 찌르는데 발은 움직이지 않는다. 다시 북을 치면 모두 제자리로 돌아와 밖을 향하고 앞서와 같이 치고 찌른다. 다시 북을 치면 모두 바로 서서 손을 들고 무릎을 굽힌다. 다시 북을 치면 모두 춤을 추며 한 걸음 걸어 나아가 몸을 돌려 서로 향하어 서는데 방패와 창은 각각 허리에 둔다. 다시 북을 치면 각각 앞으로 걸어 나아가 왼발은 앞에, 오른발은 뒤에 두며 왼손은 방패를 쥐어 앞에 두고, 오른손은 창을 잡아 허리에 두어 무리를 나아가게 한다. 다시 북을 치면 서로 치고 찌른다. 다시 북을 치면 뒤로 물러나 제자리로 돌아가며 방패를 가지런히 하여 무리를 물린다. 다시 북을 치면 모두 바로 서고 무릎을 굽힌다. 다시 북을 치면 모두 춤을 추며 한 걸음 걸어 나아가 바르게 선다. 다시 북을 치면 모두 얼굴을 돌려 서로 향하며 방패와 창을 잡고 좌작(坐作)한다. 다시 북을 치면 서로 치고 찌른다. 다시 북을 치면 모두 일어나 방패와 창을 거두어 싸움에서 이기는 형상을 이룬다. 다시 북을 치면 모두 바로 서서 마치는 음악이 나오면 곧 무릎을 굽힌다. 이변과 삼변의 춤도 이와 같다.

위에서 알 수 있듯이 섭방의 문무는 악공이 북을 쳐서 시작을 알리면 무원은 한 걸음씩 세 걸음 나아가 읍을 하는데 모두 세 번 행한다. 그다음 북을 치면 뒤로 물러가 사(謝)를 세 번 행한다. 북을 또 치면 서로 돌아보며 겸(謙)하는데 이 또한 세 번 행하여 일변의 춤을 모두 마치게 된다. 섭방의 춤은 삼진삼퇴와 삼읍·삼사·삼겸의 춤구조를 이룬다.

무무는 방패와 창을 들고 춤추는데, 북을 세 번 울리면 앞으로 세 걸음 나아가 서로 짝을 이루어 치고 찌르고 제자리로 물러가 가지런히 하며 공격과 방어를 춤춘다. 공격의 동작은 용맹스럽고 재빠른 형상, 치고 찌르는 형상, 군사 훈련하는 형상, 싸움에서 이기는 형상, 무술을 가르치는 형상 등으로 표현하고, 방어의 동작은 뒤로 물러가 방패를 가지런히 하는 형상, 무기를 사용하지 않는 형상, 병기를 거두고 군대를 정돈하는 형상 등으로 표현한다. 이러한 모습으로 춤추는 섭방의 무무 또한 세 걸음 나아가 치고 찌르며 공격하고 세 걸음 물러가 방어를 춤추게 됨으로써 삼진삼퇴를 행하며 보벌과 지제를 표현한다.

다음 〈표 1〉에서 알 수 있듯이 송대에 만든 두 종류의 춤은 춤 구성의 차이만 있을 뿐 춤사위 구조와 그 의미는 동일하다.

〈표 1〉 송대 신종의 춤과 섭방의 춤

	제작연도	춤 구성	춤사위 구조	춤사위 의미
신종의 춤	1079년	문무 육성 무무 육변	삼진삼퇴와 읍양 삼진삼퇴와 보벌·지제	공경·사양·겸양 공격·방어
섭방의 춤	1089년	문무 삼변 무무 삼변	삼진삼퇴와 삼읍·삼사·삼겸 삼진삼퇴와 보벌·지제	공경·사양·겸양 공격·방어

2. 명·청대 문묘일무

명대에는 춤사위를 그림으로 그린 무보를 만들었는데, 그것은 송대 문묘일무 술
어를 춤사위로 구체화한 것이다. 효종 홍치 17년(1504)에 처음으로 『궐리지』의 무
보를 제작하였다. 이 무보는 공자의 고향 궐리(지금의 곡부)에서 만든 것으로, 문묘
일무의 춤사위를 알기 쉽게 그림으로 그리고 악장과 함께 무보에 수록하였다. 춤
사위는 송나라 섭방의 술어에 근거하여 읍·사·겸 춤사위를 그렸다. 두 번째로 만
든 무보는 황제의 명에 따라 1544년 국가에서 제작한 『남옹지』 무보이다. 『궐리지』
에는 기록하지 않았던 술어를 이 무보에 추가함으로써 읍·사·겸 춤사위를 확실시
하고 악장과 삼진삼퇴로 춤추는 방법, 춤 구성과 방향, 춤과 음악의 관계 등을 구체
적으로 알 수 있도록 하였다. 무보로서 체계를 갖추게 된 명대 『궐리지』의 춤사위는
『남옹지』 무보로 더욱 구체화되었고, 그 춤사위는 『황명태학지』, 『삼재도회』, 『반
궁예악소』 등 모두 5종의 무보로 발전시켜 그 틀을 확고히 하였다.

최고형에 속하는 『궐리지』 유형 춤사위는 청대 『반궁예악전서』의 무보로 집대성하

였다. 다른 한편으로 청나라만의 일무를 새롭게 만들었다. 그 춤사위는 『문묘정제보』 무보에 전해지는데, 음악은 명나라 제도를 수용하였지만 춤은 명나라 제도를 따르지 않았다. 악장과 춤사위를 모두 바꾸고, 무구도 꿩깃이 3개 달린 적(翟)에서 꿩깃이 하나 달린 우(羽)로 바꾸었다. 그런데 우를 들고 추는 일무가 예의에 어긋난다 하여 강희 29년(1690) 법과 악무에 능통한 장 아무개로 하여금 일무를 명나라 제도로 다시 정리하도록 명하였다. 그리고 유생들을 궐리에 보내어 명나라의 춤과 음악을 배워오도록 하여 석전에서 춤추도록 하였다. 이에 대한 기록이 『문묘예악고』에 자세히 남겨져 있다.

> (명나라 11대 세종) 가정 9년(1530)에 공자 제사의 옛 법을 바로잡아 악무를 6일로 정하였다. 청나라 조정에서는 그것(명나라의 제도)을 절강 땅에서 계승하게 하였는데, 석전악은 명나라 제도를 따랐지만 춤은 우를 든 무리들을 쓰게 하였으나 조화되지 못하였다. (청나라 제4대 성조) 강희 29년(1690) 대중승 장 아무개는 전장(예악제도)을 깊이 살펴 악무를 바꾸어 쓰고, 유생들로 하여금 곡부에 자문(법과 제도에 능통한 사람)을 보내어 스승을 초빙하고 성용(악가무)을 교습하였는데 이에 이르러 성용이 갖추어지게 되었다.

3. 명·청대와 조선시대 문묘일무 춤사위 비교

문묘일무 춤사위는 명대 『궐리지』의 무보 제작 이후 그 춤사위가 전통적으로 이어졌다. 본 연구자가 수집한 17종의 무보 가운데 14종이 『궐리지』 유형이다. 따

라서 본 장에서는 동일 계열인 『남옹지』, 『반궁예악소』, 『반궁예악전서』, 『국학예
악록』과 조선시대 『춘관통고』의 춤사위를 비교하여 문묘일무의 춤사위가 조선시
대까지 변함없이 일관되게 이어졌는지 확인해보고자 한다. 명·청대의 무보는 모
두 문무의 춤사위로 초헌무 32동작, 아헌무 32동작, 종헌무 32동작이지만 다음
의 비교표에는 초헌무 32동작만을 싣는다. 아헌무와 종헌무의 동작은 초헌무와
대동소이하다.

악장	궐리지 1504	남옹지 1544	반궁예악소 1573~1615	반궁예악전서 1656	국학예악록 1719	춘관통고 1788
自						
生						
民						
來						
誰						

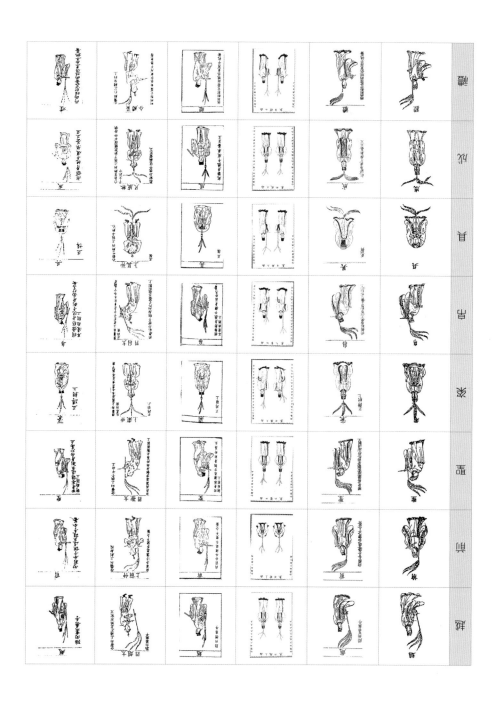

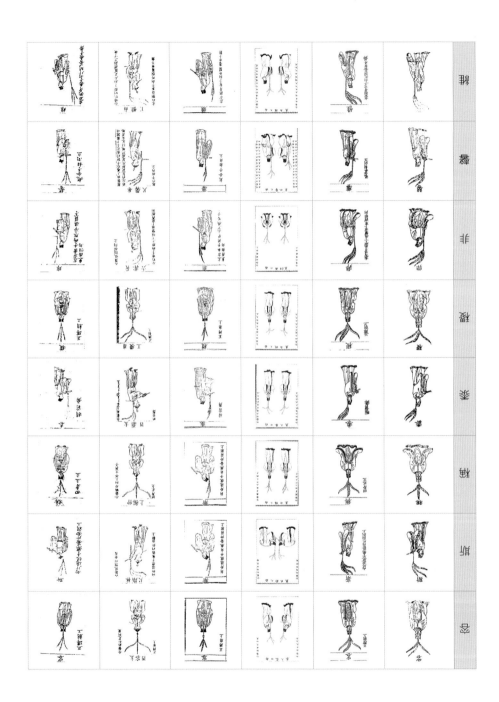

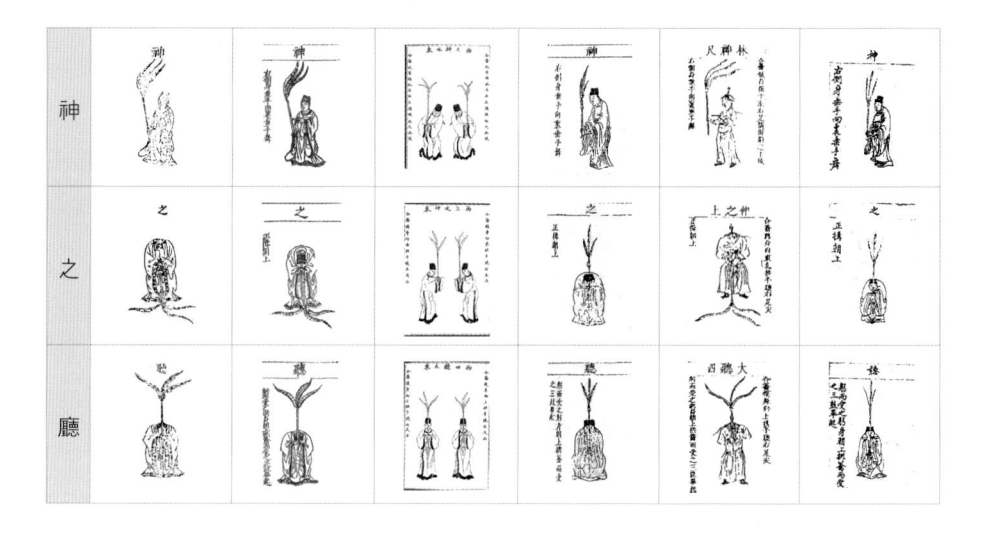

Ⅲ. 조선시대 문묘일무

1.『춘관통고』의 읍·사·겸 춤사위

이상 명대『궐리지』에서『춘관통고』로 이어진 조선시대의 춤사위를 살펴보았다. 문묘일무가 우리나라에 유입된 것이 1116년 고려 예종 때이고, 송나라에서 섭방이 문무와 무무를 만든 것이 1089년이다. 고려에서 조선시대로 이어진 춤사위는 정조 때 유의양에 의해 편찬된『춘관통고』무보에 춤사위가 남겨져 있다. 조선시대『춘관통고』춤사위와 송나라 섭방의 춤사위가 동일 계열인지의 여부를 밝히는 것이 곧 한국 문묘일무의 기원을 추적하는 첫걸음이 된다.

앞의 문무 춤사위 비교표에서 알 수 있듯이 『춘관통고』의 춤사위는 청대 『반궁예악전서』의 춤사위와 동일하다. 그리고 『반궁예악전서』의 춤사위는 명대 『궐리지』와 『남옹지』의 춤사위를 집대성한 것이고, 『궐리지』와 『남옹지』의 춤사위는 송나라 섭방의 춤을 무보와 술어로 체계화한 것이다. 그러므로 삼진삼퇴로 읍·사·겸을 춤추었던 송대 춤사위가 명·청과 조선시대에 이르기까지 그대로 이어졌음을 알 수 있다.

조선시대 『춘관통고』 무보에서 분석되는 읍·사·겸의 춤사위는 다음과 같다.

구분	읍	사	겸
의미	공경	사양	겸양
『춘관통고』 춤사위			
진퇴	나아감	물러감	나아가고 물러감

〈그림 2〉 『춘관통고』의 진퇴와 읍·사·겸 춤사위

2. 조선시대의 삼진삼퇴 춤사위

『춘관통고』의 무보를 분석해보면 문묘일무는 삼진삼퇴 하는 춤임을 알 수 있다. 삼진삼퇴는 일상에서 지켜야 하는 예의범절을 나타내는 가장 기본적인 춤의 법도이다. 그러나 조선시대에는 문묘일무가 두 가지 방법으로 춤추어졌다.

하나는 일무를 춤추는 위치에 동서남북 사방으로 4개의 무표를 세우고 이를 따라 앞으로 나아가고 뒤로 물러나는 삼진삼퇴 하는 춤이고, 또 다른 하나는 춤추는 공간이 협소하여 삼진삼퇴를 행하지 못하고 오로지 제자리에 붙박혀서 손과 발만을 움직이며 추는 춤이다.

다음 사료에서 확인되는 바와 같이, 진퇴 없이 제자리에서 추는 일무는 법도에 어긋나는 것이기 때문에, 당시 일무를 복원할 때 무표는 주나라의 제도를 따르고 춤은 송나라의 제도를 따르도록 한 것이다.

> 우리 태조께서 을해년(1395, 태조4) 겨울에 태실에 친히 제향을 지낼 때, 권근과 한상경 등이 고제를 따를 것을 청하여 문무와 무무의 두 춤을 정하고, 각각 4표를 만들었다. 또 세종조에 박연이 상소하여 표를 세우는 법을 준용하여 악변의 절차에 안표를 갖추어 진설할 것을 청하였으니, 국초에 두 춤이 모두 표를 따라서 나아가고 물러감으로써 방향을 바꾸고 나누고 합하는 형세를 지었음을 알 수 있다. 근래 제향에서는 춤추는 자리에 표가 없어서 춤추는 사람이 한곳에 붙박아 서서 옮기지 않고 손발을 움직여 춤출 뿐이니, 어디에 읍양하고 힘차게 발을 딛는 뜻이 있겠는가. 참으로 지금 마땅히 바로잡아, 표식은 한결같이 「주관(周官)」을 따르고, 춤추는 절도는 한결같이 송제(宋制)를 좇아, 국초의 옛 전장을 회복하는 것을 그만두어서는 안 된다.[1]

---

1) 『홍재전서』(1791), 第61卷 雜著8 樂通: 則可見國初二舞, 皆因表進退, 爲回轉分合之勢, 而近來祀享舞位無表, 舞人立定一處, 未嘗遷移, 但動搖手足以舞而已. 焉在其揖讓蹈厲之義哉, 誠宜及今釐改, 表式則一遵周官, 舞節則一從宋制, 以復國初舊典, 有不可已也.

　사료에 의하면 당시에는 무위(舞位)와 무표(舞表)의 옳고 그름에 대해 많은 논란이 있었다. 일무 추는 장소에 무표 세우는 것을 중요시한 것은 춤이 달라지면 예를 나타낼 수 없기 때문이다. 그래서 반드시 일무 위치에 무표를 세우고 이를 따라 이동하며 춤추도록 하였는데, 삼진삼퇴로써 '읍양(揖讓)'의 철학적 의미를 표현하는 것이 일무의 핵심이다. 일무를 출 때는 앞으로 세 번 나아가서 읍의 동작으로 공경의 예를 표현하고, 뒤로 세 번 물러가서 양의 동작으로 사양과 겸양의 미덕을 표현한다. 그런데 삼진삼퇴로써 읍양을 춤추던 일무가 위치 변화로 인해 제자리에서 추는 일무로 바뀜에 따라 예의범절을 나타내는 춤 의미가 모두 상실되었다.

　또 한 가지 변화는 당상과 당하 사이 묘정의 뜰 가운데 혹은 서쪽 한편에서 일무를 추었는데, 일무를 서쪽 한편에 치우쳐서 춤추는 것 또한 예의에 어긋나는 것임이 『세종실록』과 『정조실록』에서 확인된다. 세종 12년(1430)에 박연은 서쪽에 치우쳐서 일무를 추게 되면 장소가 협소하여 나아가고 물러가는 변화를 지을 공간이 없어 예를 갖출 수 없음을 지적하며 일무의 위치를 당상과 당하 사이 묘정의 뜰 가운데에 둘 것을 말하였고, 세종 14년(1432)에 이 문제를 또다시 간곡히 청함에 따라 세종은 이를 허락하였다.[2] 그리고 정조 11년(1787)에 유의양은 일무 위치를 동서로 구분하여 육일(六佾)의 삼일(三佾)은 서쪽에 두고 삼일(三佾)은 동쪽에 위치하도록 말하였다.[3]

　일무의 위치가 달라지면 춤에 변화가 따르고 그 의미가 상실되기 때문에 무위를

---

2) 『세종실록』從之. 55卷, 世宗 14年(1432) 3月 4日: 曹與詳定所同審, 上項廟庭設軒懸之處, 實爲窄狹, 請從南階, 加廣九步. 從之.
3) 『정조실록』24卷 正祖 11年(1787) 7月 3日: 則六佾之設也, 以三佾在正路之西, 三佾在正路之東, 庶無地窄之慮, 而似合於禮意.

바르게 하여 충분한 공간을 확보하는 것을 매우 중요시하였다. 일무를 제자리에서 춤추게 된 배경과 그 이유에 대해 『시악화성』은 다음과 같이 전한다.

> 명나라에서 이미 계단 위에서 춤을 추었으니, 자리가 비좁아 무인(舞人)이 능히 왕래할 수 없고, 단지 시종 한자리에 붙박여 손과 발만 요동하였을 뿐일 것이니 옛사람들의 무도(舞蹈)의 뜻을 거의 잃은 것이다. 우리나라 세종조의 악무는 하나같이 모두 삼대(하·은·주) 시절에 그 근본을 두었으므로 이 방법과 같지 않았다. 인조조에 이르러 청나라에 원수를 갚겠다는 와신(臥薪)의 뜻으로 악(樂)을 듣지 않은 것이 7년이니, 악원(樂院)과 무인이 모두 산망하였고, 악을 복원할 때 무법(舞法)을 알지 못하여 명나라의 무법을 구하여 얻어 썼다. 지금의 한자리에 붙박여 손만 움직이는 춤은 대개 여기에서 말미암은 것이다.[4]

일무를 제자리에서 춤추게 된 것은 명나라에서 비롯된 것으로 '무법(舞法)'을 잘 알지 못하여 명나라의 것을 그대로 구하여 썼기 때문이다. 여기에서 무법이란 일무 추는 위치에 4개의 무표를 세우고 나아가고 물러가면서 동서남북 사방으로 이동하며 춤추는 진퇴와 선회하는 춤을 뜻한다. 시대에 따라 변화를 보이게 된 일무의 위치를 살펴보면 양쪽 계단, 양쪽 계단 위, 섬돌, 묘정의 뜰 가운데, 서쪽 등으로 확인된다. 고대 중국의 일무 위치는 『시악화성』에서 다음과 같이 기록하고 있다.

---

4) 『시악화성』卷9 「악무의보」二舞位序: 皇明旣舞于階上, 則地位迫窄, 舞人不能往來, 但始終立定, 搖動其手足而已. 秩失古人舞蹈之義, 我國世宗之樂舞, 一皆本之於三代初, 未嘗如此式. 至仁祖朝, 以臥薪之義, 不舉樂者七年, 樂院舞人, 擧皆散亡. 復樂時不知舞法, 求得皇明舞法以用之, 今舞之立定手舞, 蓋由於此云.

『서경』에서 이르기를, 순은 양쪽 계단에서 간우(干羽)를 추었다고 하였다. 간은 무무이고 우는 문무이며, 양쪽 계단은 동서쪽의 계단을 말한다. 대개 문무의 위치는 동쪽 계단 아래이고, 무무의 위치는 서쪽 계단 아래이며, 양쪽 계단 아래는 당상과 당하와 흡사하고, 두 현(二縣) 사이는 인사(人事)가 천지(天地) 사이에 있음을 나타낸 것이다.[5]

순임금시대에는 일무를 악현의 북쪽 계단 남쪽인 '양쪽 계단'에 배치하여 '문무는 동쪽'에서, '무무는 서쪽'에서 추었다. 그런데 명나라 때에는 양쪽 계단을 '양쪽 계단 위'로 오인하여 일무를 양쪽 계단 위 섬돌에서 추게 됨에 따라 삼진삼퇴를 행하지 못하고 손과 발만을 움직이며 제자리에서 춤을 추게 된 것이다. 일무 위치가 바뀐 것은 물론 일무를 서쪽 한편에서 추게 된 것 또한 일무 법도를 잘 이해하지 못하였기 때문에 생긴 일이다. 일무를 서쪽에서 추게 된 것은 제사에 참여하는 제관의 수가 많아서 등퇴장의 공간이 여의치 않아 제관을 모두 동쪽에 배치하고 일무원들을 모두 서쪽에 배치하였기 때문이다.

「시악화성」에는 동쪽에서 문무를 추고 서쪽에서 무무를 추는 일무의 등퇴장에 대해 자세히 기록되어 있다.

옛날의 궁실에서는 행례할 것을 고려하여 행동하기 때문에 문무가 물러날 때 반드시 당하 악현 동쪽으로 해서 그 서쪽을 침해하지 않고, 무무가 나아가려고

---

5) 『시악화성』卷9 「악무의보」二舞位序: 書曰舜舞干羽于兩階, 干武舞也, 羽文舞也, 兩階東西階也. 蓋文舞位于東階之下, 武舞位西階之下, 而兩階之下, 恰當堂上堂下二懸之間, 所以象人事之在天地間也.

할 때 반드시 당하 악현 서쪽으로 해서 그 동쪽을 침해하지 않았으니, 『주례』「대

서」에서 무위를 바르게 하여 차례로 출입을 한다는 것이 이것이다.[6]

이상에서 살펴본 바와 같이 삼진삼퇴로써 예의범절을 표현하는 것이 일무의 원

래 모습이다. 제자리에서 춤추는 일무는 예의에 어긋나는 것으로 일무 법도를 잘

알지 못한 데서 비롯된 것이다.

Ⅳ. 결론

문묘일무는 오랜 역사를 지닌 춤이다. 예로부터 왕조가 바뀌면 선대 악무를 수

용하는 것이 보편적이었으나, 시대에 따라 제각기 형상하는 바가 있어 왕조마다

조금씩 다른 양상을 보인다. 『조선왕조실록』에 의하면, 일무 위치와 무표 그리고

삼진삼퇴와 제자리 일무에 대해 혼란이 있었다. 하지만 조선시대에는 올바른 예

악문화를 이어가기 위해 힘쓴 결과 옛 전통을 그대로 이어오게 되었음을 알 수 있

었다. 이처럼 고대 궁중예법에서 유래되어 오늘에 이르는 문묘일무의 춤사위 하

나하나는, 예나 지금이나 변함없이 지켜야만 하는 일상의 법도로 문묘일무 최고

의 가치를 지닌다.

본 논문에서는 『송사』에 전해지는 일무의 춤사위 및 명·청대와 조선시대 무보의

---

6) 『시악화성』 卷9 「악무의보」 二舞位序: 古者宮室, 量其行禮而作之, 故文舞退, 則必由堂下懸之東, 而不侵
   及其西, 武舞進, 則必由堂下懸之西, 而不侵及其東, 周禮大胥, 正舞位以序出入, 是也.

춤사위를 중점적으로 비교해보았다. 그 결과를 간략하게 정리하면 다음과 같다.

첫째, 문묘일무는 최고형인 명대『궐리지』유형의 춤사위가 변함없이 이어졌다.

둘째, 조선시대 유일의『춘관통고』무보의 춤사위는 송대의 일무제도를 이은 명대『궐리지』의 춤사위와 동일한 것이다.[7]

셋째, 문묘일무는 전통적으로 삼진삼퇴를 행하는 춤이다. 동서남북 사방에 4개의 무표를 세우고, 그 표를 따라 앞으로 세 걸음 나아가고 뒤로 세 걸음 물러나며 춤추는 것이 문묘일무의 법도이다. 앞으로 나아가 행하는 '읍'은 공경을, 뒤로 물러가는 '사'는 사양을 의미하고, 나아가고 물러가며 행하는 '겸'의 춤사위는 겸양을 의미한다. 이 같은 일무의 법도는 송대 신종의 춤과 섭방의 일무 술어에서 확인되고, 그것은 명·청대『궐리지』, 『남옹지』, 『반궁예악소』, 『반궁예악전서』, 『국학예악록』의 무보와 조선시대『춘관통고』의 춤사위로 이어졌다.

넷째, 일무 위치에 따라 춤사위가 달라질 수 있다. 때문에 조선시대에는 이를 매우 중요시하여 당상과 당하 사이 묘정의 동서쪽 뜰에서 앞으로 나아가고 뒤로 물러나는 삼진삼퇴를 춤추도록 하였다. 문묘일무를 서쪽 한편에서만 춤추는 것은 예의에 어긋나는 것이다.

---

7) 이 같은 연구 결과는 2005년 제3차 "문묘일무의 원형 복원을 위한 학술시연"에서 처음 밝혀졌다.

문묘일무 시원
佾舞始源考[1]

作者姓名：林 鶴 旋
(成均館大学舞蹈系，首尔)

【内容提要】本文旨在阐明在韩国的文庙释奠表演的佾舞的始源。长期以来人们通常都认为"佾舞"仅仅是一种舞蹈的名称，但是，从严格意义而言，应该界定为一种舞者排成"行"与"列"形成的舞蹈形式，而考察这种形式形成的根源，对于追溯该舞蹈始源是一个非常重要的研究课题。为此，本文将通过考察古代中国的舞蹈与舞蹈形式研究佾舞的始源。

【关键词】六代大舞；祭孔舞蹈；佾舞

---

1) 임학선(2014), 「佾舞始源考」, 『舞台艺术』, 『舞台艺术』：'중화인민공화국교육부'가 주관하고 '중국인민대학'이 편집 출판함. 개인적으로 투고할 수 없고 오직 논문의 우수성을 기반으로 몇 편의 논문만 발췌되는 간행물.

The Examination and the Origin of Il-Moo (Line Dance)

Lin Hexuan

(Sunggyunkwan University, Dept. of Dance, seoul, Korea)

Abstract : This study's purpose is to define and examine the origin of Korea's Il-Moo which is a part of Myunmyo-Sukjun. Il-Moo has been one of the callings that define "dance" as a whole. However , when Il-Moo is studied closely, it defines a form of dance which dancers form a single line horizontally and vertically called "Hang" and "Yuel." Therefore it is a vital study to define the origin and such a study will give us more insight to this form of dance; Il-Moo. This study will review the ancient Chinese dance and its forms to light the origin of Il-Moo.

Key words : Yookdae–Daemoo, Jaegong–Moodo, Il–Moo

序言

　　在韩国有两种佾舞，分别为宗庙佾舞与文庙佾舞，宗庙佾舞为祭拜朝鲜王朝历代君王，在宗庙表演的舞蹈，而文庙佾舞则是祭祀孔子及其继承者等优秀先师们，在文庙祭礼表演的舞蹈。其中，后者因为在文庙表演而得名于'文庙佾舞'，始源于古代的中国，于高丽睿宗11年(1116)传入韩国以来，由成均馆继承其传统至今。在文庙分为文舞与武舞两种舞蹈表演，并且，两种舞蹈分别使用舞具籥翟与干戚。另外，中国的曲阜孔庙的"祭礼乐舞"在表演文舞时双手持籥翟，表演武舞时双手持干戚，但是，宋代以后，武舞被取消，这一点与韩国不同，但是，归根结底在韩国称为文庙佾舞的舞蹈与孔庙的祭孔乐舞可谓是一脉相承的关系。

　　在韩国长期以来人们通常都认为"佾舞"仅仅是一种舞蹈的名称而已，但是，从严格意义而言，　应该界定为一种舞者排成"行"与"列"形成的舞蹈形式，而考察这种形式形成的根源，对于追溯佾舞的始源乃至舞蹈的始源都是一个非常重要的研究课题。

　　追求神人合一的古代祭仪作为艺术胎动的始源，以伴乐(乐歌舞)为原则。其中，"舞"由文舞与武舞组成，其可以追溯到中国的古代"六代大舞"。六代舞是为了象征古代中国的黄帝、尧、舜、禹王、汤王、武王的功德而编成的舞，因而采用象征最高礼仪的"八佾"形式表演。

　　关于在祭祀孔子的釋奠中表演的佾舞，　本文将追溯到六代大舞去探求其始源。笔者认为这一研究在掌握俏舞原理过程中是不可或缺的最基础、最核心的研究课题。因此，将根据笔者从历史观点出发对在六代舞中采取的古代俏舞的痕迹与舞位的分析研究为基础考察始源。

一、俏舞的概念

(一)俏舞

在释奠大祭(孔子祭祀)中表演的文庙俏舞长期以来被视为代表儒教祭礼舞的一个代名词。但是，从严格意义而言，俏舞并非一种舞蹈的名称。"舞列也"为『论语』「八俏」中的记载，由此可知"俏"这一字代表"舞蹈之列"。因为以队列形式表演舞蹈而称为俏舞，笔者此前也曾说明俏舞本身 "并非舞蹈的名称，而是舞蹈的形式"。 其舞蹈形式指根据社会地位舞蹈队列数量也不同，如天子八俏、诸侯六俏、大夫四俏、士二俏等。因此，代表舞蹈队列数量的俏可视为身份等级的象征。与舞蹈的队列数量相关，『左传』中表示 "舞蹈必须以八人为一个队列。"俏舞中以"八"为舞蹈标准是以因为遵循"八卦原理"，并且，与八音、八风、八方也有着深层的关系。即舞蹈必须协调八音、符合八风，还有调节八音形成和谐，才能形成乐。 另外，与周易的「系辞传」中的"八卦成列象在基中矣"，即八卦形成列，象在中间也有着深层的关系，以及『判宫礼乐全书』中表示为了"六爻的变化"编成的舞蹈就是俏舞。

综上可得，俏舞可谓是追求一定形式的协调效果的舞蹈，其根本是遵循了体现自然规律以阴(--)与阳(_)的符号呈现的八卦的原理。

如前所述，俏舞的行数象征身份的高低，因此，遵循与"八卦的列"相同的原理，以八作为舞蹈的标准，根据职位等级表现为八、六、四、 两行。从天子到士的阶层每隔一个阶层就减少两行，以此体现等级差异，这是因为俏舞是一种追求阴阳平衡的结构特点的舞蹈。其实，由多名舞员排成队列表演的舞蹈，从夏、 殷(商)、周三代之前就存在，但是，直到周代才具备了舞蹈的形式体系。 当时的阶级制度规定从天子到下级阶层存在严格的等级划分。天子八佾形式为规模最大，之后依次为諸侯六佾、 大夫四佾、士二佾，继而严格体现了身份等级。如象征古代中国连续六个朝代的皇帝，黄帝、尧、舜、禹、 汤、武王等六个皇帝的六代舞，采用了最大规模的八佾规模的表演形式。如上所述，俏舞为社会身份与地位的一种体现，非常明确地划分了高低尊卑的等级，尤其，可以推测得知在周代作为反应社会阶级制度的一种规范存在。

(二) 佾舞的形式

舞员们排成队列跳舞的形式随着周代六代舞的确立形成了坚固的框架。在周代根据社会身份与阶层设定了舞蹈的队列数量与舞员的数量，从而体现身份等级的高低，如天子八佾、諸侯六佾、大夫四佾、士二佾等。其中，八佾、六佾、四佾、二佾指舞蹈队列设定数量。传统上表演佾舞的形式分为服虔设与杜预说两种，两种在舞蹈的列数与舞员数上均呈现差异。服虔设以八为标准，仅仅减少列，以八佾、六佾、四佾、二佾形式表演，而杜预说则同时缩减行与列各两个，体现了不同的舞蹈的行数与舞员数量。从史料可知，历史上对于这两种说的对错一直争论不休。但是，八佾与体现自然规律与原理的八卦、八音、八風、八方有着深层关系，因此，笔者认为以八为标准的服虔设更为合理。

1. 服虔设的舞蹈形式

服虔设以八为标准，根据等级高低每隔一个等级减少两行，以天子八佾的64人(8x8)、諸侯六佾48人(8x6)、大夫四佾32人(8x4)、士二佾的16人(8x2)形式表演。

八佾(8x8)　　　　六 佾(8x6)　　　　四佾(8x4)　　　二佾(8x2)

2. 杜预说的舞蹈形式

杜预说并没有以八为标准，而是采取每隔一个等级同时减少行与列各两个

的方式，天子八佾64人(8x8)与上述相同，但之后表现为諸侯六佾36人(6x6),大夫
四佾的16人(4x4)、士二佾的　4人(2x2)形式表演舞蹈，从而体现了与服虔设的差
异。

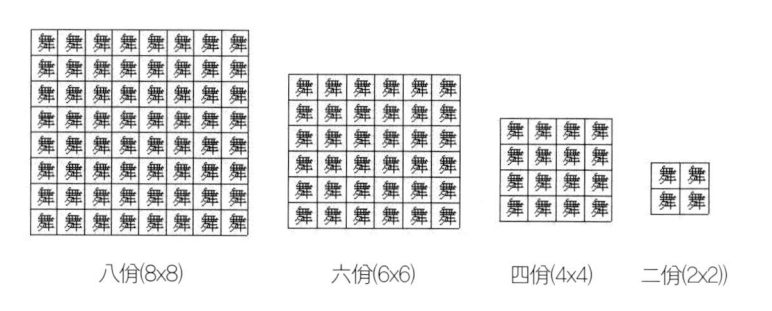

八佾(8x8)　　　六佾(6x6)　　　四佾(4x4)　　二佾(2x2))

二、佾舞的始源

自古称"舞蹈源于功德"。根据传统有一位君王登基，就要为该君王制造
乐，并且，当一位优秀的君王立了功，稳定了统治之后，就会制作声乐对其
功德进行形象化。　据中国清代文献『伴宫礼乐全書』记载，周代的六舞，即
六代舞在夏、殷、周三代王朝之前就已经存在，从而可推测排成队列表演的
佾舞应该存在于更早时期的上古时代。

另外，古代中国主要为了对君王歌功颂德而编舞，但后来将其舞蹈用于各
种祭祀与孔子祭祀活动。　此时，以一定的形式与格式为前提举行了一种仪式
行为，如中国古代的六代舞雲門、咸池、大韶、　大夏、大濩、大武等。即根

据身份差异设定舞蹈等级的佾舞形式的舞蹈, 可以从为了对中国古代皇帝歌功颂德而编的六代舞的诞生起追溯其始源。为此, 本文将通过构成古代佾舞基础的六代舞与其舞位探索佾舞的始源。

(一)古代佾舞

古代中国有六种代表性舞蹈, 并且, 具有排成队列表演的特点。周代在建国初期就根据宗法制制定了礼乐制度并全面开展了定礼制乐舞的制礼作乐。那是为了在建国初期实现乐舞集大成, 建立　皇帝、尧、舜、禹、汤、武王的六代传统而编制了六种舞蹈。收纳了从神话时代起延续下来的舞蹈云门大卷、　大章、大韶、大夏、大濩及其他舞蹈, 并且, 对舞蹈的名称, 即云门大卷改成云门, 大章改成咸池, 将叫做象的舞蹈重新编制成大武, 列入到云门, 咸池, 大韶, 大夏, 大濩, 最终形成了六代舞。　另外, 古代六代舞分别持象征六位皇帝功德的舞具表演舞蹈。根据朱载堉的『乐律全书』, 云门利用五色旗, 　咸池没有舞具只用衣袖, 大韶则用凤箫, 　大夏用钥翟, 大濩用旄, 大武用干戚表演舞蹈。

云门·咸池·大韶·大夏·大濩·大武
『乐律全书』的六代大舞

此后，随着时代的发展，每次政治与制度发生改变时，就会创编新的乐舞，对舞蹈进行更名。如汉代的文始之舞与武德之舞，南宋的玄德升闻之舞与天下大定之舞，唐朝的功成慶善乐与秦王破陣乐与用宣和之舞，宋的化成天下之舞与威加四海之舞，明的宁和之舞、安和之舞、景和之舞，以及清朝的宣平之舞、秩平之舞、叙平之舞。以上舞蹈同样采取了八佾或六佾形式。

周代形成的八佾形式的舞蹈，经过孔子生活的春秋战国时期，不断延续，直到宋代随着夏、殷(商)、周三代的制度得到恢复才迎来了复兴期。宋代有神宗元豊2年(1079)创编的文舞6成与武舞6成，有哲宗元祐4年(1089)葉防创编的文舞化成天下之舞与武舞威加四海之舞，并且，这两种舞用在了孔子祭祀。另外，在该时期创编的文舞与武舞同雅乐一起传入了韩国。 不仅如此，表演文舞时手拿的籥翟与表演武舞时使用的干戚也一同传入韩国沿用至今，可以说历史非常悠久。

(二) 舞位

正如构成佾舞的舞员数量有一定的规律，舞员所占的位置也有一定的规则。根据表演舞蹈的空间其舞蹈动作与含义都会不同，因此，根据古代记录确认其位置的工作具有非常重要的意义。舞位代表佾舞的位置，舞员表演舞蹈的位置。佾舞的空间布置根据"三才思想与阴阳思想"而定。

自黄帝时代到周代，古代佾舞的位置大体呈现两种方式。根据 『莊子』「天運」篇，咸池在洞庭的庭院，即宫廷外围为天神与地神表演舞蹈。另一方面，根据『诗乐和声』可知, 舜时期, 在两侧楼梯表演文舞与武舞。仔细观察其位置, 黄帝时期咸池在 "洞庭之野"表演, 以及虞舜时期干羽在"两階"表演, 殷朝时期万舞选在"祠堂之野"表演。 此后, 到了明代佾舞表演位置改为"階上" 石头台阶。相应, 朝鲜时代大体在"东階之下, 西階之下' 即, 在縣北階南表演, 同时也在"庙中"或"'西"一侧表演。

如上所述佾舞的位置流传多个说法, 但本来位置应为东西侧台阶下方堂上乐与堂下乐之间的 "庙中之野"。这一位置正是传说中瞬时期手持干羽表演舞蹈的两侧台阶。

与舜时期将文舞与武舞两种舞蹈安排在两侧台阶相关的内容, 『時乐和聲』中记载如下。

"書曰舜舞干羽于兩階, 干武舞也, 羽文舞也, 兩階東西階也. 蓋文舞位于東階之下, 武舞位西階之下, 而兩階之下, 恰當堂上堂下二懸之間, 所以象人事之在天地間也. 古者宮室, 量其行禮而作之, 故文舞退, 則必由堂下懸之東, 而不侵及其西, 武舞進, 則必由堂下懸之西, 而不侵及其東, 周禮大胥, 正舞位以序出入, 是也"

佾舞舞員位于庙中之野体现了人位存在于天地之间, 是根据三才思想分布的位置。选择在该位置表演象征人事的文舞与武舞时, 根据阴阳思想将属于阳的文舞安排在东侧, 将属于阴的武舞安排在西侧。这是源于相比武更重视文, 相比西更重视东的缘故。

下列绘图是复原虞舜時代佾舞位置的图示化, 2009年研究者根据历史资料重现的第一幅图。

한국 문묘일무의 역사

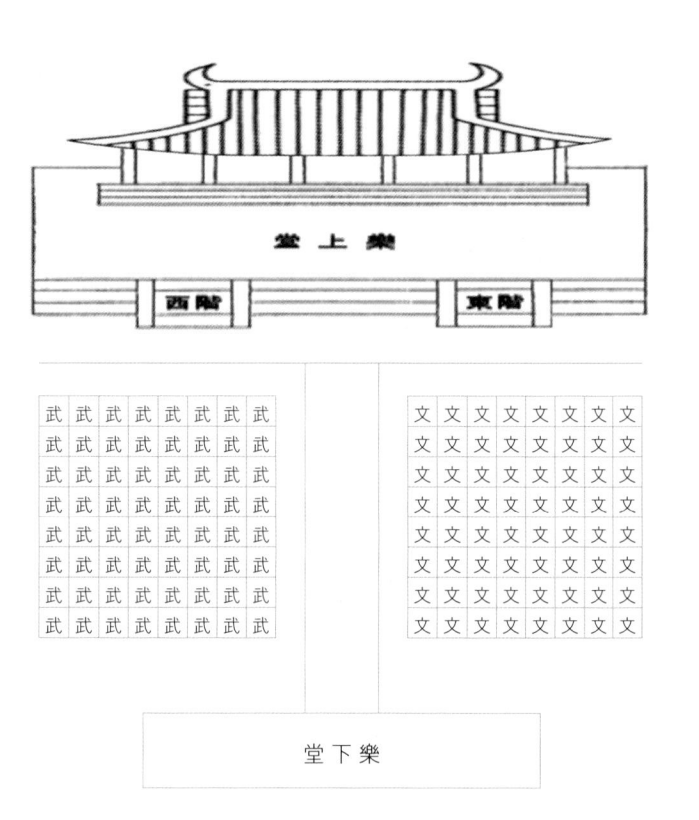

古代虞舜時代的文舞与武舞的舞位

结语

　　世界上儒学的人文学价值正在开始被高度重视。因此，阐明佾舞的始源，可以说超越作为儒教祭礼舞的价值，作为衡量舞蹈始源的基础资料，具有无限的价值。　尤其，这是一项在现有研究的延长线上进行的进一步系统化作业，因此具有巨大意义。　如韩国，中国的儒教祭天仪式从三国时代起开始带给韩国文化影响。尤其，文庙于高丽睿宗1116年与大晟雅乐一同传入韩国，儒教礼乐文化通过所谓"释奠大祭之花"、"东方礼仪精髓" 的佾舞得以散发光芒。

　　佾舞与一般民间舞蹈或创编舞蹈不同，具有通过舞蹈体现并传承思想的特点。这说明已经超越一个舞蹈行为，具有一种凝聚人们内心的巨大力量。因此，佾舞除了包含形式与内容外，还包括作为人类价值的舞蹈的始源。　正如没有根本就无法成立，没有形式也无法做任何体现，应该关注古代六代大舞为构成文庙佾舞始源的八佾舞的母胎的事实。

송대로부터 이어진 한국 문묘일무

Munmyo Ilmu Since Song Dynasty from the Perspective
of Historical Literature

Munmyo Ilmu is a dancing performance with a special meaning for devotions to teachers with respectful minds as a dance containing Confucian decorums and music. This dance performed at Munmyo Seokjeon was originated from ancient China, and has been handed down to today via the era of Goryeo and Sunggyungwan of Chosun since its introduction to our country in the 11th year of King Yejong in Goryeo.

This study examined through analyses on historical data;

(1) relationships of Munmyo Ilmu of Goryeo and Chosun with Munmyo Ilmu of Song Dynasty;

(2) actual appearance of Munmyo Ilmu performed during Chosun; and

(3) reasons of change on Ilmu performance into performance at one location from performance with three forward steps and three backward steps.

As a result, the following conclusions could be reached.

First, Munmyo Ilmu of Chosun was the same line of Song Dynasty.

Second, Ilmu was performed in a yard between Dangsang and Dangha in Chosun.

Third, Ilmu is traditionally performed with three forward steps and three backward steps according to Mupyo which is established at the location of Ilmu.

Fourth, Ilmu performed at one location is thought to violate decorums, which was originated from Ming Dynasty.

Fourth, the dancing performance with philosophical meanings of respect, courteousness and humility has been consistently kept with no change since Song Dynasty.

Sixth, the dancing performance meaning the unification of heaven, earth and human should be shown with a shape of a cross (+) in original appearance. The dancing performance in a shape of X or a parallel line (ll) was created in Qing Dynasty.

〈Key word〉 Munmyo Ilmu, Munmyo Seokjeon, Munmyo Ilmubo, three forward steps and three backward steps, location of Ilmu, Mupyo

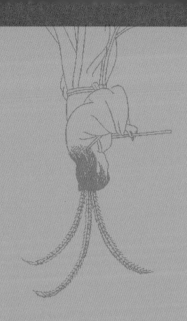

2장

한순간의 아름다운 소리를 위해 평생을 바쳐 온몸으로 연주한다

제1차
문묘일무 춤사위
원형 연구

― 『반궁예악전서』 무보와 석전대제 일무를
중심으로 ―

이 글은 "제1차 문묘일무의 원형 복원을 위한 학술시연"(2003. 12. 29)의 논문을 수정·보완한 것이다. 본 연구는 『반궁예악전서』의 춤사위와 석전대제 지정 당시의 춤사위를 비교·분석하여 춤사위의 왜곡을 처음 밝히고 있다.

Ⅰ. 한국 문묘일무의 흐름

본 연구자는 1998년 성균관대 부임 이후 국가무형문화재 제85호 석전대제를 보고 문묘일무에 관심을 갖게 되었다. '공자제사무'로 알려진 문묘일무 연구를 위해 자료를 모으던 중 모두 소실되었을 것으로 여겨졌던 한·중 무보 17종을 처음 발굴, 수집하게 되었다. 옛 문헌에 춤사위를 그림으로 그린 무보를 보는 순간, 석전대제의 일무 춤사위가 변형된 것임을 한눈에 알 수 있었다. 무보의 춤사위가 바로 '문묘일무의 원형'으로, 그것은 한국 문묘일무의 역사적 원형 연구를 촉발시킨 도화선이 되었다.

1. 국가무형문화재 제85호 석전대제의 일무

문묘일무(文廟佾舞)는 유교제례무로 공자를 비롯한 퇴계와 율곡 등 훌륭한 스승을 기리는 춤이다. 이 춤은 매년 봄과 가을, 문묘 성균관에서 석전대제(釋奠大祭)를 거행할 때 추게 된다. 문묘 성균관은 조선시대의 대학이며, 석전대제는 대학에서 훌륭한 스승의 학덕을 숭상하고 그들을 추모하는 대학의 제사 의례이다. 그러므로 석전대제에서는 스승을 공경의 마음으로 섬기는 내용을 제일의 목표로 하여 춤추게 된다. 그것이 곧 문묘일무이다.

문묘일무는 역사가 매우 오래되었다. 『문묘예악고』에 의하면 고대 중국에서 유래된 문묘일무는 동한(東漢)의 원화(元和) 2년(85) 장제(章帝)가 노나라 옛 땅을 지나다가 공자에게 제사 지내며 육대지악(六代之樂)을 올린 것이 처음이고, 중국 남북조

시대 남송(南宋)의 문제(文帝) 원화(元和) 22년(445) 태자 석전에서 황제 헌원의 악무 〈운문〉으로 육일(六佾)을 베푼 것이 공자제사무의 구체적인 첫 기록이다.

주나라 때 확립된 육대지악 즉 육대대무(六代大舞)는 당시 각종 제례뿐만 아니라 국가의 조례 또는 나라의 경사에서 추었다. 이를 유가에서는 교육 덕목 중 하나로 중히 여겨서 성정을 기르는 기본 교과목으로 채택하여 왕세자나 귀족 자제들에게 가르쳤다. 그것이 후에 공자제사무로 자리매김되어 오늘의 석전대제까지 이어졌다.

예로부터 각종 제례에는 악가무(樂歌舞)가 반드시 따랐다. 예(禮)를 행하는 절차와 춤추고 노래하고 연주하는 악(樂)을 행하는 절차가 동시에 펼쳐진 것이다. 석전대제를 거행할 때도 이와 같다. 초헌관, 아헌관, 종헌관이 대성전 계단을 나아가고 물러나고 오르고 내리며 술과 폐백으로 대성전 안에서 예를 올릴 때, 대성전 뜰에 도열한 일무원들은 당상악(堂上樂)과 당하악(堂下樂)에 맞추어 삼진삼퇴(三進三退)의 춤으로 그 예를 마무리하게 된다. 이것이 곧 예악일치(禮樂一致)로 "예는 악으로 완성을 이룬다"는 의미이다.

문묘일무가 한국으로 유입된 시기는 고려 예종 11년(1116)으로 조선시대까지 그 전통이 이어졌다. 그러나 일제 강점기에 춤동작이 대부분 없어지고 훼손되어 원형성을 상실하였다. 예를 나타낼 때 반드시 행해야 할 삼진삼퇴가 없어지고 오로지 제자리에서 북동서로 방향을 바꾸며 절만을 행하는 삼방배(三方拜) 춤으로 왜곡된 것이다. 삼방배 춤은 1980년 문묘일무 복원의 당사자(김영숙 주장)로 알려지고 있는 고(故) 성경린도 부정한 춤이다. 그는 삼방배 춤이 원형이 아님을 「유림월보」 "일무금석(佾舞今昔)"(1972. 5. 25)에서 증언한 바 있다.

뿐만 아니라 일무를 추는 위치에도 변화가 있었다. 본시 일무는 음양사상에 따라 묘정의 뜰 동서 양쪽에 배치되는 것이 원칙이나, 서쪽 한편에서 추는 것으로 달라진 것이다.

1949년 공자 탄신 2500주년을 맞아 성균관 중심으로 문묘일무 복원이 시도되었지만 성과를 거두지 못하였다. 이후 1980년의 재시도조차 고증의 한계로 일제 강점기에 변모된 제자리춤이 그대로 이어졌다. 그것이 1986년 석전대제 지정 당시의 일무이다.

2. 석전대제의 일무 왜곡

「석전대제 지정조사보고서 제144호」(1981)에 의하면, 1986년 중요무형문화재 지정 당시 일무는『반궁예악서』에 빙거하여 일무를 원형으로 정비한 것이라 한다. 또한「석전학논총」에서 김영숙은 "현행 문묘제례일무는 고려시대 송나라 아악 유입에서 비롯한다. 조선 초기에 아악을 정비하였으나 명나라 제도를 따르지 않고 송나라 제도를 그대로 유지하였다. 따라서 우리나라의 일무는 보다 고형에 속하는 특징을 지닌다"라고 하였다. 그러나『반궁예악서』라는 책은 사실상 존재하지 않고 그 책의 실제 책명은 청대의『반궁예악전서』(1656)임이 2003년 본 연구자에 의해 밝혀졌으며, 지정 당시의 일무 당사자 김영숙은 일무가 송원대로부터 이어진 것이라 주장하지만 그 근거를 제시하지 못하고 있다.

또 한 가지 김영숙은 자신의 석사학위논문『현행일무고』(1981)에서 "송에서는 문무와 무무를 행했다는 기록은 있으나 일무보(佾舞譜)는 없고 악장만이『송사』「악지」와『반궁예악서』등에 전한다"라고 하여 1980년 당시 무보가 없었음을 스스로 인정하고 있다. 이는 문헌적 자료에 관한 정보가 전혀 없었던 고증의 한계를 스스로 인정하고 있는 것이다. 고증에서 가장 중요한 근거문헌이 불분명한 것과 춤사위 원형 복원에 필수인 무보를 보지 못한 것은 원형 복원이 갖는 한계였다.

『국악전집 9』(1981)에 "……1980년부터 국악고등학교에서『반궁예악서』등 옛 문헌에 빙거하여 원형을 정비(김영숙 교사 담당), 제정하여 악가무 본래가 다시 완벽하게 정제되었다……"라고 하였다. 그러나 이와는 달리 석전대제 지정 당시 일무는 춤사위가 대부분 훼손되고 변모되었음이 2003년 제1차 학술시연에서 처음 밝혀지게 되었고, 또 한 가지 불분명한 것은 일무를 김영숙이 담당하였던 것으로 기록하고 있기 때문에 석전대제의 일무를 성경린이 일무복원에 관여했는지의 여부도 확실치 않다는 점이다.

1) 문무의 문제점

석전대제 지정 당시의 문무는 춤사위가 원래의 모습과 상당 부분 다르다. 반드시 행해야 할 삼진삼퇴가 없어지고 제자리에서 추는 춤으로 변모되어, 공경·사양·겸양의 예를 상징하는 읍·사·겸의 춤사위를 나타내지 못하였으며, 천지인 합일의 약적동작이 십자형이 아니라 엑스자형과 십일자형으로 달라졌다. 이는 원전술어해석의 오류와 춤사위의 원형을 알 수 있는 무보를 확인하지 못하였기 때문으로 생각된다.

2) 무무의 문제점

석전대제 지정 당시 근거로 제시한 원전술어는 모두 약적을 들고 춤추는 문무일 뿐 간척을 들고 추는 무무는 없다. 이와 같은 상황에서 약적을 들고 추는 문무의 술어에 맞춰 간척을 들고 추는 춤사위로 바꾼 것은 큰 오류였다. 무무는 본시 공격과 방어를 나타내는 춤이다. 그런데 무무의 술어나 무무보가 전혀 없이 춤사위를 임의로 창작·복원한 것은 문묘일무의 체계를 뿌리째 흔드는 심각한 문제이다.

3. 석전대제의 일무 원형 연구

1) 연구 방향

한·중 무보 17종의 발굴로 본격화된 문묘일무의 원형 복원은 이론적 연구로만 가능한 것이 아니라 연구를 토대로 그것을 몸짓으로 재현해낼 수 있는 무용가의 역량이 필요하다. 본 연구자는 현재까지 수집된 무보와 관련 문헌의 역사적 기록에 근거하여 문묘일무를 연구하고, 무보의 춤사위를 분석·재현·시연까지 진행해보고자 한다. 이 같은 과정의 고증 복원은 지난 100여 년간 왜곡되고 훼손되었던 한국 문묘일무의 역사적 원형 회복을 가능케 할 것이다.

제1차 연구는 청대『반궁예악전서』의 무보를 대상으로 하였다. 그 이유는 석전대제 지정 당시 제시된『반궁예악서』가『반궁예악전서』임이 밝혀졌기 때문이다. 따라서『반궁예악전서』와 지정 당시 일무를 세심히 살펴 문묘일무 춤사위의 원형과 변모를 알아보고자 한다. 이에 대한 비교·분석 연구는 다음과 같다.

첫째,『반궁예악전서』의 무보 분석

① 『반궁예악전서』무보의 원전술어를 알기 쉽게 국역한다.

② 문묘일무의 방향과 춤 구성 용어를 풀이한다.

③ 임학선의 술어해석과 김영숙의 술어해석을 비교·분석한다.

④ 『반궁예악전서』 춤사위와 석전대제 지정 당시 김영숙의 춤사위를
   비교·분석한다.

⑤ 『반궁예악전서』 춤사위를 재현하고 시연한다.

⑥ 문묘일무 시연은 성균관대학교 팔일무단이 담당한다.

둘째, 향후 17종의 한·중 무보 비교 분석

① 중국 명·청대의 무보 13종을 분석한다.

② 한국 조선시대 개화기의 무보 4종을 분석한다.

2) 한·중 무보

(1) 중국 명·청대의 무보

중국	책명	저자	연대
명	궐리지(闕里誌)	진호(陳鎬)	명 효종 홍치 17년 갑자
			조선 연산군 10년, 1504년
	남옹지(南雍志)	진좌(晉佐)	명 세종 22년, 계묘
			조선 중종 38년, 1543년
	황명태학지(皇明太學志)	왕재(王材)	명 명종 가정 36년 정사
			조선 명종 12년, 1557년
	삼재도회(三才圖會)	왕기찬(王圻纂)	명 신종 만력 25년 정유
			조선 선조 30년, 1597년
	반궁예악소(泮宮禮樂疏)	이지조(李之藻)	명 신종 만력 24년 무술
			조선 선조 31년, 1598년

청	반궁예악전서(頖宮禮樂全書)	장안무(張安茂)	청 세조 순치 13년 병신 조선 효종 7년, 1656년
청	대성통지(大成通志)	양경집(楊慶輯)	청 성조 강희 8년 기유 조선 헌종 10년, 1669년
	궐리광지(闕里廣誌)	송제(宋際), 송경장(宋慶長)	청 성조 강희 12년 계축 조선 헌종 14년, 1673년
	문묘예악고(文廟禮樂考)	김지식(金之埴) 송홍(宋鋐)	청 성조 강희 13년 신미 조선 헌종 15년, 1674년
	국학예악록(國學禮樂綠)	이주망(李周望) 사리충(謝履忠)	청 성조 강희 58년 기해 조선 숙종 45년, 1719년
	문묘정제보(文廟丁祭譜)	남종서(藍鍾瑞)	청 선종 도광 25년 을사 조선 헌종 11년 1845년
	청읍반궁악무도설 (淸邑泮宮樂舞圖說)	양이증(楊以增)	청 문종 함풍 원년 신혜 조선 철종 2년, 1851년
	성문악지(聖門樂誌)	공상임(孔尙任)	청 덕종 광서 13년 정해 조선 고종 24년, 1887년

(2) 한국 조선시대·근현대의 무보

한국	책명	저자	연대
조선 ~ 근대	춘관통고(春官通考)	유의양(柳義養)	정조 12년, 1788년
	궐리지(闕里誌)	최현필(崔鉉弼)	1900년경
	속수성적도후학록 (續修聖蹟圖後學錄)	정은채(鄭殷采)	1917년
	공부자성적도성학유림록 (孔夫子聖蹟圖聖學儒林錄)	정은채(鄭殷采) 정성묵(鄭成默)	1926년

Ⅱ. 문묘일무 춤사위 용어 분석

『반궁예악전서』 무보는 6열 6행으로 구성된 '육일'의 춤 형식이다. 행렬(行列)에서 행(行)은 북쪽에서 남쪽으로 1행에서 6행으로, 열(列)은 동쪽에서 서쪽으로 1열에서 6열로 구분하였다. 춤사위 방향을 지시하는 용어와 춤 구성을 나타내는 술어를 그림으로 제시하면 다음과 같다.

1. 방향 지시 용어

향좌(向左) : 서쪽

향우(向右) : 동쪽

향전(向前) : 북쪽

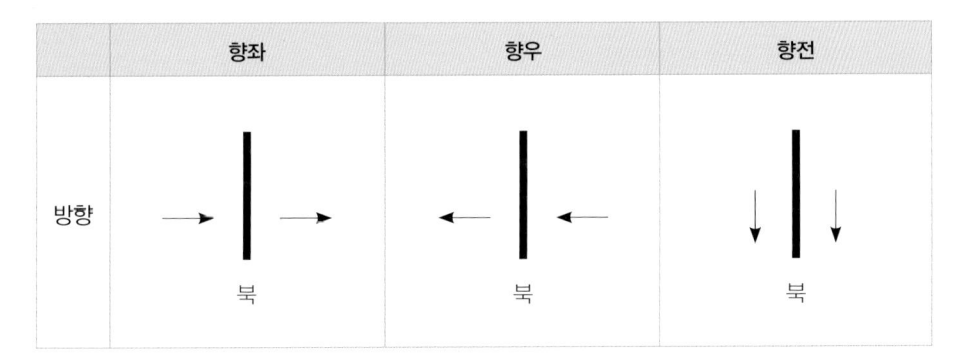

	향좌	향우	향전
방향	북	북	북

〈그림 1〉 무원이 북쪽을 중심으로 본 방향

향외(向外) : 동서 무원이 각각 밖을 향하는 동작

향리(向裏) : 동서 무원이 각각 안을 향하는 동작

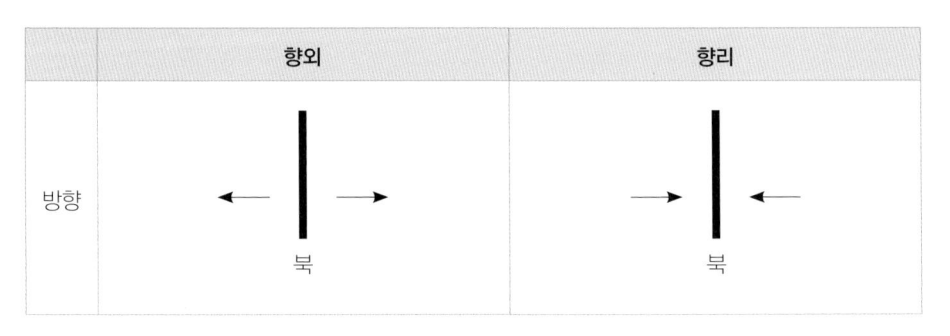

	향외	향리
방향	북	북

〈그림 2〉 동서 무원의 방향

2. 춤 구성 용어

양양상대(兩兩相對) : 두 사람이 서로 마주하는 동작

상향립(相向立) : 무원들이 서로 마주하는 동작

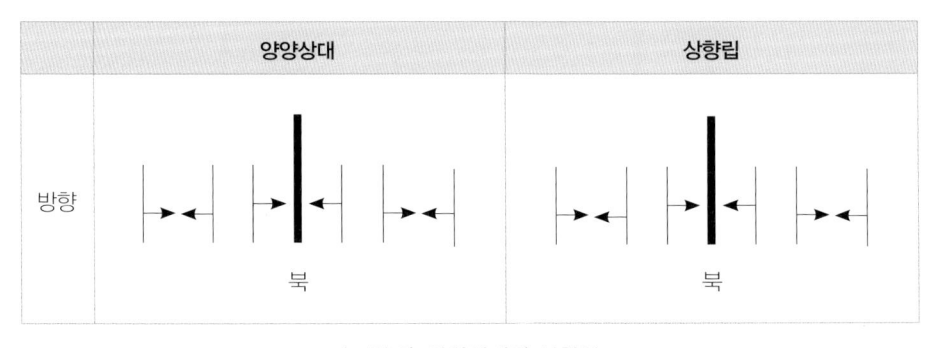

	양양상대	상향립
방향	북	북

〈그림 3〉 양양상대와 상향립

동서상향(東西相向) : 동서 무원이 서로 마주하는 동작

동서상향(東西上向) : 동서 무원이 위(북)를 바라보는 동작

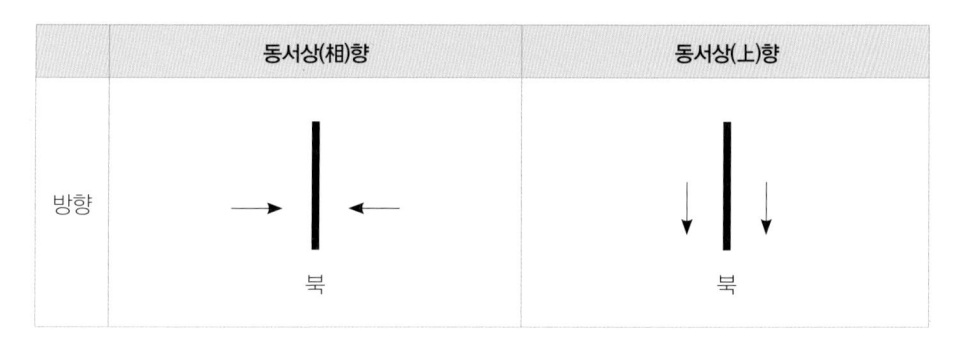

	동서상(相)향	동서상(上)향
방향	북	북

〈그림 4〉 동서상향

양중반(兩中班) : 동서 중간 열(2열·5열) 12인의 동작

양반상하(兩班上下) : 동서 상하(1행·6행) 12인의 동작

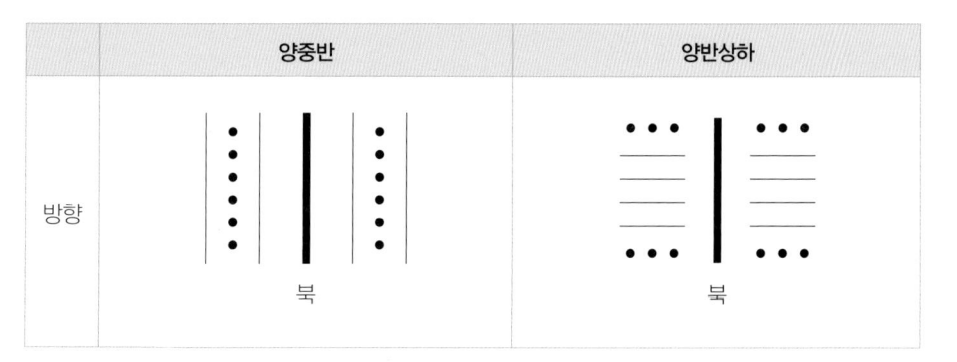

	양중반	양반상하
방향	북	북

〈그림 5〉 양중반과 양반상하

Ⅲ. 『반궁예악전서』 무보와 석전대제 일무 비교 분석

『반궁예악전서』의 무보에는 춤사위와 함께 춤사위를 설명하는 원전술어가 수록되어 있다. 원전술어는 춤의 내용과 의미를 담고 있어 해석이 매우 중요하다. 석전대제 지정 당시에는 무보가 제시되지 않았고 술어에만 의존하여 춤사위를 복원하였다. 때문에 비교표에는 김영숙의 해석만을 싣는다. 본 연구자는 『반궁예악전서』의 술어를 해석하고 춤사위를 재현하여 지정 당시 김영숙의 것과 비교하여 그 차이를 살펴보고자 한다.

1. 초헌무 술어해석 및 춤사위 비교

초헌무는 양손에 피리와 꿩깃을 들고 추는 문무이다. 아래 비교표에 제시된 김영숙의 한자술어 해석은 글자의 뜻을 해석하기보다는 자신이 만든 춤사위를 설명하는 모순이 발견된다. 임학선은 한자술어를 가감없이 해석하여 앞으로 나아가고 뒤로 물러나는 삼진삼퇴의 춤추는 방법과 춤사위에 담긴 읍·사·겸의 공경·사양·겸양을 상징하는 것임을 분석하였다.

임학선 술어해석	반궁예악전서	악장	김영숙 춤사위	김영숙 술어해석
稍前向外開籥舞 조금 앞으로 나아가 밖을 향하며 약을 연다.		自 자		稍前向外開籥舞 약을 앞으로 펴서 서서히 왼쪽(서쪽)을 향한다. 적은 가슴에 둔다.
蹈向裏開籥舞 안을 향하여 발을 딛고 약을 연다.		生 생		蹈向裏開籥舞 약을 앞으로 펴든 채로 오른쪽(동쪽)을 향한다.
合手蹲朝上舞 손을 합하고 좌우로 무릎을 벌리고 몸을 곧게 세워 아래로 내려앉으며 북을 향한다.		民 민		合手蹲朝上舞 약적을 머리 위에 모아서 들고 무릎을 굽힌다.
起辭身向外高擧籥而朝 손을 맞잡아 몸을 일으켜 뒤로 물러서며 밖을 향하고 약을 높이 든다.		來 래		起辞身向外高挙籥而朝 무릎을 펴고 왼쪽 사선을 향하며 약을 비스듬히 위로 세운다. 적은 가슴에 둔다.
兩相對蹲東西相向 두 줄이 서로 마주 보아 동서를 향하며 좌우로 무릎을 벌리고 몸을 곧게 세워 아래로 내려앉는다.		誰 수		兩兩相對東西相向 2열씩 서로 마주하며 (동서향) 가슴 앞에 적은 세워 들고 약은 가로뉘어 십자로 모아서 들고 무릎을 굽힌다.

合簫轉身向外拱手出左足 약을 합하며 밖을 향하여 몸을 돌리고, 손을 맞잡아 왼발을 앞으로 내민다.		底 저		合簫転身向外拱手 出左足 몸을 돌려 왼쪽(서쪽)을 향하고 약적을 얼굴 앞에 모아서 들고 왼발을 앞에 내딛는다.
正揖 바로 읍(揖)한다.(두 손을 맞잡고 마음을 가지런히 하며 예를 갖춘다.)		基 기		正揖 앞쪽(북향) 약적을 가슴에 모아 절한다.
起平身出左手立 몸을 일으켜 세우고 왼손을 내밀며 선다.		盛 성		起平身出左手立 몸을 바로 펴며 약을 앞으로 내밀어 가로로 든다. 적은 가슴에 둔다.
兩兩相對自下而上東西相向 두 사람이 서로 마주 보고 앉았다가 일어서며 동서가 서로 향한다.		惟 유		兩兩相對自下而上 東西相向 2열씩 서로 마주하며 허리를 굽혔다가 펴면서 적을(아래로 부터) 위로 들어올린다. 약은 아래쪽에 놓는다.
稍前舞擧籥垂翟 조금 앞으로 걸어 나아가 움직이며 약은 들어 올리고 적은 드리운다.		師 사		稍前舞擧籥垂翟 (서서히) 앞쪽을 향하여 약은 가슴 앞으로 가로로 들어 올리고 적은 아래쪽으로 내린다.

合籥惟兩中班十二人轉身俱俱東西相向 약을 합하고 신도를 중심으로 나눈 양쪽(동서)의 가운데 12명(2열, 5열)은 몸을 돌려 동서가 서로 향한다.		神 신		合籥惟兩中班十二人 轉身俱俱東西相向 약적을 머리위에 모아든다. 이때 중앙의 2행은 (각각 몸을 돌려) 동서로 마주 본다.
舉翟三合籥 적을 들어올리고 약을 세 번 합한다.		明 명		舉翟三合籥 적을 (앞으로 곧게) 위로 펴든다. 약은 가슴에 둔다.
稍前向外垂手舞 조금 앞으로 나아가 밖을 향하고 손을 아래로 드리운다.		度 탁		稍前向外垂手舞 왼쪽을 향하여 약적을 각각 어깨 위로 들어 무릎을 굽혔다 펴고 약적을 아래로 내리며 허리를 굽힌다.
蹈向裡垂手 안을 향하여 발을 딛고 손을 아래로 드리운다.		越 월		蹈向裡垂手 오른쪽을 향하여 수수무를 한다.
向前合手謙進步雙手合籥 앞을 향해 손을 모으고 공손히 걸어 나가며 두 손으로 약을 합한다.		前 전		向前合手謙進步双手合籥 앞쪽을 향하고 한 발씩 나아가며 약적을 머리 위에 모아서 든다.

回身再謙退步側身向外高止衡面朝上 몸을 다시 되돌려 겸손히 물러나며 조금(사선) 밖을 향하고 얼굴은 북을 향한다.		聖 성		**回身再謙退步側身向外高止衡面朝上** 한 발짝 뒤로 물러나고 몸을 돌려 왼쪽 사선을 향하며 얼굴은 들어 위를 바라본다.
正蹲朝上 북을 향하여 좌우로 무릎을 벌리고 몸을 곧게 세워 아래로 내려앉는다.		桨 자		**正蹲朝上** 약적을 가슴에 모으고 무릎을 구부린다.
稍舞躬身挽手側身面外呈籥耳邊面朝上 조금 몸을 구부려 손을 당기고 조금(사선) 밖을 향하며 얼굴 바깥쪽 귓가에 약을 드리우고 얼굴은 북을 향한다.		帛 폐		**稍舞躬身挽手側身面外呈籥耳邊面朝上** 몸을 비스듬히 구부리며 약을 귀 옆으로 들어 올리고 적은 비껴 아래로 내린다.
正揖 바로 읍한다.		具 구		**正揖** 약적을 가슴에 모으며 절한다.
起辞身挽手復擧籥正立 두 손을 모아 뒤로 물러서며 다시 약을 들어 올리고 바로 선다.		成 성		**起辞身挽手復擧籥正立** 허리를 펴며 약을 사선 위쪽으로 들어 올린다.

兩兩相対交籥兩班俱 東西平執籥 두 줄씩 서로 마주 보며 약을 가로지르고, 양쪽이 동서로 바라보며 약을 평평하게 잡는다.		禮 예		**兩兩相対交籥兩班俱東西平執籥** 2열씩 서로 마주하며 약을 일자로 주고받는다. 적은 위로 들어 올린다.
正蹲朝上 북을 향하여 좌우로 무릎을 벌리고 몸을 곧게 세워 아래로 내려앉는다.		容 용		**正蹲朝上** 약적을 가슴에 모으고 무릎을 구부린다.
向外退挽手向擧籥外面朝上 밖을 향하여 물러나며 손을 당기고 약을 들어 올리며 얼굴은 북을 향한다.		斯 사		**向外退挽手擧籥向外面朝上** 약을 가슴 앞에 들고 왼쪽을 향한다.
回身正立 몸을 돌려 바로 선다.		稱 칭		**回身正立** 몸을 돌려 바로 선다.
稍前舞 조금 앞으로 나아가며 춤춘다.		黍 서		**稍前舞** 약적을 십자로 모아 가슴 앞에 든다.

正蹲朝上 북을 향하여 좌우로 무릎을 벌리고 몸을 곧게 세워 아래로 내려앉는다.		稷 직		正蹲朝上 약적을 가슴에 모으고 무릎을 구부린다.
左右垂手兩班上下俱雙手東西相向 왼손과 오른손을 차례로 내리고 양쪽 상하(1행·6행)는 양손을 내리며 동서로 마주 본다.		非 비		左右垂手兩班上下俱雙手東西相向 약적을 머리 위에 모아서 든다. 이때 중앙의 2행은 동서로 마주 본다.
起合手相向立 손을 합해 들고 서로 마주 보며 선다.		馨 형		起合手相向立 약적을 머리 위에 모아서 들고 동서로 마주한다.
左右側身垂手向外開籥垂手舞 좌우로 몸을 조금(사선) 돌려 손을 아래로 드리우고 밖을 향하며 약을 열어 손을 아래로 드리운다.		維 유		左右側身垂手向外開籥垂手舞 왼쪽 사선 방향으로 수수무를 한다.
右側身垂手向裏垂手舞 오른쪽으로 몸을 조금(사선) 돌려 손을 아래로 드리우고 안을 향하며 손을 아래로 드리운다.		神 신		右側身垂手向裏垂手舞 오른쪽 사선 방향으로 수수무를 한다.

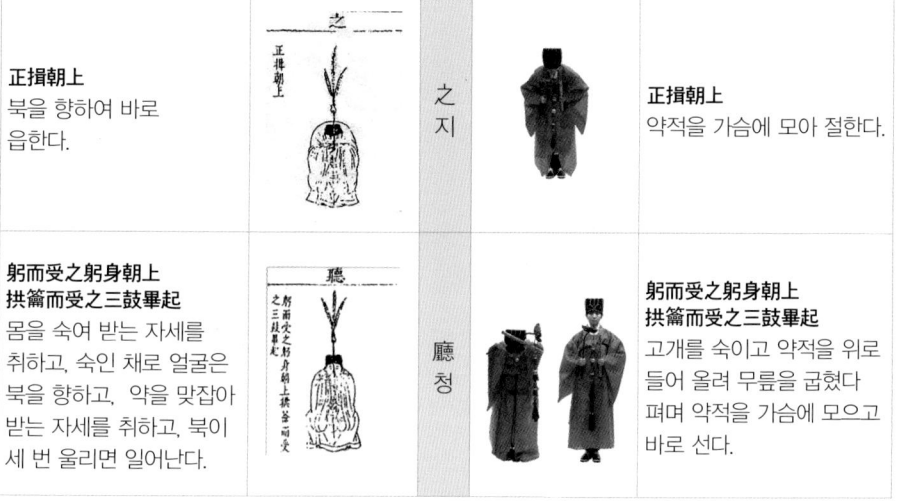

		之 지		正揖朝上 약적을 가슴에 모아 절한다.
正揖朝上 북을 향하여 바로 읍한다.				
躬而受之躬身朝上 拱篲而受之三鼓畢起 몸을 숙여 받는 자세를 취하고, 숙인 채로 얼굴은 북을 향하고, 약을 맞잡아 받는 자세를 취하고, 북이 세 번 울리면 일어난다.		廳 청		躬而受之躬身朝上 拱篲而受之三鼓畢起 고개를 숙이고 약적을 위로 들어 올려 무릎을 굽혔다 펴며 약적을 가슴에 모으고 바로 선다.

2. 아헌무 술어해석 및 춤사위 비교

『반궁예악전서』의 아헌무는 피리와 꿩깃을 들고 추는 문무이다. 그러나 김영숙
은 방패와 도끼를 들고 춤추는 무무로 해석하였으며, 춤사위 또한 근거 없는 동
작으로 만들었다.

임학선 술어해석	『반궁예악전서』	악장	김영숙 춤사위	김영숙 술어해석
左右進步向外垂手舞 좌우를 향해 한 걸음 나아가 밖을 향하며 손을 아래로 드리운다.		大 대		左右進步向外垂手舞 한 걸음 나아가며 왼쪽 (서쪽)을 향하여 수수무를 한다.

右向裏垂手舞 오른쪽으로 안을 향하며 손을 아래로 드리운다.		哉 재		**右向裏垂手舞** 오른쪽(동쪽)을 향하여 수수무를 한다.
向外落籥面朝上 밖을 향하여 약을 떨어뜨리고 얼굴은 북을 향한다.		聖 성		**向外落籥面朝上** 왼손을 아래로 내리며 얼굴은 위를 향한다.
退回身正立 뒤로 물러서며 정면을 향해 바로 선다.		神 신		**退回身正立** 한 걸음 물러서며 두 손을 가슴에 모아 바로 선다.
正蹲合籥 좌우로 무릎을 벌리고 몸을 곧게 세워 아래로 내려앉으며 약을 합한다.		實 실		**正蹲合籥** 무릎을 굽힌다.
起身向前舞向外舞 몸을 일으켜 앞을 향해 춤추고 밖을 향해 춤춘다.		天 천		**起身向前舞向外舞** 몸을 펴며 왼손을 앞으로 펴서 왼쪽을 향한다.

向裏舞 안을 향해 춤춘다.	生 向裏舞	生 생		向裏舞 오른손을 앞으로 펴며 오른쪽으로 향한다.
合手謙進步向前雙手合存謙 손을 모으고 앞으로 공손히 나아가 양손으로 약을 합하며 몸을 겸손히 한다.	二 德 合手謙進步向前雙手合存謙	德 덕		合手謙進步向前双手合存謙 앞으로 한 걸음 나가며 두 손을 머리 위에서 마주 친다.
兩兩相対自下而上 兩班相対挙籥東西立 두 줄씩 마주 보며 앉았다 일어서고 양쪽이 서로 약을 들어 동서로 마주한다.	作 兩兩相對自下而上兩班相對舉籥東西立	作 작		兩兩相対自下而上 兩班相対挙籥東西立 2열씩 서로 마주하며 허리를 굽혔다가 펴며 왼손을 아래로부터 위로 들어 올린다.
上下俱垂手惟兩中班上下十 二人俱垂手転身東西相向 상하(1행, 6행)는 손을 아래로 드리우고 상하를 중심으로 양쪽 면의 가운데 (2행, 5행) 12명은 몸을 돌려 동서로 마주 보며 팔을 아래로 드리운다.	樂 上下俱垂手惟兩中班上下十二人俱垂手轉身東西相向	樂 악		上下俱垂手惟兩中班上下十 二人俱垂手転身東西相向 중간의 2행은 동서로 마주하고 수수하며, 나머지는 앞으로 수수한다.
転身東西相向立 몸을 돌려 동서로 향하여 선다.	以 轉身東西相向立	以 이		転身東西相向立 모두 몸을 돌려 동서로 마주한다. 두 손은 가슴에 모은다.

相向立兩班上下以翟相篲 마주 보고 서며 동서 양쪽의 상하(1행, 6행)는 적으로 약을 합한다.	相向立兩班上下以翟相篲	崇 숭		**相向立兩班上下以翟相篲** 첫 행과 끝 행은 두 손을 마주 친다.
稍前舞蹈兩班上下俱垂手向外舞 조금 앞으로 걸어가 동서 양쪽의 상하(1행, 6행)는 밖을 향해 수수무 한다.	稍前舞蹈兩班上下俱垂手向外舞	時 시		**稍前舞蹈兩班上下俱垂手向外舞** 첫 행과 끝 행은 왼쪽으로 수수하고 나머지는 가슴 앞에 십자로 든다.
向裏垂手舞 안을 향하여 손을 아래로 드리운다.	向裏垂手舞	祀 사		**向裏垂手舞** 다 같이 오른쪽으로 수수한다.
合手謙進步向前雙手合篲翟 손을 모아 공손히 나아가며 정면을 향해 두 손으로 약과 적을 합한다.	合手謙進步向前雙手合篲翟	無 무		**合手謙進步向前雙手合篲翟** 앞으로 한 걸음 나가며 두 손을 마주 친다.
回身再謙兩班上下東西相向合篲立 몸을 돌려 공손히 물러서며 동서로 마주 보고 약을 합하며 선다.	回身再謙兩班上下東西相向合篲立	斁 두		**回身再謙兩班上下東西上合篲立** 첫 행과 끝 행은 동서로 마주 보고, 나머지는 바로 선다. 두 손은 가슴 앞에 모은다.

稍前舞向外開籥舞 조금 앞으로 나아가 밖을 향하여 약을 열어 춤춘다.		淸 청		**稍前舞向外開籥舞** 왼손을 앞으로 펴서 왼쪽으로 향한다.
向裏舞 안을 향하여 춤춘다.		酤 고		**向裏舞** 오른손을 앞으로 펴며 오른쪽으로 향한다.
雙手平執籥翟開籥翟 두 손으로 약과 적을 평평하게 집어 들어 연다.		惟 유		**雙手平執翟開籥翟** 양손을 평평하게 펴든다.
合籥翟朝上正立 약과 적을 합하고 북을 향하여 바로 선다.		馨 형		**合籥翟朝上正立** 두 손을 머리 위에서 마주 치고 바로 선다.
側身垂左手兩班俱垂左手向外舞 몸을 조금(사선) 돌려 왼손을 아래로 드리우고 동서 양쪽이 나누어 왼손을 아래로 드리우되 밖을 향해 춤춘다.		嘉 가		**側身垂左手兩班俱垂左手向外舞** 왼쪽 사선 방향으로 왼손을 내린다.

躬身正揖 몸을 굽혀 바르게 읍한다.	牲 躬身正揖	牲 생		躬身正揖 몸을 둥글게 하고 절한다.
雙手擧籥翟躬身 두 손으로 약적을 들어 올리고 몸을 굽힌다.	孔 雙手擧籥翟躬身	孔 공		雙手擧籥翟躬身 몸을 둥글게 한 채로 두 손을 위로 들어 올린다.
躬而受之 몸을 굽혀 받는 듯한 자세를 취한다.	碩 躬而受之	碩 석		躬而受之 두 손을 위로 든 채로 무릎을 굽혔다 펴며 바로 선다.
合籥躬身向上揖于右 약을 합하고 몸을 굽혀 북을 향해 읍하되 오른쪽으로 행한다.	薦 合籥躬身向上揖于右	薦 천		合籥躬身向上揖于右 두 손을 모아 허리를 굽혔다 오른쪽으로 들어 올리고
合籥躬身向上揖于左 약을 합하고 몸을 굽혀 북을 향해 읍하되 왼쪽으로 행한다.	羞 合籥躬身向上揖于左	羞 수		合籥躬身向上揖于左 두 손을 모아 허리를 굽혔다 왼쪽으로 들어 올리고

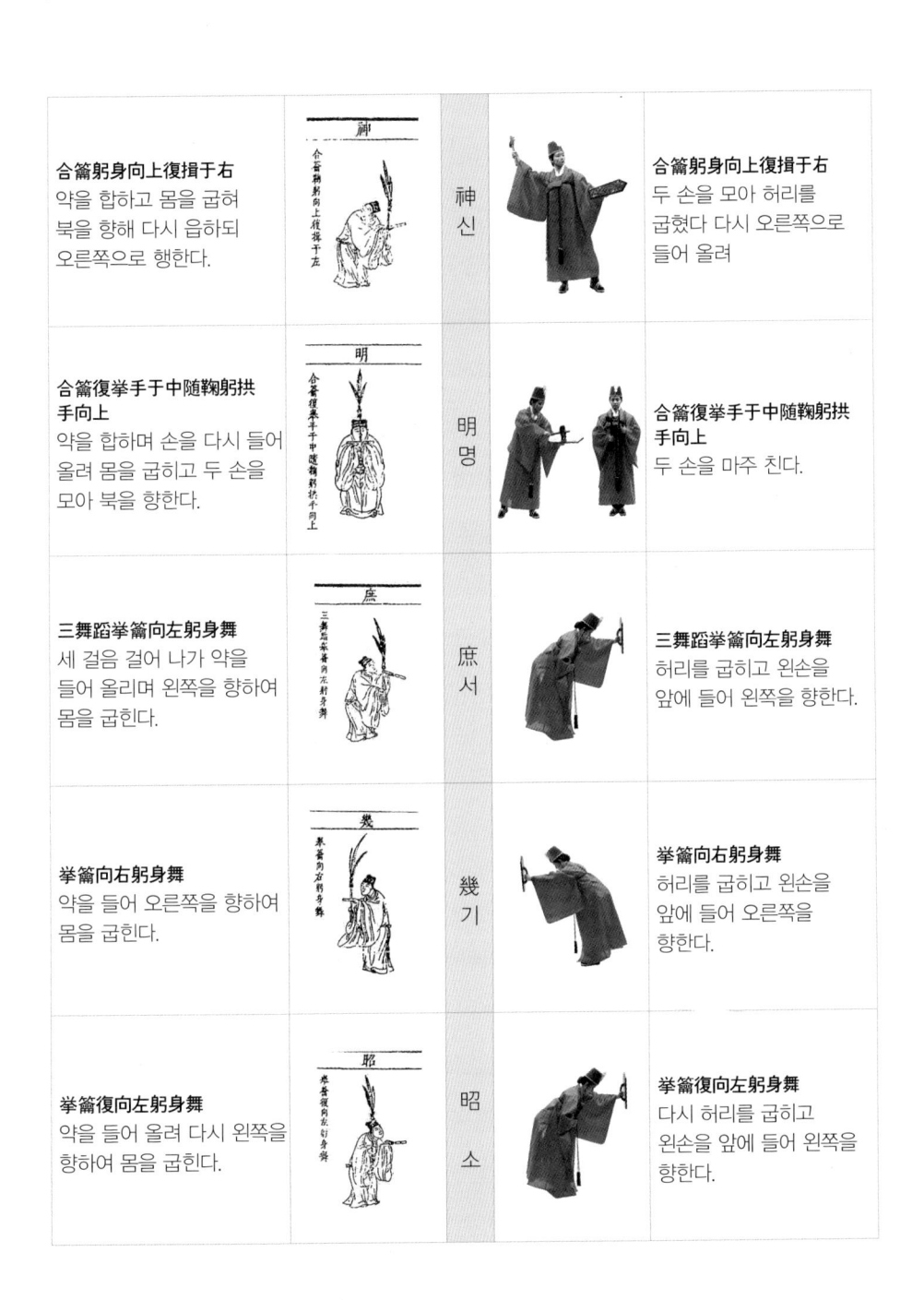

合籥躬身向上復揖于右 약을 합하고 몸을 굽혀 북을 향해 다시 읍하되 오른쪽으로 행한다.		神 신		合籥躬身向上復揖于右 두 손을 모아 허리를 굽혔다 다시 오른쪽으로 들어 올려
合籥復舉手于中隨鞠躬拱手向上 약을 합하며 손을 다시 들어 올려 몸을 굽히고 두 손을 모아 북을 향한다.		明 명		合籥復舉手于中隨鞠躬拱手向上 두 손을 마주 친다.
三舞蹈舉籥向左躬身舞 세 걸음 걸어 나가 약을 들어 올리며 왼쪽을 향하여 몸을 굽힌다.		庶 서		三舞蹈舉籥向左躬身舞 허리를 굽히고 왼손을 앞에 들어 왼쪽을 향한다.
舉籥向右躬身舞 약을 들어 오른쪽을 향하여 몸을 굽힌다.		幾 기		舉籥向右躬身舞 허리를 굽히고 왼손을 앞에 들어 오른쪽을 향한다.
舉籥復向左躬身舞 약을 들어 올려 다시 왼쪽을 향하여 몸을 굽힌다.		昭 소		舉籥復向左躬身舞 다시 허리를 굽히고 왼손을 앞에 들어 왼쪽을 향한다.

拱籥躬身而受之 약을 합하고 몸을 굽히며 받는 듯한 자세를 취한다.		格 격		拱籥躬身而受之 두 손을 앞에 모아들고 허리를 굽히며 무릎 굽혔다 펴면서 바로 선다.

3. 종헌무 술어해석 및 춤사위 비교

『반궁예악전서』의 종현무는 피리와 꿩깃을 드는 문무로 확인된다. 그러나 김영숙의 종헌무는 아헌무와 마찬가지로 방패와 도끼를 드는 무무로 바꾸었다.

임학선 술어해석	반궁예악전서	악장	김영숙 춤사위	김영숙 술어해석
向外開籥舞 향외개약무 밖을 향하여 약을 열어 춤춘다.		百 백		向外開籥舞 향외개약무 왼손을 앞으로 들어 왼쪽으로 향한다.
向裏開籥舞 향리개약무 안을 향하여 약을 열어 춤춘다.		王 왕		向裏開籥舞 향리개약무 왼손을 앞으로 든 채로 오른쪽으로 향한다.

側身向外落籥面朝上 측신향외낙약면조상 몸을 조금(사선) 돌려 밖을 향하며 약을 떨어뜨리고 얼굴은 북을 향한다.		宗 종		**側身向外落籥面朝上** 측신향외낙약면조상 왼손을 왼쪽 사선 아래로 내린다.
朝上正立 조상정립 북을 향하여 바르게 선다.		師 사		**朝上正立** 조상정립 바로 선다.
兩班上下兩兩相對交籥 양반상하양양상대교약 동서 양쪽의 상하(1.6행)는 두 줄씩 마주보며 약을 교차시킨다.		生 생		**兩班上下兩兩相対交籥** 양반상하양양상대교약 2열씩 서로 마주하며 왼손을 가슴 앞에서 마주한다.
合手朝上正蹲 합수조상정준 손을 합하고 북을 향하여 좌우로 무릎을 벌리고 몸을 곧게 세워 아래로 내려앉는다.		民 민		**合手朝上正蹲** 합수조상정준 두 손을 머리 위에 모으고 무릎을 굽힌다.
側身相裏落籥 측신상리낙약 몸을 조금(사선) 돌려 안을 향하며 약을 떨어뜨린다.		物 물		**側身相裏落籥** 측신상리낙약 왼손을 오른쪽 사선 아래로 내린다.

合籥朝上正立 합약조상정립 약을 하고 북을 향하여 바르게 선다.	軌 合籥朝上正立	軌 궤	**合籥朝上正立** 합약조상정립 두 손을 머리 위에서 마주 치고 바로 선다.
向外開籥舞 향외개약무 밖을 향하여 약을 열어 춤춘다.	瞻 向外開籥舞	瞻 첨	**向外開籥舞** 향외개약무 왼손을 앞으로 들어 왼쪽으로 향한다.
向裏開籥舞 향리개약무 안을 향하여 약을 열어 춤춘다.	之 向裏開籥舞	之 지	**向裏開籥舞** 향리개약무 왼손을 앞으로 든 채로 오른쪽으로 향한다.
開籥朝上正立 개약조상정립 약을 열고 북을 향하여 바르게 선다.	洋 開籥朝上正立	洋 양	**開籥朝上正立** 개약조상정립 왼손을 앞으로 든 채로 앞쪽을 향하여 선다.
合籥平立 합약평립 약을 합하여 바로 선다.	洋 合籥平立	洋 양	**合籥平立** 합약평립 두 손을 머리 위에서 마주치고 바로 선다.

向外開籥舞 향외개약무 밖을 향하여 약을 열어 춤춘다.		神 신		向外開籥舞 향외개약무 왼손을 앞으로 들어 왼쪽으로 향한다.
向裏開籥 舞 향리개약무 안을 향하여 약을 열어 춤춘다.		其 기		向裏開籥舞 향리개약무 왼손을 앞으로 든 채로 오른쪽으로 향한다.
進步向前雙手合籥謙 진보향전쌍수합약겸 앞으로 나아가 두 손으로 약을 합하며 공손한 자세를 취한다 .		寧 령		進步向前双手合籥謙 진보향전쌍수합약겸 한 걸음 앞으로 나아가며 두 손을 마주 친다.
四身東西相向手謙 사신동서상향수겸 동서의 방향으로 향하고 손을 공손히 한다. *『남옹지』에 의하면 "四身"이 "回身"으로 기록되어 있어 이부분은 기록의 오류로 추측됨.		止 지		四身東西上向手謙 사신동서상향수겸 동서로 마주 보고 손을 내린다.
向外開籥舞 향외개약무 밖을 향해 약을 열어 춤춘다.		酌 작		向外開籥舞 향외개약무 왼손을 앞으로 들어 왼쪽으로 향한다.

向裏開籥舞 향리개약무 안을 향해 약을 열어 춤춘다.		彼 피		**向裏開籥舞** 향리개약무 왼손을 앞으로 든 채로 오른쪽으로 향한다.
開籥朝上正立 개약조상정립 약을 열고 북을 향하여 바로 선다.		金 금		**開籥朝上正立** 개약조상정립 왼손을 앞으로 든 채로 앞쪽을 향하여 선다.
合籥朝上正立 합약조상정립 약을 합하고 북을 향하여 바로 선다.		罍 뢰		**合籥朝上正立** 합약조상정립 두 손을 머리 위에서 마주 치고 바로 선다.
向外垂手舞 향외수수무 밖을 향하여 손을 아래로드리운다.		惟 유		**向外垂手舞** 향외수수무 왼쪽을 향하여 수수무를 한다.
向裏垂手舞 향리수수무 안을 향하여 손을 아래로 한다.		清 청		**向裏垂手舞** 향리수수무 오른쪽을 향하여 수수무를 한다.

朝上正揖 조상정읍 북을 향하여 바르게 읍한다.		且 차		**朝上正揖** 조상정읍 앞을 보고 절을 한다.
躬身而受之 궁신이수지 몸을 굽히며 받는 듯한 자세를 취한다.		旨 지		**躬身而受之** 궁신이수지 고개를 숙인채로 두 손을 위로 들고 무릎을 굽혔다펴며 바로 선다.
躬身向左合籥舞 궁신향좌합약무 왼쪽을 향해 몸을 굽혀 등을 숙이고 약을 합한다.		登 등		**躬身向左合籥舞** 궁신향좌합약무 허리를 굽히고 두 의물을 십자로 세워들고 왼쪽을 향한다.
躬身向右合籥舞 궁신향우합약무 오른쪽을 향해 몸을 굽혀 등을 숙이고 약을 합한다.		獻 헌		**躬身向右合籥舞** 궁신향우합약무 허리를 굽히고 두 의물을 십자로 세워들고 오른쪽을 향한다.
躬身復向左合籥舞 궁신부향좌합약무 다시 왼쪽을 향해 몸을 굽혀 등을 숙이고 약을 합한다.		惟 유		**躬身復向左合籥舞** 궁신복향좌합약무 허리를 굽히고 두 의물을 십자로 세워들고 다시 왼쪽을 향한다.

合簫朝上拜一鼓便起身 합약조상배일고변 기신 약을 합하고 북을 향하여 절하며 북이 한번 울리면몸을 일으킨다.		三 삼		合簫朝上拜一鼓便起身 합약조상배일고변 기신 두 손을 모아 왼무릎 위에 놓고 꿇어앉아 절한 다음 일어선다.
側身向外垂手舞復拱 측신향외수수무복공 몸을 조금(사선) 돌려 밖으로 향하고 손을 아래로 드리운다.		於 오		側身向外垂手舞復拱 측신향외수수무복공 왼쪽 사선 방향으로 수수무 한다.
側身向裏垂手舞 측신향리수수무 몸을 조금(사선) 돌려 안으로 향하고 손을 아래로 드리운다.		嘻 호		側身向裏垂手舞 측신향리수수무 오른쪽 사선 방향으로 수수무 한다.
朝上正揖各回頭拱手 조상정읍각회두공수 북을 향하여 바르게 읍하고 각각의 방향으로 머리를 돌리며 두 손을 맞잡는다.		成 성		朝上正揖各回頭拱手 조상정읍각회두공수 두 손을 머리 위로 들어 가슴 앞에 모으며 절한다.
躬身朝南受之三鼓畢起身 궁신조남수지삼고필 기신 몸을 숙여 등을 굽히며 남으로 향하여 받는 듯한 자세를 취하고 북이 세 번 울리면 몸을 일으킨다.		禮 례		躬身朝上受之三鼓畢起身 궁신조상수지삼고 필기신 고개 숙인채로 두 손을 위로 들고 무릎을 굽혔다 펴며 바로 선다.

Ⅳ. 『반궁예악전서』와 석전대제 일무 비교 분석 결과

1. 한자 술어 해석의 오류

『반궁예악전서』에는 초헌무 32동작, 아헌무 32동작, 종헌무 32동작이 모두 피리와 꿩깃을 드는 문무이다. 앞의 비교표에서 알 수 있듯이 『반궁예악전서』와 석전대제 지정 당시 김영숙 일무의 원전술어는 모두 같다. 그러나 임학선과 김영숙의 술어해석에는 큰 차이가 있음이 확인된다.

김영숙의 술어해석을 살펴보면, 한자술어를 해석한 것이 아니라 자신이 만든 춤사위를 설명하고 있을 뿐이다. 그런가하면 술어에는 없는 내용도 있고 해석이 누락된 것도 있으며, 동일한 용어조차 일관되게 해석하지 않고 있다. 이같은 술어해석의 오류로 대부분의 춤사위에 변화가 생겼다. 가장 심각한 것은 아헌무와 종헌무의 술어해석 오류이다. 약적의 아헌무와 종헌무를 엉뚱하게도 간척의 무무로 해석하는 심각성이 드러난다.

본 연구자는 『반궁예악전서』의 한자술어를 『국학예악록』과 『성문악지』의 춤사위 용어에 근거하여 술어를 해석하였다. 술어해석을 토대로 삼진삼퇴와 삼읍·삼사·삼겸의 춤임을 분석하고, 『반궁예악전서』의 춤사위를 400여 년 만에 처음 재현하여 김영숙의 춤사위와 비교해 보았다.

초헌무 아헌무 종헌무의 춤사위를 악장별로 비교해본 결과 석전대제 김영숙의 춤사위가 대부분 무보와 다르게 변형되었음을 알 수 있었다. 가장 중요한 것은 일무를 출 때 삼진삼퇴를 행해야 하지만 술어해석의 오류로 진퇴를 행하는 춤임을 알지 못해 제자리에서 방향만 바꾸는 일무를 추게 된 것이다.

2. 춤사위의 변모

문묘일무는 한 글자에 한 동작만을 춤추는 '일자일무(一字一舞)'를 기본 구조로 하여 초헌례 아헌례 종헌례의 3개 악장에 총 96글자 96동작이다. 그러나 김영숙의 일무는 1자1무의 원칙에서 벗어나 한 글자에 두 개의 동작을 춤추는 경우가 생겼다. 무보의 춤동작을 분석해보면, 문무는 삼진삼퇴를 행하면서 양손에 든 무구를 하나로 합하고 양쪽으로 나누어 읍·사·겸의 예를 나타내고 있다.

예를 나타내는 몸동작은 등을 굽혀서 궁신하고 평신하며 앞뒤로 나아가고 물러가면서 약은 수평으로 들고 적은 수직으로 하여 '십자형'으로 합하고 나누는 동작을 반복하게 된다. 이때 무원은 '북'을 향하여 우러르고, '북-읍'하며 공손한 태도를 취하고, '북-절'하며 예를 단계적으로 표하고 있다. 약적은 단순한 도구가 아니라 하늘과 땅을 이어주는 매개 역할을 하는 것으로써 천지인 합일의 의미이다.

『반궁예악전서』에 이르기를 "문무는 덕을 본받는 것이고, 무무는 공을 본받은 것이다. 뿐만 아니라 문무는 나아가고 물러나고 오르고 내리는 것을 주안하고, 무무는 걷고 적을 치고 멈추고 평정한 거동을 주안하여 춤춘다(文舞者 進退升降也 武舞者 步伐止齊也.『頖宮禮樂全書』)"라고 하였다. 이렇듯 일무의 삼진진퇴는 문덕과 무공을 표현하는 가장 중요한 기본 법도이다.

명나라 이문찰(李文察)은 『이씨악서육종(李氏樂書六種)』 「황명청궁악조(皇明青宫乐调)」에서 문무와 무무의 삼진삼퇴에 대해 다음과 같이 논하였다.

무무에서 세 걸음 나아가고 세 걸음 물러가는 것은 적을 여섯 번 공격한 다음 대열을 정렬한다는 의미이고, 문무에서 세 걸음 나아가고 세 걸음 물러가는 것은 육효(六爻)의 변화 이치를 따른 것이다. 무무에서 진퇴를 행하니 절도 있는 병사들이 만전을 기하여 승리를 얻을 수 있었다. 문무에서 진퇴를 행함으로써 문(文)과 질(質)을 모두 갖추게 되며 시의적절하게도 모자람이 없을 것이다(三進 而三退 取乎六伐止齊之義焉, 文舞三進而三退 取乎六爻變動之理焉, 武舞有進而有退 此 節制之兵, 所以萬全而取勝, 文舞有進而有退 此文質之濟, 所以時中而無敵).

그러나 김영숙 일무는 원전술어와 악장이 『반궁예악전서』와 같지만 춤동작은 대부분 무보와 다르다. 몸의 형태와 무구동작과 시선이 동일한 것은 6동작, 몸 형태와 무구동작은 같으나 시선이 다른 유사 동작은 3동작, 몸의 형태와 무구의 사용이 다른 상이 동작은 87동작에 이른다.

문무를 출 때 천지인 합일을 염원하는 약적의 합 동작은 십자형이어야 하고, 약적을 양쪽으로 나누는 동작 역시 약은 수평이고 적은 수직으로 들어야 한다. 무무에서는 간을 세우고 척을 옆으로 들어 공격과 방어를 나타내는데, 간척을 합하는 십자형 동작은 방어를 의미한다. 간척을 나누는 동작은 위에서 아래로 내려치는 공격의 동작이다. 그러나 김영숙의 일무는 문무와 무무의 특징을 담아내지 못하였다.

1) 문무 춤사위 변모

약적을 하나로 모으는 합의 동작은 피리와 꿩깃을 종횡으로 들고 십자형이 되도록 양손을 합하는 동작이다. 그러나 김영숙의 춤사위는 엑스자형과 십일자형으로 세워서 들고 있다. 반면 약적을 양쪽으로 나누는 동작은 적은 수직으로 세워

들고 약은 수평으로 들어야 하지만, 김영숙의 춤사위는 약을 세우거나 높이 사선
으로 들거나 아래 사선으로 들고 있다. 적은 가슴 앞으로 들어야하지만 사선 위
로 높이 들고 있다.

약적동작	반궁예악전서	김영숙의 변모된 춤사위		
합(合)				
개(開)				
진퇴(進退)	삼진삼퇴	진퇴 없음	진퇴 없음	진퇴 없음

2) 무무 춤사위 변모

간척은 무공을 상징하는 무구이다. 간척을 하나로 합 할 때는 방패를 세우고 도
끼를 옆으로 들어서 십자형이 되어야 하고, 간척을 나눌 때는 방패를 세우고 도끼
를 위로 들어서 내려질 준비를 해야 한다. 그러나 지정 당시 김영숙의 동작은 간
척을 합할 때 십일자형으로 들어서 가슴 앞에 모으거나 머리위로 들거나 액스자
형으로 들고 있고, 간척을 나눌 때는 양쪽으로 나누어서 아래로 들거나 어깨 위
로 들어서 벌리고 있다. (『반궁예악전서』에는 무무가 없지만 간척 동작의 이해를 돕기 위해 악

률전서의 무보를 제시한다.)

간척동작	악률전서	김영숙의 변모된 춤사위		
합(合)	勢留轉轉上 北守義正			
개(開)	勢初轉轉上 北守義正			
진퇴(進退)	삼진삼퇴	진퇴 없음	진퇴 없음	진퇴 없음

Ⅴ. 『반궁예악전서』의 춤사위 재현 의미

문묘일무는 스승을 기리는 춤으로 유가의 예악사상을 담고 있다. 이 춤은 원형성과 정통성을 지닌 춤으로 오랜 세월이 흐르는 동안 변함없이 존숭되어왔다. 조선시대에는 시대적 상황에 따라 극히 변모된 양상을 지닌 바 있었지만, 곧 복원과 정비로 원래의 모습을 되찾는 노력이 끊임없이 이어졌다. 오늘날에도 그 원칙은 바뀔수 없기에 문화재보호법에 그 내용을 적시하고 있다.

석전대제 지정 당시의 일무는 일제 강점기의 잔재인 제자리 춤이 그대로 이어졌다. 이를 누구도 알지 못한 채 20여 년간 석전대제에서 행해졌다. 지정 당시의 일무는 근거문헌 『반궁예악서』의 불확실성, 무보가 없었던 점, 한자술어해석의 오류 외에 후속 연구의 부재 등이 변모의 주요 원인으로 분석된다.

제1차 연구에서는 『반궁예악전서』의 무보와 동일하게 춤사위를 재현해보았다. 음양의 짝을 이루어 삼진삼퇴를 행하는 삼읍·삼사·삼겸의 춤사위를 복원하고, 일무의 자리를 동서 양쪽으로 배치하였다. 이를 석전대제 지정 당시 일무와 비교해본 결과 대부분의 춤사위가 변모된 것을 확인하였으며 변화된 내용을 세밀히 분석·파악할 수 있었다. 가장 심각한 오류는 아무 근거 없이 임의 창작된 무무이다. 본 연구자 역시 무무의 무보를 찾을 수 없어 막막하다. 무무의 원형을 알 수 있는 고증자료를 찾는 것이 큰 과제이고, 한국 문묘일무의 유래가 되는 송대 일무 근거를 찾는 일 또한 문묘일무 원형 복원을 위해 반드시 해결해야 할 중요한 일인 것이다.

다음 연구에서는 2인 구성 무보인 『반궁예악소』의 무보를 분석하여 음양의 짝을 이루는 춤의 구조를 좀 더 세밀히 분석해볼 것이다. 이어서 최고형의 무보인 『궐리지』와 『남옹지』를 분석하여 제1차 연구에서 분석한 『반궁예악전서』 춤사위와의 연관성을 파악해보고, 조선시대 유일의 무보인 『춘관통고』와의 관계성을 분석해볼 것이다.

문묘일무 원형 복원에 대한 학술적 연구는 이제 시작 단계이다. 따라서 향후 연구는 심포지엄과 학술지 발표 등으로 더욱 본격화되어야 할 것이다. 무보의 춤사위 재현과 성균관대 팔일무단의 시연 과정에서도 많은 분들의 고견을 기대한다. 이와 같은 단계로 연구가 진행된다면 문묘일무 원형 복원은 의미 있는 성과를 거둘 수 있을 것이다.

제1차
문묘일무의
원형복원을 위한
학술시연

2003. 12. 29
| mon pm3 |
성균관대학교 600주년기념관
5층 조병두국제홀
주최 | 성균관대학교 예술학부 무용학과
후원 | 성균관대학교 동아시아학술원

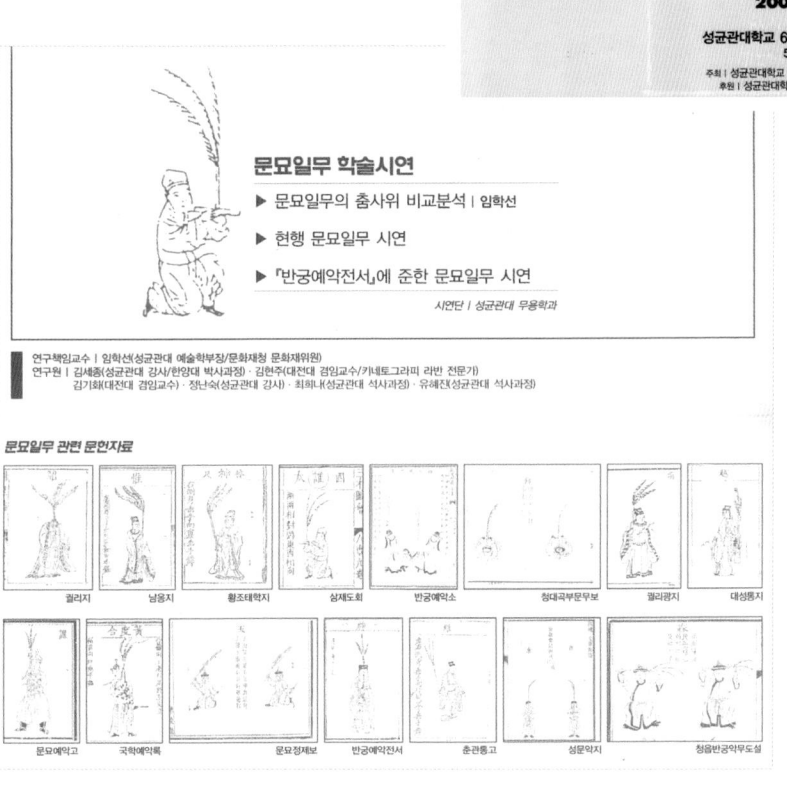

문묘일무 학술시연

▶ 문묘일무의 춤사위 비교분석 | 임학선

▶ 현행 문묘일무 시연

▶ 『반궁예악전서』에 준한 문묘일무 시연

시연단 | 성균관대 무용학과

연구책임교수 | 임학선(성균관대 예술학부장/문화재청 문화재위원)
연구원 | 김세종(성균관대 강사/한양대 박사과정)·김현주(대전대 겸임교수/카메토그라피 라반 전문가)
김기화(대전대 겸임교수)·정난숙(성균관대 강사)·최희나(성균관대 석사과정)·유혜진(성균관대 석사과정)

문묘일무 관련 문헌자료

| 궐리지 | 남옹지 | 황조태학지 | 성제도회 | 반궁예악소 | 청대곡부문무보 | 궐리광지 | 대성통지 |

| 문묘예악고 | 국학예악록 | 문묘정제보 | 반궁예악전서 | 춘관통고 | 성문악지 | 청묘반궁악무도설 |

[반궁예악전서]의 춤사위 복원 : 임학선
연구원 : 유혜진
지도 : 정향숙
석전대제 일무 시연 : 전민정 박연주 김미영 김영은
『반궁예악전서』 시연 : 성균관대 팔일무단
　　　　　　　　　박하정 송필남 연혜진 전현진 정보경 김경인 이보름 강하진 김담비 김수정
　　　　　　　　　노한나 박지선 왕윤나 유미경 이보람 김수영 김연진 마리아 오아름 제정례
　　　　　　　　　조미연 채주희 한지혜 강공지 김경은 김민희 김한나 김현정 남예림 박보민
　　　　　　　　　박송이 안정은 이승혜 이주미 전성은 조형준

제2차
『반궁예악소』 춤사위 및
문묘일무 유형 분석

이 글은 "제2차 문묘일무의 원형 복원을 위한 학술시연"(2005.5.4)의 논문을 수정·보완한 것이다. 『반궁예악소』의 문묘일무 춤사위 분석」은 문묘일무 관련 최초 논문으로 대한무용학회 논문집 제36호(2003.9.1)에 발표되었다.

I. 한국 문묘일무 확립

조선시대로 접어들면서 종묘제례악과 문묘제례악에 대한 대대적인 정비가 이루어졌다. 종묘제례악은 종묘제례 거행 시 조선조 역대 왕을 제사하는 춤(종묘일무)과 음악이고, 문묘제례악은 문묘제례 거행 시에 공자를 비롯한 선성·선사를 모시어 흠향하는 춤(문묘일무)과 음악으로 성균관 대성전에는 39분의 위패를 모시어 행하고 있다.

세종조에 종묘제례악이 새로 창제되었고, 문묘제례악은 고대 중국 하·은·주 삼대의 것으로 복원되었다. 즉 종묘제례악은 순수 한국의 것이며, 문묘제례악은 구조나 양식이 중국의 것에 기초하고 있다. 종묘제례악은 음의 길이가 길고 짧은 장단의 차이가 있어 춤의 길이도 길고 짧음이 있다. 반면 문묘제례악은 음의 길이가 모두 같고 한 음에 한 동작만을 춤추는 것이 큰 특징이다. 이렇듯 창제 형식만 보더라도 두 종류의 일무는 서로 다른 것임을 알 수 있다. 춤사위와 음악뿐만 아니라 양손에 드는 무구도 다르다. 문무를 출 때 피리와 꿩깃을 드는 것은 두 춤 모두 같지만, 무무를 출 때 종묘일무는 목검과 목창을 들고, 문묘일무는 방패와 도끼를 사용한다.

지금의 종묘일무는 『시용무보(時用舞譜)』에 근거하여 문무 〈보태평지무(保太平之舞)〉와 무무 〈정대업지무(定大業之舞)〉가 복원되었다. 그러나 석전대제 지정 당시의 문묘일무는 무보가 없었던 고증의 한계로 원형에서 크게 벗어나게 되었음이 밝혀졌다. 이에 문묘일무의 원형 복원을 위한 본 연구는 춤사위 복원의 필수인 무보 분석과 사료 고증에 중점을 두고 있다.

이번 연구에서는 한·중 무보 17종을 비교하여 문묘일무의 유형 분석을 통해 전승양상을 살피고, 『국학예악록』과 『성문악지』의 춤사위 용어를 풀이하여 춤사위 원전술어해석의 근거로 제시한다. 또한 명나라 이지조가 편찬한 『반궁예악소』의 무보는 동서 2인 구성으로 동쪽과 서쪽 무원을 구분하여 춤사위를 그림으로 그리고 이를 술어로 설명하고 있기 때문에 음양의 짝을 이루는 대칭 구조의 특징을 자세히 살필 수 있다. 연구 내용은 다음과 같다.

① 한·중 무보 분석을 통해 문묘일무 유형을 분석한다.
② 『국학예악록』과 『성문악지』의 춤사위 용어를 풀이한다.
③ 『반궁예악소』 무보의 원전술어를 국역한다.
④ 『반궁예악소』 무보의 춤사위 특징을 추출한다.
⑤ 『반궁예악소』 무보의 춤사위를 재현하고 시연한다.

이상을 통해 2인 구성의 『반궁예악소』 춤사위와 1인 구성의 『반궁예악전서』 춤사위가 동일한 것인지 파악할 수 있을 것이고, 춤사위 용어풀이를 통해 원전술어해석의 객관적 근거를 마련하게 될 것이다. 더욱이 문묘일무의 춤사위 유형 분석은 송대로부터 이어진 한국 문묘일무의 체계를 밝히는 일이 될 것이라는 점에서 주목된다. 이번 연구를 준비하면서 보람을 갖는 것은 2004년 성균관과 성균관대가 석전대제와 문묘일무의 계승을 위해 협약서를 체결하고 한때 외부 학생들이 추던 일무를 성균관대로 되찾아온 일이다. 성균관대 학생들이 예전과 같이 석전대제에서 일무를 추게 됨에 따라 문묘일무 원형 복원에 대한 사명감은 더욱 커지게 되었다.

Ⅱ. 문묘일무 유형 및 춤사위 용어 분석

1. 문묘일무 춤사위 유형

한·중 문묘일무의 춤사위는 최고형인 명대의『궐리지』유형과 청대에 새로 만든『문묘정제보』유형으로 구분된다. 무보에는 의식 절차와 악장, 춤동작과 춤사위를 설명하는 술어, 무원의 방향, 율자보(律字譜)와 공척보(工尺譜), 악곡명 등이 상세하게 기록되어 있다. 무보는 춤사위만을 그림으로 그린 것, 춤사위와 술어를 함께 전하는 것, 술어만을 기록한 것 등 세 가지이지만, 춤사위를 분석해보면『궐리지』유형과『문묘정제보』유형의 두 종류로 크게 대별된다.

1)『궐리지』유형

『궐리지』,『남옹지』,『황명태학지』,『삼재도회』,『반궁예악소』,『반궁예악전서』,『대성통지』,『궐리광지』,『문묘예악고』,『국학예악록』,『춘관통고』,『궐리지』(한국, 1900년대),『속수성적도후학록』,『공부자성적도성학유림록』

2)『문묘정제보』유형

『문묘정제보』,『청읍반궁악무도설』,『성문악지』

2. 문묘일무 춤사위 용어

명대 이후 제작된 한·중 무보는 모두 약적을 들고 추는 문무만 있다. 초헌, 아헌, 종헌 3개 악장으로 구성되어 있는 문묘일무는 각 장마다 4자(字) 1구(口)의 8구(口)가 모여 32글자 32동작으로 구성되어 있다. 따라서 총 96글자 96동작이다. 이러한 문묘일무는 몸, 머리, 손, 발, 허리 등 신체의 각 부위별로 표현되는 몸동작과 약적을 운용한 무구동작을 합하여 예를 상징하는 춤사위가 된다.

『국학예악록』과 『성문악지』에 전하는 '몸동작 용어'는 입지용, 무지용, 수(首)지용, 신지용, 수(手)지용, 족지용, 예지용, 보지용으로 8가지이며, '무구동작 용어'는 집, 거, 형, 락, 공, 정, 개, 합, 수, 교, 상, 병으로 12가지이다. 그 밖에 연구자가 추출 분석한 '방향 지시 용어'는 향외와 향리, 향좌와 향우, 향전과 향상, 향동과 향서, '춤 구성 용어'는 양양상대, 상향립, 양반상대, 동서상(相)향, 동서상(上)향, 양중반십이인, 양반상하, 양중반상하십이인 등이다.

1) 『국학예악록』과 『성문악지』의 몸동작 용어

① 입지용(立之容)

향내립 : 양 계단(동서)이 서로 마주 보고 안을 향하여 선다.(兩階相對爲向內立)

향외립 : 양 계단(동서)이 서로 등을 지고 밖을 향하여 선다.(兩階相背爲向外立)

조상립 : 얼굴이 정북을 향하며 우러러보고 선다.(俱面正北爲朝上立)

상대립 : 두 사람(두 줄씩)이 서로 마주 보고 선다.(兩兩相對爲相對立)

상배립 : 두 사람(두 줄씩)이 서로 등을 지고 선다.(兩兩相背爲相背立)

향상립 : 얼굴이 정북을 향하며 우러러보고 선다.(俱北面爲向上立)

* 향상립은 조상립과 동일한 의미의 술어임

② 무지용(舞之容)

향내무 : 양 계단이 서로 마주 보며 안을 향한다.(兩階相顧作勢爲向內舞)

향외무 : 양 계단이 서로 등을 지고 밖을 향한다.(兩階相負作勢爲向外舞)

상내무 : 두 사람이 서로 안을 향하여 마주 본다.(兩相對顧作勢爲相內舞)

③ 수지용(首之容)

저수 : 얼굴을 숙여 아래로 향한다.(俯面向下爲低首)

부수 : 얼굴을 숙여 아래로 향한다.(俯視爲俯首)

저면 : 얼굴을 숙여 아래로 향한다.(俯面向下爲低面)

앙수 : 얼굴을 들어 위를 향하여 우러러본다.(擧面朝上爲仰首)

측수 : 머리를 좌우로 돌려 돌아본다.(左右顧爲側首)

* 저수, 부수, 저면은 동일한 의미의 술어임

④ 신지용(身之容)

평신 : 몸을 일으켜 세우며 바르게 선다.(起身正立爲平身)

궁신 : 등을 구부려 몸을 굽힌다.(曲其背爲躬身)

측신 : 바르게 서서 몸을 좌우로 돌린다.(正立左右轉爲側身)

회신 : 몸을 돌려 제자리로 온다.(轉過爲回身)

준신 : 좌우 무릎을 벌리고 몸을 곧게 세워 아래로 내려앉는다.(開左右膝直身下坐

　　　爲蹲身)

준 : 좌우 무릎을 벌리고 몸을 곧게 세워 아래로 내려앉는다.(開左右膝直身坐下爲蹲)

⑤ 수지용(手之容)

기수 : 한 손을 높이 들어 올린다.(一手高擧爲起手)

수수 : 손을 아래로 드리운다.(順下爲垂手)

출수 : 손을 앞으로 내밀어 편다.(前伸爲出手)

공수 : 두 손을 맞잡아 공손히 든다.(兩手合擧爲拱手)

만수 : 손을 맞잡아 몸 쪽으로 잡아당긴다.(相持爲挽手)

⑥ 족지용(足之容)

교족 : 앞 발끝을 뾰족이 들고 발뒤꿈치를 바닥에 붙인다.(起足前尖以足跟着地爲
蹺足)

출족 : 발을 조금 앞으로 움직인다.(進足稍前爲出足)

이족 : 발을 끌어당겨 옮긴다.(履位遷挽爲移足)

점족 : 발뒤꿈치를 들고 발끝을 뾰족이 하여 바닥에 붙여 점을 찍는다.
(起足後跟以足尖著地爲點足)

교족 : 오른발과 왼발을 가위표로 엇갈리게 한다.(左足加右足加左爲交足)

도족 : 발을 낮게 들어 위로 향한다.(反履底向上爲蹈足)

곡족 : 무릎을 앞에 두고 발을 뒤로 구부린다.(膝前足後爲曲足)

⑦ 예지용(禮之容)

수 : 몸을 굽혀 손을 내밀어 아래로 한다.(屈身出手下賜爲授)

사 : 두 손을 맞잡아 뒤로 물러선다.(拱受後退爲辭)

겸 : 머리를 숙이고 몸을 굽혀 두 손을 맞잡는다.(低首屈身拱手爲謙)

읍 : 양 팔꿈치를 나란히 하여 두 손을 맞잡아 마음을 가지런히 한다.

    (平出兩肘拱手齊心爲揖)

배 : 머리를 숙이고 몸을 굽혀 손을 바닥에 댄다.(低首屈身至地爲拜)

궤 : 무릎을 굽혀 바닥에 댄다.(屈膝至地爲跪)

고두 : 머리를 수그리고 조아린다.(點首爲叩頭)

무도 : 한 발은 디디고 한 발은 구부리며, 두 손을 맞잡고 좌우로 향한다.(蹺一足

    屈一足拱手左右讓爲舞蹈)

양 : 두 손을 맞잡고 좌우로 향한다.(拱手向左右爲讓)

수 : 다시 몸을 굽혀 손을 내밀어 위로 받든다.(更屈身出手上承爲受)

⑧ 보지용(步之容)

진보 : 앞으로 걸어 나아간다.(前邁爲進步)

퇴보 : 뒤로 물러선다.(後縮爲退步)

2) 『국학예악록』과 『성문악지』의 무구동작 용어

집 : (약적을) 어깨에 나란히 하여 잡는다.(縱籥橫齊肩執之爲執)

거 : (약적을) 들어 올려 눈에 가지런히 한다.(起之齊目爲擧)

형 : (약적을) 가슴 앞에 수평으로 놓는다.(平心執之爲衡)

락 : (약적을) 아래로 향하게 잡는다.(盡之向下執之爲落)

공 : (약적을) 앞을 향하여 바르게 들어 올린다.(向前正擧爲拱)

정 : (약적을) 귀를 향하여 비스듬히 들어 올린다.(向耳偏擧爲呈)

개 : 적과 약을 종횡으로 놓아 양쪽으로 나눈다.(籥翟縱橫兩分爲開)

합 : 적과 약을 종횡으로 놓아 서로 합한다.(籥翟縱橫相加爲合)

수 : (약적을) 각각 나누어 손을 드리우며 아래로 향한다.(各分順手向下爲垂)

교 : 양손이 서로 엇갈리게 잡는다.(兩執相接爲交)

상 : 적과 약을 세로로 하여 하나로 합한다.(籥翟縱合如一爲相)

병 : 약에 적을 받친다.(納翟於籥爲幷)

3) 연구자 추출 방향 지시 용어

① 안팎

향외(向外) : (동서 무원이 서로) 밖을 향한다.

향리(向裏) : (동서 무원이 서로) 안을 향한다.

향내(向內) : (동서 무원이 서로) 안을 향한다.

② 좌우

향좌(向左) : (무원이) 왼쪽을 향한다.

향우(向右) : (무원이) 오른쪽을 향한다.

③ 앞과 위

향전(向前) : 앞쪽을 향한다.

향상(向上) : 위(北)를 향한다.

④ 동서

향동(向東) : 동쪽을 향한다.

향서(向西) : 서쪽을 향한다.

4) 연구자 추출 춤 구성 용어

① 2인이 마주 보는 구성

양양상대(兩兩相對) : 두 사람(두 줄씩)이 서로 마주 본다.

상향립(相向立) : 서로 향하여 선다.

② 동서 마주 보는 구성

양반상대(兩班相對) : 동서무원이 서로 마주 본다.

동서상향(東西相向) : 동서무원이 서로 마주 향한다.

③ 위를 보는 구성

동서상향(東西上向) : 동서의 무원이 위를 바라본다.

④ 특정 열(列)의 구성

양중반십이인(兩中班十二人) : 동서의 중간 열(2열, 5열) 12명의 무원을 의미한다.

양반상하(兩班上下) : 동서로 나누어 상하(1항, 6항)의 무원을 의미한다.

양중반상하십이인(兩中班上下十二人) : 동서의 중간 항(2항, 5항) 12명의 무원을 의미한다.

Ⅲ. 『반궁예악소』의 춤사위 분석

1. 초헌무

악장		동서 무원 술어 해석	반궁예악소
自自	동	**開翟籥向上 起左手於肩 垂右手於下 跪右足向前** 개적약향상 기좌수어견 수우수어하 궤우족향전 적과 약을 열어 위로 향하고 왼손은 어깨에 올리고 오른손은 아래로 드리우며 무릎을 구부리고 오른발은 앞을 향한다.	
	서	**開翟籥向上 起右手於肩 垂左手於下 跪左足向前** 개적약향상 기우수어견 수좌수어하 궤좌족향전 적과 약을 열어 위로 향하고 오른손은 어깨에 올리고 왼손은 아래로 드리우며 무릎을 구부리고 왼발은 앞을 향한다.	
生生	동	**開翟籥向上 起右手於肩 垂左手於下 跪左足向前** 개적약향상 기우수어견 수좌수어하 궤좌족향전 적과 약을 열어 위로 향하고 오른손은 어깨에 올리고 왼손은 아래로 드리우며 무릎을 구부리고 왼발은 앞을 향한다.	
	서	**開翟籥向上 起左手於肩 垂右手於下 跪右足向前** 개적약향상 기좌수어견 수우수어하 궤우족향전 적과 약을 열어 위로 향하고 왼손은 어깨에 올리고 오른손은 아래로 드리우며 무릎을 구부리고 오른발은 앞을 향한다.	

民 민	동	**合籥向上 移左足 過右足邊 交立** 합약향상 이좌족 근우족변 교립 약을 합하여 위로 향하고 왼발은 오른발 옆을 지나 엇갈려 선다.	
	서	**合籥向上 移右足 過左足邊 交立** 합약향상 이우족 근좌족변 교립 약을 합하여 위로 향하고 오른발은 왼발 옆을 지나 엇갈려 선다.	
來 래	동	**轉身向西 開翟 起右手於肩 垂左手於膝 蹲身曲足** 전신향서 개적 기우수어견 수좌수어슬 준신곡족 **更加左足 虛其根 足尖着地** 갱가좌족 허기근 족첨착지 몸을 돌아 서를 향하고 적을 열어 오른손은 어깨에 올리고 왼손은 무릎 쪽으로 드리우며 무릎을 구부려 발을 굽히고 다시 왼발을 더하여 뒤꿈치를 들어 발끝을 뾰족이 세워 바닥에 붙인다.	
	서	**轉身向東 開籥 起左手於肩 垂右手於膝 蹲身曲足** 전신향동 개약 기좌수어견 수우수어슬 준신곡족 **更加右足 虛其根 足尖着地** 갱가우족 허기근 족첨착지 몸을 돌아 동을 향하고 약을 열어 왼손은 어깨에 올리고 오른손은 무릎 쪽으로 드리우며 무릎을 구부려 발을 굽히고 다시 오른발을 더하여 뒤꿈치를 들어 발끝을 뾰족이 세워 바닥에 붙인다.	
誰 수	동	**合籥向內 拱手 出右足** 합약향내 공수 출우족 약을 합하여 안을 향하고 두 손을 맞잡아 오른발을 앞으로 내민다.	
	서	**合籥向內 拱手 出左足** 합약향내 공수 출좌족 약을 합하여 안을 향하고 두 손을 맞잡아 왼발을 앞으로 내민다.	

底底 저	동	**合籥 轉身向外 拱手 出左足** 합약 전신향외 공수 출좌족 약을 합하여 몸을 돌아 밖을 향하고 두 손을 맞잡아 왼발을 앞으로 내민다.	
	서	**合籥 轉身向外 拱手 出右足** 합약 전신향외 공수 출우족 약을 합하여 몸을 돌아 밖을 향하고 두 손을 맞잡아 오른발을 앞으로 내민다.	
其 기	동	**合籥躬身 向上揖** 합약궁신 향상읍 약을 합하여 등을 구부리며 북을 향하여 읍한다.	
	서	**合籥躬身 向上揖** 합약궁신 향상읍 약을 합하여 등을 구부리며 북을 향하여 읍한다.	
盛 성	동	**合籥 轉身向西 躬身 拱手 出左足** 합약 전신향서 궁신 공수 출좌족 약을 합하여 몸을 돌아 서를 향하고 등을 구부리며 두 손을 맞잡아 왼발을 앞으로 내민다.	
	서	**合籥 轉身向東 躬身 拱手 出右足** 합약 전신향동 궁신 공수 출우족 약을 합하여 몸을 돌아 동을 향하고 등을 구부리며 두 손을 맞잡아 오른발을 앞으로 내민다.	

維 유	동	**開籥向上 起左手於肩 垂右手於下 出右足** 개약향상 기좌수어견 수우수어하 출우족 약을 열어 위로 향하고 왼손은 어깨에 올리고 오른손은 아래로 드리우며 오른발을 앞으로 내민다.	
	서	**開翟向上 起右手於肩 垂左手於下 出左足** 개적향상 기우수어견 수좌수어하 출좌족 적을 열어 위로 향하고 오른손은 어깨에 올리고 왼손은 아래로 드리우며 왼발을 앞으로 내민다.	
師 사	동	**開翟向上 起右手於肩 垂左手於下 出左足** 개적향상 기우수어견 수좌수어하 출좌족 적을 열어 위로 향하고 오른손은 어깨에 올리고 왼손은 아래로 드리우며 왼발을 앞으로 내민다.	
	서	**開籥向上 起左手於肩 垂右手於下 出右足** 개약향상 기좌수어견 수우수어하 출우족 약을 열어 위로 향하고 왼손은 어깨에 올리고 오른손은 아래로 드리우며 오른발을 앞으로 내민다.	
神 신	동	**合籥 轉身向西 蹈左足** 합약 전신향서 도좌족 약을 합하여 몸을 돌아 서를 향하고 왼발을 앞으로 든다.	
	서	**合籥 轉身向東 蹈右足** 합약 전신향동 도우족 약을 합하여 몸을 돌아 동을 향하고 오른발을 앞으로 든다.	

明 명	동	**開翟 以右手平肩 左手平臆 斜身向上 頭偏面西** 개적 이우수평견 좌수평흉 사신향상 두편면서 **左足 虛其根 足尖着地** 좌족 허기근 족첨착지 적을 열어 오른손은 어깨에 가지런히 하고 왼손은 가슴에 가지런히 하며 몸을 기울여 북을 향하고 머리를 기울여 얼굴은 서를 향하며 왼발 뒤꿈치를 들어 발끝을 뾰족이 세워 바닥에 붙인다.	
	서	**開籥 以左手平肩 右手平臆 斜身向上 頭偏面東** 개약 이좌수평견 우수평흉 사신향상 두편면동 **右足 虛基根 足尖着地** 우족 허기근 족첨착지 약을 열어 왼손은 어깨에 가지런히 하고 오른손은 가슴에 가지런히 하며 몸을 기울여 북을 향하고 머리를 기울여 얼굴은 동을 향하며 오른발 뒤꿈치를 들어 발끝을 뾰족이 세워 바닥에 붙인다.	
度 탁	동	**合籥向上 過左足於右 交立** 합약향상 과좌족어우 교립 약을 합하여 위로 향하고 왼발은 오른쪽을 지나 엇갈리게 선다.	
	서	**合籥向上 過右足於左 交立** 합약향상 과우족어좌 교립 약을 합하여 위로 향하고 오른발은 왼쪽을 지나 엇갈리게 선다.	
越 월	동	**合籥向上 過右足於左 交立** 합약향상 과우족어좌 교립 약을 합하여 위로 향하고 오른발은 왼쪽을 지나 엇갈리게 선다.	
	서	**合籥向上 過左足於右 交立** 합약향상 과좌족어우 교립 약을 합하여 위로 향하고 왼발은 오른쪽을 지나 엇갈리게 선다.	

前 전	동	**合籥向上 躬身揖** 합약향상 궁신읍 약을 합하여 위로 향하고 등을 구부려 읍한다.	
	서	**合籥向上 躬身揖** 합약향상 궁신읍 약을 합하여 위로 향하고 등을 구부려 읍한다.	
聖 성	동	**合籥向上 拱手 平身立** 합약향상 공수 평신립 약을 합하여 위로 향하고 두 손을 맞잡아 바르게 선다.	
	서	**合籥向上 拱手 平身立** 합약향상 공수 평신립 약을 합하여 위로 향하고 두 손을 맞잡아 바르게 선다.	
桼 자	동	**開籥向上 起左手於肩 垂右手於下 跪右足向前** 개약향상 기좌수어견 수우수어하 궤우족향전 약을 열어 위로 향하고 왼손은 어깨에 올리고 오른손은 아래로 드리우며 무릎을 구부리고 오른발은 앞을 향한다.	
	서	**開翟向上 起右手於肩 垂左手於下 跪左足向前** 개적향상 기우수어견 수좌수어하 궤좌족향전 적을 열어 위로 향하고 오른손은 어깨에 올리고 왼손은 아래로 드리우며 무릎을 구부리고 왼발은 앞을 향한다.	

帛폐	동	**開翟向上 起右手於肩 垂左手於下 跪左足向前** 개적향상 기우수어견 수좌수어하 궤좌족향전 적을 열어 위로 향하고 오른손은 어깨에 올리고 왼손은 아래로 드리우며 무릎을 구부리고 왼발은 앞을 향한다.	
	서	**開籥向上 起左手於肩 垂右手於下 跪右足向前** 개약향상 기좌수어견 수우수어하 궤우족향전 약을 열어 위로 향하고 왼손은 어깨에 올리고 오른손은 아래로 드리우며 무릎을 구부리고 오른발은 앞을 향한다.	
具구	동	**合籥 當胷向上 揖手於左** 합약 당흉향상 읍수어좌 약을 합하여 가슴에 두고 위로 향하며 손은 왼쪽에 두고 읍한다.	
	서	**合籥 當胷向上 揖手於右** 합약 당흉향상 읍수어우 약을 합하여 가슴에 두고 위로 향하며 손은 오른쪽에 두고 읍한다.	
成성	동	**合籥 當胷向上 揖手於右隨 復中平身 拱手 立於中** 합약 당흉향상 읍수어우수 부중평신 공수 립어중 약을 합하여 가슴에 두고 위로 향하며 손은 오른쪽에 두고 읍하고 다시 중앙으로 돌아와 두 손을 낮잡아 중앙에 선다.	
	서	**合籥 當胷向上 揖手於左隨 復中平身 拱手 立於中** 합약 당흉향상 읍수어좌수 부중평신 공수 립어중 약을 합하여 가슴에 두고 위로 향하며 손은 왼쪽에 두고 읍하고 다시 중앙으로 돌아와 두 손을 맞잡아 중앙에 선다.	

禮예	동	**合籥 蹈左足 轉身向上** 합약 도좌족 전신향상 약을 합하여 왼발을 앞으로 들고 몸을 돌아 북을 향한다.	
	서	**合籥 蹈右足 轉身向上** 합약 도우족 전신향상 약을 합하여 오른발을 앞으로 들고 몸을 돌아 북을 향한다.	
容용	동	**合籥 蹈左足 向西** 합약 도좌족 향서 약을 합하고 왼발을 앞으로 들어 서를 향한다.	
	서	**合籥 蹈右足 向東** 합약 도우족 향동 약을 합하고 오른발을 앞으로 들어 동을 향한다.	
斯사	동	**合籥 低頭向西 揖** 합약 저두향서 읍 약을 합하고 머리를 숙여 서를 향하여 읍한다.	
	서	**合籥 低頭向東 揖** 합약 저두향동 읍 약을 합하고 머리를 숙여 동을 향하여 읍한다.	

稱칭	동	**合籥 轉身向上 平立拱手** 합약 전신향상 평립공수 약을 합하고 몸을 돌아 북을 향하며 바르게 서서 두 손을 맞잡는다.	
	서	**合籥 轉身向上 平立拱手** 합약 전신향상 평립공수 약을 합하고 몸을 돌아 북을 향하며 바르게 서서 두 손을 맞잡는다.	
黍서	동	**合籥向上 過左足於右 交立** 합약향상 과좌족어우 교립 약을 합하여 위로 향하고 왼발은 오른쪽을 지나 엇갈리게 선다.	
	서	**合籥向上 過右足於左 交立** 합약향상 과우족어좌 교립 약을 합하여 위로 향하고 오른발은 왼쪽을 지나 엇갈리게 선다.	
稷직	동	**合籥向上 過右足於左 交立** 합약향상 과우족어좌 교립 약을 합하여 위로 향하고 오른발은 왼쪽을 지나 엇갈리게 선다.	
	서	**合籥向上 過左足於右 交立** 합약향상 과좌족어우 교립 약을 합하여 위로 향하고 왼발은 오른쪽을 지나 엇갈리게 선다.	

非 비	동	**合篇 低頭揖 向上** 합약 저두읍 향상 약을 합하고 머리를 숙여 읍하며 북을 향한다.	
	서	**合篇 低頭揖 向上** 합약 저두읍 향상 약을 합하고 머리를 숙여 읍하며 북을 향한다.	
磬 형	동	**開篇向上 起左手於肩 垂右手於膝 蹲身** 개약향상 기좌수어견 수우수어슬 준신 **曲左右足 更加右足 虛其根 以足尖 着地** 곡좌우족 갱가우족 허기근 이족첨 착지 약을 열어 위로 향하고 왼손은 어깨에 올리고 오른손은 무릎에 드리우며 좌우 무릎을 벌려 내려앉아 오른발과 왼발을 구부리고 다시 오른발 뒤꿈치를 들어 발끝을 바닥에 붙인다.	
	서	**開翟向上 起右手於肩 垂左手於膝 蹲身** 개적향상 기우수어견 수좌수어슬 준신 **曲右左足 更加左足 虛其根 以足尖 着地** 곡우좌족 갱가좌족 허기근 이족첨 착지 적을 열어 위로 향하고 오른손은 어깨에 올리고 왼손은 무릎에 드리우며 좌우 무릎을 벌려 내려앉아 오른발과 왼발을 구부리고 다시 왼발 뒤꿈치를 들어 발끝을 바닥에 붙인다.	
維 유	동	**合篇 低首 揖於左 左足隨揖 蹈之於後** 합약 저수 읍어좌 좌족수읍 도지어후 약을 합하고 머리를 숙여 왼쪽으로 읍하되 왼발은 읍을 따라 뒤를 밟는다.	
	서	**合篇 低首 揖於右 右足隨揖 蹈之於後** 합약 저수 읍어우 우족수읍 도지어후 약을 합하고 머리를 숙여 오른쪽으로 읍하되 오른발은 읍을 따라 뒤를 밟는다.	

神신	동	**合龠 低首 揖於右 右足隨揖 蹈之於後** 합약 저수 읍어우 우족수읍 도지어후 약을 합하고 머리를 숙여 오른쪽으로 읍하되 오른발은 읍을 따라 뒤를 밟는다.	
	서	**合龠 低首 揖於左 左足隨揖 蹈之於後** 합약 저수 읍어좌 좌족수읍 도지어후 약을 합하고 머리를 숙여 왼쪽으로 읍하되 왼발은 읍을 따라 뒤를 밟는다.	
之지	동	**合龠 轉身向西 拱手 跪左足尖** 합약 전신향서 공수 궤좌족첨 약을 합하고 몸을 돌아 서를 향하며 두 손을 맞잡고 무릎을 굽혀 왼발을 뾰족이 한다.	
	서	**合龠 轉身向東 拱手 跪右足尖** 합약 전신향동 공수 궤우족첨 약을 합하고 몸을 돌아 동을 향하며 두 손을 맞잡고 무릎을 굽혀 오른발을 뾰족이 한다.	
聽청	동	**合龠 復身向上 拱手 跪左足尖** 합약 부신향상 공수 궤좌족첨 약을 합하고 다시 몸은 북을 향하며 두 손을 맞잡고 무릎을 굽혀 왼발을 뾰족이 한다.	
	서	**合龠 復身向上 拱手 跪右足尖** 합약 부신향상 공수 궤우족첨 약을 합하고 다시 몸은 북을 향하며 두 손을 맞잡고 무릎을 굽혀 오른발을 뾰족이 한다.	

2. 아헌무

악장		동서 무원 술어 해석	반궁예악소
大 대	동	**開翟向上 起右手於肩 垂左手於下 跪左足向前** 개적향상 기우수어견 수좌수어하 궤좌족향전 적을 열어 위로 향하고 오른손은 어깨에 올리고 왼손은 아래로 드리우며 무릎을 구부리고 왼발은 앞을 향한다.	
	서	**開籥向上 起左手於肩 垂右手於下 跪右足向前** 개약향상 기좌수어견 수우수어하 궤우족향전 약을 열어 위로 향하고 왼손은 어깨에 올리고 오른손은 아래로 드리우며 무릎을 구부리고 오른발은 앞을 향한다.	
哉 재	동	**開籥向上 起左手於肩 垂右手於下 跪右足向前** 개약향상 기좌수어견 수우수어하 궤우족향전 약을 열어 위로 향하고 왼손은 어깨에 올리고 오른손은 아래로 드리우며 무릎을 구부리고 오른발은 앞을 향한다.	
	서	**開翟向上 起右手於肩 垂左手於下 跪左足向前** 개적향상 기우수어견 수좌수어하 궤좌족향전 적을 열어 위로 향하고 오른손은 어깨에 올리고 왼손은 아래로 드리우며 무릎을 구부리고 왼발은 앞을 향한다.	
聖 성	동	**合籥向上 過右足於左 交立** 합약향상 과우족어좌 교립 약을 합하여 위로 향하고 오른발은 왼쪽을 지나 엇갈리게 선다.	
	서	**合翟向上 過左足於右 交立** 합적향상 과좌족어우 교립 적을 합하여 위로 향하고 왼발은 오른쪽을 지나 엇갈리게 선다.	

師事	동	**開籥向上 起左手於肩 垂右手於下 跪身曲左足** 개약향상 기좌수어견 수우수어하 준신곡좌족 **更加右足 虛其根 以足尖着地** 갱가우족 허기근 이족첨착지 약을 열어 위로 향하고 왼손은 어깨에 올리고 오른손은 아래로 드리우며 좌우 무릎을 벌려 내려앉아 왼발을 구부리고 다시 오른발 뒤꿈치를 들어 발끝을 바닥에 붙인다.	
	서	**開翟向上 起右手於肩 垂左手於下 蹲身曲右足** 개적향상 기우수어견 수좌수어하 준신곡우족 **更加左足 虛其根 以足尖着地** 갱가좌족 허기근 이족첨착지 적을 열어 위로 향하고 오른손은 어깨에 올리고 왼손은 아래로 드리우며 좌우 무릎을 벌려 내려앉아 오른발을 구부리고 다시 왼발 뒤꿈치를 들어 발끝을 바닥에 붙인다.	
實實	동	**合籥向上 躬身 揖於右隨 跪左足尖** 합약향상 궁신 읍어우수 궤좌족첨 약을 합하여 위로 향하고 등을 구부려 오른쪽으로 읍하며 무릎을 구부려 바닥에 대고 왼발을 뾰족이 한다.	
	서	**合籥向上 躬身 揖於左隨 跪右足尖** 합약향상 궁신 읍어좌수 궤우족첨 약을 합하여 위로 향하고 등을 구부려 왼쪽으로 읍하며 무릎을 구부려 바닥에 대고 오른발을 뾰족이 한다.	
天天	농	**合籥向上 躬身 揖於左隨 跪右足尖** 합약향상 궁신 읍어좌수 궤우족첨 약을 합하여 위로 향하고 등을 구부려 왼쪽으로 읍하며 무릎을 구부려 오른발을 뾰족이 한다.	
	서	**合籥向上 躬身 揖於右隨 跪左足尖** 합약향상 궁신 읍어우수 궤좌족첨 약을 합하여 위로 향하고 등을 구부려 오른쪽으로 읍하며 무릎을 구부려 왼발을 뾰족이 한다.	

生生 생생	동	合蘥向上 躬身 復揖於右隨 跪左足尖 합약향상 궁신 부읍어우수 궤좌족첨 약을 합하여 위로 향하고 등을 구부려 다시 오른쪽으로 읍하며 무릎을 구부려 왼발을 뾰족이 한다.	
	서	合翟向上 躬身 復揖於左隨 跪右足尖 합적향상 궁신 부읍어좌수 궤우족첨 적을 합하여 위로 향하고 등을 구부려 다시 왼쪽으로 읍하며 무릎을 구부려 오른발을 뾰족이 한다.	
德德 덕덕	동	開蘥向上 起左手於肩 垂右手於下 蹲身曲左足 개약향상 기좌수어견 수우수어하 준신곡좌족 更加右足 虛其根 以足尖着地 갱가우족 허기근 이족첨착지 약을 열어 위로 향하고 왼손은 어깨에 올리고 오른손은 아래로 드리우며 좌우 무릎을 벌려 내려앉아 왼발을 구부리고 다시 오른발 뒤꿈치를 들어 발끝을 바닥에 붙인다.	
	서	開翟向上 起右手於肩 垂左手於下 蹲身曲右足 개적향상 기우수어견 수좌수어하 준신곡우족 更加左足 虛其根 以足尖着地 갱가좌족 허기근 이족첨착지 적을 열어 위로 향하고 오른손은 어깨에 올리고 왼손은 아래로 드리우며 좌우 무릎을 벌려 내려앉아 오른발을 구부리고 다시 왼발 뒤꿈치를 들어 발끝을 바닥에 붙인다.	
作作 작작	동	合籥 拱手向東 出左足 합약 공수향동 출좌족 약을 합하고 두 손을 맞잡아 동을 향하며 왼발을 앞으로 내민다.	
	서	合籥 拱手向西 出右足 합약 공수향서 출우족 약을 합하고 두 손을 맞잡아 서를 향하며 오른발을 앞으로 내민다.	

樂 악	동	**合籥轉身 拱手向西 出右足** 합약전신 공수향서 출우족 약을 합하고 몸을 돌아 두 손을 맞잡아 서를 향하며 오른발을 앞으로 내민다.	
	서	**合翟轉身 拱手向東 出左足** 합적전신 공수향동 출좌족 적을 합하고 몸을 돌아 두 손을 맞잡아 동을 향하며 왼발을 앞으로 내민다.	
以 이	동	**合籥向西 過左足於右 交立** 합약향서 과좌족어우 교립 약을 합하여 서를 향하고 왼발은 오른쪽을 지나 엇갈리게 선다.	
	서	**合翟向東 過右足於左 交立** 합적향동 과우족어좌 교립 적을 합하여 동을 향하고 오른발은 왼쪽을 지나 엇갈리게 선다.	
崇 숭	동	**合籥向西 徹右足 虛左足根 斜拱手於上** 합약향서 철우족 허좌족근 사공수어상 약을 합하여 서를 향하고 오른발은 벌리고 왼발 뒤꿈치를 들며 두 손을 맞잡아 비스듬히 하여 위로 향한다.	
	서	**合翟向東 徹左足 虛右足根 斜拱手於上** 합적향동 철좌족 허우족근 사공수어상 적을 합하여 동을 향하고 왼발은 벌리고 오른발 뒤꿈치를 들며 두 손을 맞잡아 비스듬히 하여 위로 향한다.	

時 시	동	**開翟向上 起右手於肩 垂左手於下 跪左足向前** 개적향상 기우수어견 수좌수어하 궤좌족향전 적을 열어 위로 향하고 오른손은 어깨에 올리고 왼손은 아래로 드리우며 무릎을 구부리고 왼발은 앞을 향한다.	
	서	**開籥向上 起左手於肩 垂右手於下 跪右足向前** 개약향상 기좌수어견 수우수어하 궤우족향전 약을 열어 위로 향하고 왼손은 어깨에 올리고 오른손은 아래로 드리우며 무릎을 구부리고 오른발은 앞을 향한다.	
祀 사	동	**開籥向上 起左手於肩 垂右手於下 跪右足向前** 개약향상 기좌수어견 수우수어하 궤우족향전 약을 열어 위로 향하고 왼손은 어깨에 올리고 오른손은 아래로 드리우며 무릎을 구부리고 오른발은 앞을 향한다.	
	서	**開翟向上 起右手於肩 垂左手於下 跪左足向前** 개적향상 기우수어견 수좌수어하 궤좌족향전 적을 열어 위로 향하고 오른손은 어깨에 올리고 왼손은 아래로 드리우며 무릎을 구부리고 왼발은 앞을 향한다.	
無 무	동	**合籥 蹈左足 轉身** 합약 도좌족 전신 약을 합하고 왼발은 앞으로 들어 몸을 돈다.	
	서	**合籥 蹈右足 轉身** 합약 도우족 전신 약을 합하고 오른발은 앞으로 들어 몸을 돈다.	

戰두	동	**合籥向西 拱手 跪左足** 합약향서 공수 궤좌족 약을 합하여 서를 향하고 두 손을 맞잡아 왼발을 구부린다.	
	서	**合籥向東 拱手 跪右足** 합약향동 공수 궤우족 약을 합하여 동을 향하고 두 손을 맞잡아 오른발을 구부린다.	
淸청	동	**躬身向上 開籥 雙手向右 跪左足尖** 궁신향상 개약 쌍수향우 궤좌족첨 등을 구부려 북을 향하고 약을 열어 양손은 오른쪽을 향하며 왼발은 구부려 뾰족이 한다.	
	서	**躬身向上 開籥 雙手向左 跪右足尖** 궁신향상 개약 쌍수향좌 궤우족첨 등을 구부려 북을 향하고 약을 열어 양손은 왼쪽을 향하며 오른발은 구부려 뾰족이 한다.	
酳고	동	**躬身向上 開籥 雙手向左 跪右足尖** 궁신향상 개약 쌍수향좌 궤우족첨 등을 구부려 북을 향하고 약을 열어 양손은 왼쪽을 향하며 오른발은 구부려 뾰족이 한다.	
	서	**躬身向上 開翟 雙手向右 跪左足尖** 궁신향상 개적 쌍수향우 궤좌족첨 등을 구부려 북을 향하고 약을 열어 양손은 오른쪽을 향하며 왼발은 구부려 뾰족이 한다.	
維유	동	**合籥向上 低揖** 합약향상 저읍 약을 합하여 위로 향하고 낮게 읍한다.	
	서	**合籥向上 低揖** 합약향상 저읍 약을 합하여 위로 향하고 낮게 읍한다.	

馨형	동	**開籥 起左手於肩 垂右手於下 蹲身曲左右足** 개약 기좌수어견 수우수어하 준신곡좌우족 **更加右足 虛其根 以足尖着地** 갱가우족 허기근 이족첨착지 약을 열어 왼손은 어깨에 올리고 오른손은 아래로 드리우며 좌우 무릎을 벌려 내려앉아 오른발과 왼발을 구부리고 다시 오른발 뒤꿈치를 들어 발끝을 바닥에 붙인다.	
	서	**開翟 起右手於肩 垂左手於下 蹲身曲左右足** 개적 기우수어견 수좌수어하 준신곡좌우족 **更加左足 虛其根 以足尖着地** 갱가좌족 허기근 이족첨착지 적을 열어 오른손은 어깨에 올리고 왼손은 아래로 드리우며 좌우 무릎을 벌려 내려앉아 왼발과 오른발을 구부리고 다시 왼발 뒤꿈치를 들어 발끝을 바닥에 붙인다.	
嘉가	동	**合籥向西 拱手 出右足** 합약향서 공수 출우족 약을 합하여 서를 향하고 두 손을 맞잡아 오른발을 앞으로 내민다.	
	서	**合籥向東 拱手 出左足** 합약향동 공수 출좌족 약을 합하여 동을 향하고 두 손을 맞잡아 왼발을 앞으로 내민다.	
牲생	동	**合籥向東 拱手 出左足** 합약향동 공수 출좌족 약을 합하여 동을 향하고 두 손을 맞잡아 왼발을 앞으로 내민다.	
	서	**合籥向西 拱手 出右足** 합약향서 공수 출우족 약을 합하여 서를 향하고 두 손을 맞잡아 오른발을 앞으로 내민다.	

孔공	동	開籥向東 起左手於肩 垂右手於下 蹲身曲左右足 개약향동 기좌수어견 수우수어하 준신곡좌우족 更加右足 虛其根 以足尖着地 갱가우족 허기근 이족첨착지 약을 열어 동을 향하고 왼손은 어깨에 올리고 오른손은 아래로 드리우며 좌우 무릎을 벌려 내려앉아 왼발과 오른발을 구부리고 다시 오른발 뒤꿈치를 들어 발끝을 바닥에 붙인다.	
	서	開翟向西 起右手於肩 垂左手於下 蹲身曲左右足 개적향서 기우수어견 수좌수어하 준신곡좌우족 更加左足 虛其根 以足尖着地 갱가좌족 허기근 이족첨착지 적을 열어 서를 향하고 오른손은 어깨에 올리고 왼손은 아래로 드리우며 좌우 무릎을 벌려 내려앉아 오른발과 왼발을 구부리고 다시 왼발 뒤꿈치를 들어 발끝을 바닥에 붙인다.	
碩석	동	開翟 轉身向西 起右手於肩 垂左手於下 蹲身曲 개적 전신향서 기우수어견 수좌수어하 준신곡 左右足 虛左足根 以足尖着於地 좌우족 허좌족근 이족첨착어지 적을 열고 몸을 돌아 서를 향하고 오른손은 어깨에 올리고 왼손은 아래로 드리우며 좌우 무릎을 벌려 내려앉아 오른발과 왼발을 구부리고 왼발 뒤꿈치를 들어 발끝을 바닥에 붙인다.	
	서	開籥 轉身向東 起左手於肩 垂右手於下 蹲身曲 개약 전신향동 기좌수어견 수우수어하 준신곡 左右足 虛右足根 以足尖着於地 좌우족 허우족근 이족첨착어지 약을 열고 몸을 돌아 동을 향하고 왼손은 어깨에 올리고 오른손은 아래로 드리우며 좌우 무릎을 벌려 내려앉아 오른발과 왼발을 구부리고 오른발 뒤꿈치를 들어 발끝을 바닥에 붙인다.	

薦천	동	**合籥 躬身向上 揖於右** 합약 궁신향상 읍어우 약을 합하여 등을 구부리며 북을 향하고 오른쪽으로 읍한다.	
	서	**合籥 躬身向上 揖於左** 합약 궁신향상 읍어좌 약을 합하여 등을 구부리며 북을 향하고 왼쪽으로 읍한다.	
羞수	동	**合籥 躬身向上 揖於左** 합약 궁신향상 읍어좌 약을 합하여 등을 구부리며 북을 향하고 왼쪽으로 읍한다.	
	서	**合籥 躬身向上 揖於右** 합약 궁신향상 읍어우 약을 합하여 등을 구부리며 북을 향하고 오른쪽으로 읍한다.	
神신	동	**合籥 躬身向上 復揖於右** 합약 궁신향상 부읍어우 약을 합하여 등을 구부리며 북을 향하고 다시 오른쪽으로 읍한다.	
	서	**合籥 躬身向上 復揖於左** 합약 궁신향상 부읍어좌 약을 합하여 등을 구부리며 북을 향하고 다시 왼쪽으로 읍한다.	
明명	동	**合籥 復手於中 躬身 拱手向上** 합약 부수어중 궁신 공수향상 약을 합하여 다시 손을 중앙에 두고 등을 구부려 두 손을 맞잡아 북을 향한다.	
	서	**合籥 復手於中 躬身 拱手向上** 합약 부수어중 궁신 공수향상 약을 합하여 다시 손을 중앙에 두고 등을 구부려 두 손을 맞잡아 북을 향한다.	

庶 서	동	**開籥躬身 左手起舞加額 右手垂舞於後 右足隨手出** 개약궁신 좌수기무가액 우수수무어후 우족수수출 **後足尖着地** 후족첨착지 약을 열어 등을 구부리고 왼손을 들어 이마에 더하며 오른손은 뒤로 드리우고 오른발은 손을 따라 뒤로 보내며 발끝을 바닥에 붙인다.	
	서	**開翟躬身 右手起舞加額 左手垂舞於後 左足隨手出** 개적궁신 우수기무가액 좌수수무어후 좌족수수출 **後足尖着地** 후족첨착지 적을 열어 등을 구부리고 오른손을 들어 이마에 더하며 왼손은 뒤로 드리우고 왼발은 손을 따라 뒤로 보내며 발끝을 바닥에 붙인다.	
幾 기	동	**開翟躬身 右手起舞加額 左手垂舞於後 左足隨手出** 개적궁신 우수기무가액 좌수수무어후 좌족수수출 **後足尖着地** 후족첨착지 적을 열어 등을 구부리고 오른손을 들어 이마에 더하며 왼손은 뒤로 드리우고 왼발은 손을 따라 뒤로 보내며 발끝을 바닥에 붙인다.	
	서	**開籥躬身 左手起舞加額 右手垂舞於後 右足隨手出** 개약궁신 좌수기무가액 우수수무어후 우족수수출 **後足尖着地** 후족첨착지 약을 열어 등을 구부리고 왼손을 들어 이마에 더하며 오른손은 뒤로 드리우고 오른발은 손을 따라 뒤로 보내며 발끝을 바닥에 붙인다.	

昭 소	동	**開籥躬身 以左手起舞加額 右手垂舞於後 右足隨手出** 개약궁신 이좌수기무가액 우수수무어후 우족수수출 **後足尖着地** 후족첨착지 약을 열어 등을 구부리고 왼손을 들어 이마에 더하며 오른손은 뒤로 드리우고 오른발은 손을 따라 뒤로 보내며 발끝을 바닥에 붙인다.	
	서	**開翟躬身 以右手起舞加額 左手垂舞於後 左足隨手出** 개적궁신 이우수기무가액 좌수수무어후 좌족수수출 **後足尖着地** 후족첨착지 적을 열어 등을 구부리고 오른손을 들어 이마에 더하며 왼손은 뒤로 드리우고 왼발은 손을 따라 뒤로 보내며 발끝을 바닥에 붙인다.	
格 격	동	**合籥 拱手 下拜** 합약 공수 하배 약을 합하며 두 손을 맞잡아 아래로 절한다.	
	서	**合籥 拱手 下拜** 합약 공수 하배 약을 합하며 두 손을 맞잡아 아래로 절한다.	

3. 종헌무

악장		동서 무원 술어 해석	반궁예악소
百 백	동	**向外 開翟舞** 향외 개적무 밖을 향하여 적을 연다.	
	서	**向外 開籥舞** 향외 개약무 밖을 향하여 약을 연다.	
王 왕	동	**向裏 開籥舞** 향리 개약무 안을 향하여 약을 연다.	
	서	**向裏 開翟舞** 향리 개적무 안을 향하여 적을 연다.	
宗 종	동	**側身向外 落籥 面朝上 拱手** 측신향외 낙약 면조상 공수 몸을 돌아 밖을 향하며 약을 아래로 하고 얼굴은 북을 향하며 두 손을 맞잡는다.	
	서	**側身向外 落籥 面朝上 拱手** 측신향외 낙약 면조상 공수 몸을 돌아 밖을 향하며 약을 아래로 하고 얼굴은 북을 향하며 두 손을 맞잡는다.	

師師 사	동	**朝上 正立** 조상 정립 북을 향하여 바르게 선다.	
	서	**朝上 正立** 조상 정립 북을 향하여 바르게 선다.	
生生 생	동	**兩班上下 兩兩相對 交籥** 양반상하 양양상대 교약 신도를 중심으로 양쪽 상하(1행, 6행)는 두 사람이 서로 마주 보며 약을 엇갈리게 잡는다.	
	서	**兩班上下 兩兩相對 交籥** 양반상하 양양상대 교약 신도를 중심으로 양쪽 상하(1행, 6행)는 두 사람이 서로 마주 보며 약을 엇갈리게 잡는다.	
民民 민	동	**合手 朝上 正蹲** 합수 조상 정준 손을 모으고 북을 향하여 좌우 무릎을 벌려 내려앉는다.	
	서	**合手 朝上 正蹲** 합수 조상 정준 손을 모으고 북을 향하여 좌우 무릎을 벌려 내려앉는다.	
物物 물	동	**側身向裏 落籥舞 復拱手** 측신향리 낙약무 부공수 몸을 돌아 안을 향하여 약을 아래로 하고 다시 두 손을 맞잡는다.	
	서	**側身向裏 落籥舞 復拱手** 측신향리 낙약무 부공수 몸을 돌아 안을 향하여 약을 아래로 하고 다시 두 손을 맞잡는다.	

軌 궤	동	**合籥 朝上 正立** 합약 조상 정립 약을 합하고 북을 향하여 바르게 선다.	東 合貢觚 西 合籥朝上正立
	서	**合籥 朝上 正立** 합약 조상 정립 약을 합하고 북을 향하여 바르게 선다.	
瞻 첨	동	**向外 開翟舞** 향외 개적무 밖을 향하여 적을 연다.	東 瞻六靖 西 向外開翟舞
	서	**向外 開籥舞** 향외 개약무 밖을 향하여 약을 연다.	
之 지	동	**向裏 開籥舞** 향리 개약무 안을 향하여 약을 연다.	東 南之工 西 向裏開籥舞
	서	**向裏 開翟舞** 향리 개적무 안을 향하여 적을 연다.	
洋 양	동	**開籥 朝上 正立** 개약 조상 정립 약을 열고 북을 향하여 바르게 선다.	東 林洋天 西 開籥朝上正立
	서	**開籥 朝上 正立** 개약 조상 정립 약을 열고 북을 향하여 바르게 선다.	

洋 양	동	**合籥 朝上 正立** 합약 조상 정립 약을 합하고 북을 향하여 바르게 선다.	
	서	**合籥 朝上 正立** 합약 조상 정립 약을 합하고 북을 향하여 바르게 선다.	
神 신	동	**向外 開籥舞** 향외 개약무 밖을 향하여 약을 연다.	
	서	**向外 開翟舞** 향외 개적무 밖을 향하여 적을 연다.	
其 기	동	**向裏 開籥舞** 향리 개약무 안을 향하여 약을 연다.	
	서	**向裏 開翟舞** 향리 개적무 안을 향하여 적을 연다.	
寧 령	동	**進步向前 雙手 合籥** 진보향전 쌍수 합약 앞을 향하여 걸어 나아가 양손으로 약을 합한다.	
	서	**進步向前 雙手 合籥** 진보향전 쌍수 합약 앞을 향하여 걸어 나아가 양손으로 약을 합한다.	

止지	동	**回身 東西相向 手謙** 회신 동서상향 수겸 몸을 돌아서 동서가 서로 향하고 손을 겸손히 한다.	
	서	**回身 東西相向 手謙** 회신 동서상향 수겸 몸을 돌아서 동서가 서로 향하고 손을 겸손히 한다.	
酌작	동	**向外 開翟舞** 향외 개적무 밖을 향하여 적을 연다.	
	서	**向外 開籥舞** 향외 개약무 밖을 향하여 약을 연다.	
彼피	동	**向裏 開籥舞** 향리 개약무 안을 향하여 약을 연다.	
	서	**向裏 開翟舞** 향리 개적무 안을 향하여 적을 연다.	
金금	동	**開籥 朝上 正立** 개약 조상 정립 약을 열고 북을 향하여 바르게 선다.	
	서	**開籥 朝上 正立** 개약 조상 정립 약을 열고 북을 향하여 바르게 선다.	

疊 뢰	동	**合籥 朝上 正立** 합약 조상 정립 약을 합하고 북을 향하여 바르게 선다.	
	서	**合籥 朝上 正立** 합약 조상 정립 약을 합하고 북을 향하여 바르게 선다.	
維 유	동	**向外 垂手舞** 향외 수수무 밖을 향하여 손을 아래로 드리운다.	
	서	**向外 垂手舞** 향외 수수무 밖을 향하여 손을 아래로 드리운다.	
淸 청	동	**向裏 垂手舞** 향리 수수무 안을 향하여 손을 아래로 드리운다.	
	서	**向裏 垂手舞** 향리 수수무 안을 향하여 손을 아래로 드리운다.	
且 차	동	**朝上 正揖** 조상 정읍 북을 향하여 바르게 읍한다.	
	서	**朝上 正揖** 조상 정읍 북을 향하여 바르게 읍한다.	

읍지	동	**躬身 兩開而拱** 궁신 양개이공 등을 구부리며 양쪽으로 벌렸다 손을 맞잡는다.	
	서	**躬身 兩開而拱** 궁신 양개이공 등을 구부리며 양쪽으로 벌렸다 손을 맞잡는다.	
쟡등	동	**躬身向右 合籥舞** 궁신향우 합약무 등을 구부리며 오른쪽을 향하여 약을 합한다.	
	서	**躬身向左 合籥舞** 궁신향좌 합약무 등을 구부리며 왼쪽을 향하여 약을 합한다.	
獻헌	동	**直身向西 合籥舞** 직신향서 합약무 곧게 서서 서를 향하여 약을 합한다.	
	서	**直身向東 合籥舞** 직신향동 합약무 곧게 서서 동을 향하여 약을 합한다.	
維유	동	**躬身復向西 合籥 舞手 向東** 궁신부향서 합약 무수 향동 등을 구부려 다시 서를 향하며 약을 합하되 손은 동을 향한다.	
	서	**躬身復向東 合籥 舞手 向西** 궁신부향동 합약 무수 향서 등을 구부려 다시 동을 향하며 약을 합하되 손은 서를 향한다.	

三 삼	동	**合籥 朝上拜 一鼓 便起身** 합약 조상배 일고 편기신 약을 합하고 북을 향하여 절하며 북을 한 번 치면 몸을 일으킨다.	
	서	**合籥 朝上拜 一鼓 便起身** 합약 조상배 일고 편기신 약을 합하고 북을 향하여 절하며 북을 한 번 치면 몸을 일으킨다.	
於 오	동	**側身向外 垂手舞 復拱** 측신향외 수수무 부공 몸을 돌아 밖을 향하여 손을 아래로 드리우고 다시 두 손을 맞잡는다.	
	서	**側身向外 垂手舞 復拱** 측신향외 수수무 부공 몸을 돌아 밖을 향하여 손을 아래로 드리우고 다시 두 손을 맞잡는다.	
嘻 호	동	**側身向裏 垂手舞 復向外** 측신향리 수수무 부향외 몸을 돌아 안을 향하여 손을 아래로 드리우고 다시 밖을 향한다.	
	서	**側身向裏 垂手舞 復向外** 측신향리 수수무 부향외 몸을 돌아 안을 향하여 손을 아래로 드리우고 다시 밖을 향한다.	
成 성	동	**朝上 正揖 各回頭 拱手** 조상 정읍 각회두 공수 북을 향하여 바르게 읍하고 밖을 향하여 머리를 돌려 두 손을 맞잡는다.	
	서	**朝上 正揖 各回頭 拱手** 조상 정읍 각회두 공수 북을 향하여 바르게 읍하고 밖을 향하여 머리를 돌려 두 손을 맞잡는다.	

禮 례	동	**躬身朝南 受之 三鼓畢 起身終** 궁신조남 수지 삼고필 기신종 등을 구부리며 아래로 향하여 받드는 자세를 하고 북을 세 번 치면 몸을 일으켜 마친다.	
	서	**躬身朝南 受之 三鼓畢 起身終** 궁신조남 수지 삼고필 기신종 등을 구부리며 아래로 향하여 받드는 자세를 하고 북을 세 번 치면 몸을 일으켜 마친다.	

Ⅳ. 『반궁예악소』의 춤사위 특징

이상 제2차 연구에서 문묘일무의 춤사위 유형과 용어를 분석하고 『반궁예악소』의 춤사위 술어를 분석해보았다. 『반궁예악소』의 무보는 명대 최초의 무보인 『궐리지』에서 『남옹지』, 『황명태학지』, 『삼재도회』로 이어지는 100여 년간의 일무를 구체화한 것으로 『궐리지』 유형에 속한다. 『반궁예악소』 무보는 동서 2인 구성이 특징이다. 무보는 춤동작과 술어를 동서로 각각 구분하여 음양의 짝을 이루는 구조를 명확히 하고 있다. 동서 무원의 술어 분석을 통해 춤동작의 내용을 파악하였고, 술어만으로 동작의 이해가 보호한 것은 무보의 그림 하나하나를 대조해가는 과정에서 더욱 상세한 이해가 가능하였다.

『반궁예악소』의 춤사위 특징은 다음과 같다.

① 의식 절차는 종래의 '전폐무─초헌무─아헌·종헌무'에서 '초헌무─아헌무─종

헌무'로 바뀌었다.

② 춤사위는 명대 최초의 무보인 『궐리지』 유형이다.

③ 2인 무보로 구성하여 동서쪽 춤사위를 구체화하고 있다.

④ 동서 2인의 춤동작은 대칭이 원칙이지만 비대칭일 때도 있다. 약적을 합할 때는 대칭이지만, 약적을 나눌 때는 무구로 인하여 비대칭인 경우도 있다.

문묘일무는 음양사상과 천지인 사상에 기초하여 춤과 노래와 음악이 하나 되어 조화를 이룬다. 『예기』 「악기」에 의하면 "시는 그 뜻을 말한 것이고, 노래는 그 소리를 읊은 것이며, 춤은 그 용태를 움직인 것으로 이 세 가지는 마음에 근본한다"라고 하였다. 또한 문묘일무보에 전해지는 96글자의 악장은 공자의 덕을 찬양하는 내용이며, 그 내용이 노래와 연주가 되고, 무원들은 상징의 몸짓언어로 문덕을 표현하게 된다. 이는 모두 마음에서 비롯되는 노래이고 음악이며 춤인 것이다. 『예기』 「악기」 편에는 "무릇 악(樂歌舞)은 사람의 마음에서 비롯되는 것으로, 그 마음은 외물에 감응하여 소리(聲)가 되고, 그 소리는 상응하여 음(音)이 되며, 그 음이 방을 이루어 조화를 이루어 연주(樂)가 된다. 이에 간척(干戚) 우모(羽毛)를 잡고 춤추는 것, 이를 비로소 악(樂歌舞)이라 한다"라고 하였다. 이렇듯 약적과 간척을 들고 춤추는 문묘일무는 석전의례에서 예를 마무리하는 중요한 기능을 지닌다.

이것이 바로 의식절차에 따른 악가무의 운용은 반드시 예악법도를 따라야만 하는 이유이다. 따라서 조선시대에는 석전의 절차와 악무의 법도에 대한 옳고 그름을 논하는 일이 끊이지 않았다.

성균관이 유네스코 문화재 등재 잠정목록으로 선정되어 정식 등재를 위한 대비가 요구되는 이때, 문묘일무 원형 복원과 역사성을 확립하는 것은 가장 시급한 일

이라 생각된다. 문묘일무 원형성 회복을 위해 시작된 본 연구는 더욱 심도 있는

연구로 보완해갈 것이다.

[반궁예악소]의 춤사위 복원 : 임학선
연구원 : 유혜진
연구보조 : 이보름
지도 : 정향숙
「**반궁예악소**」 **춤사위 시연** : 성균관대 팔일무단
　　　　　　　이수빈 김수영 김연진 김이나 마리아 양하나 윤미경 정소연 제정례 채주희
　　　　　　　한지혜 강공지 김경은 김민희 김한나 김현정 남예림 박보민 안정은 우현주
　　　　　　　이승혜 전성은 권나현 김보휘 박소영 박하늬 양지현 유향임 이성인 이송하
　　　　　　　이정민 전수진 전진홍 조인호 최희아 홍지인

제3차
송대 일무와
명대『남옹지』춤사위의
관계성

이 글은 "제3차 문묘일무의 원형 복원을 위한 학술시연"(2005. 5. 18)의 논문을 수정·보완한 것이다.『남옹지』의 무보를 대상으로 한 본 논문은『한국무용연구』제21집(2003. 12. 30)에「문묘일무의 구조 및 의미성과 상징성 연구」로 2004년 발표되었다.

Ⅰ. 『남옹지』 무보

한국 문묘일무의 원형성과 역사성을 찾고자 하는 취지에서 시작된 연구는, 한국 문묘일무와 깊은 관련이 있는 무보 분석을 우선으로 하였다. 제1차에서 청대『반궁예악전서』무보 분석을 통해 석전대제의 일무 춤사위 변모를 확인하였고, 제2차에서는 2인 구성의『반궁예악소』무보를 분석하여 음양의 짝을 이루는 춤사위에 대해 연구하였다. 그 결과『반궁예악전서』와『반궁예악소』의 문묘일무는 모두 명대 최초의 무보인『궐리지』유형에 속함을 알 수 있었다.

제3차 연구에서는 사료 분석을 통해 문묘일무의 춤구조와 삼진삼퇴로 춤추는 일무의 법도를 분석하고, 한국 문묘일무의 유래를 살필 수 있는 송대 일무 춤사위를 분석하고자 한다. 그리고『남옹지』의 춤사위 분석을 통해 송대 일무와 조선시대로 이어진『춘관통고』의 춤사위와의 관계성을 확인해보고자 한다. 이는 송대로부터 이어진 조선시대의 문묘일무 근거를 밝히는 것이 될 것이다.

『남옹지』무보는 명 세종 22년(1544) 진좌에 의해 편찬된 책으로, 최고형인『궐리지』무보가 춤동작만을 그린 것에 반해 춤동작과 함께 한자술어를 기록한 최초의 무보이다. 때문에 고형의 춤사위 추정이 가능하고 전통적으로 춤추었던 문묘일무의 법도와 춤사위에 담긴 의미와 상징성 등을 자세히 파악할 수 있는 귀중한 문헌이다.

문묘일무는 시대에 따라 팔일 또는 육일로 춤추는 변화가 있었지만,『궐리지』유형의 춤사위는 조선시대『춘관통고』에 이르기까지 변화 없이 일관되게 이어졌음이 확인된다. 역대 한·중 무보는 원형성 문제가 제기되고 있는 석전대제 일무의 의문점을 해소하는 귀중한 사료인 것이다.

따라서 본 연구에서는 『송사』에 전해지는 신종의 춤사위와 섭방의 춤사위를 분석하고, 『남옹지』의 춤사위 분석에서는 각 악장별로 주요 춤사위 용어를 풀이하여 술어해석의 근거로 제시하자 한다. 이를 통해 『남옹지』 무보에서 삼진삼퇴와 삼읍·삼사·삼겸의 춤동작을 추출한 후, 송대 일무 춤사위와의 관계성을 밝혀보고자 한다. 이는 조선시대로 이어진 『춘관통고』의 일무가 『궐리지』와 『남옹지』의 무보와 동일한 것으로써, 송대로부터 이어진 것임을 확인하는 일이 될 것이다.

Ⅱ. 문묘일무 춤구조 및 송대 일무 분석

1. 악무

'악무(樂舞)'는 음악과 춤을 이른다. 한·중 무보 17종을 분석해보면 문묘일무는 '일자일무(一字一舞)'를 춤의 기본 법도로 하고 있음을 알 수 있다. 한 글자는 하나의 동작을 의미하고, 한 동작은 악장의 글자 하나를 표현한 것이다. 따라서 초헌무 32글자 32동작, 아헌무 32글자 32동작, 종헌무 32글자 32동작으로 총 96동작을 춤추게 된다. 이 같은 춤은 본래 송나라 대악정 섭방이 만든 것이며 반궁으로 전해졌음이 사료에서 확인된다. 장안무가 『반궁예악전서』에서 논한 내용이다.

〈사료 1〉 일자일무

음악에는 소리가 있고 맵시가 있으니, 소리라는 것은 노래하고 연주하는 것이요. 용모라는 것은 무자(舞者)의 서는 위치를 드러낸 것이다. 공모의 춤은 본래 송나라 대악정 섭방이 바친 것으로 조정에서 사용하였는데, 이제 이를 반궁에 옮겨 사용하여 유자들이 많은 논의를 후세에 남기게 되었다. 옛날에는 노래를 마치면 무도에 들어갔는데, 춤출 때 혹 다시 무곡이 있긴 했지만 등가(登歌)를 부르는 것은 아니었다. 이제 노래와 춤을 함께 만드니 또한 한 글자가 하나의 춤이 되었다.

2. 무율

'무율(舞律)'은 춤추는 법도이다. 주나라 무왕을 상징한 〈대무〉의 법도가 공자의 육성설로 『예기』에 전해진다.

공자의 육성설은, 첫째(초성) 무악이 처음 이뤄졌을 때 북방에서 나왔고, 두 번째(재성) 완성되면서 상나라를 멸하였으며, 세 번째(삼성) 완성되었을 때 남방에 돌아와 주(紂)를 멸하고, 네 번째(사성) 완성되면서 남국의 경계가 강성해졌고, 다섯 번째(오성) 완성되면서 협곡을 나누어 주공과 소공이 동서로 나뉘어 잘 다스렸고, 여섯 번째(육성) 완성되면서 다시 엮고 천자를 존숭함을 나타낸 것으로 천하통일을 상징한 춤이다.

왕환여(王煥如)는 『반궁예악전서』에서 공자의 육성설로 전해지는 일무의 법도에 대해 다음과 같이 논하였다.

〈사료 2〉 공자의 육성설로 전해지는 일무의 법도

왕환여가 말했다. 운문을 춤추고 대소를 춤추고 대하를 춤추는 것이 모두『주
례』에 실려 있다. 공자께서 빈모가에게 육성설을 말하면서부터 주대의 춤의 절
목들이 모두 이를 존숭하였으니, 송나라의 문무와 무무에서 이를 볼 수 있다.
이제 문묘제사를 지낼 때 문덕을 숭상하여 오로지 문무만을 써서 아무개는 황
종(黃鍾)을 춤추고, 아무개는 중려(仲呂)를 춤추고, 아무개는 궁용(弓容)을 춤추
고, 아무개는 우용(羽容)을 춤추었다.

3. 무표

'무표(舞表)'는 무원들이 춤추는 위치를 표시한 것이다. 천지를 상징하는 당상과
당하 사이 묘정의 뜰 사방에 무표를 세우고 그 표를 따라 나아가고 물러가는 진퇴
의 기준으로 삼으며, 춤의 시작과 끝을 구별하는 곡의 기준이 되도록 하였다. 그
것은 동서남북 사방에 세운 무표를 따라 여섯 번 나아가고 물러나며 변하는 육변
(六變), 여덟 번 변하는 팔변(八變), 아홉 번 변하는 구변(九變)의 춤을 추도록 한 것
이다. 여기서 '변한다'는 것은 진퇴를 의미하며, '마친다'는 것은 완성했다는 것이
다.『반궁예악전서』에서 그 내용을 살펴보면 다음과 같다.

〈사료 3〉

전(箋)은 다음과 같다. 대사악의 상소를 살펴보면 육변, 팔변, 구변이라는 것은
천지와 묘정에 모두 사방의 표지를 세운 것을 말함인데, 이것이 주나라의 〈대무〉

이다. 〈대호〉 이상도 또한 사방의 표지를 세움으로써 무인에게 곡을 구별하도록 해주었다. 또한 『삼례의종(三禮義宗)』에서 악(樂)의 구변은 춤을 아홉 번 추고서 마치고, 팔변은 여덟 번 추고서 마치고, 육변은 여섯 번 추고서 마치는 것임을 말하였으니, 마친다는 것은 완성했다는 것이다. 『예기』 「악기」에서 천자에게 협무하는 자가 방울을 흔들고 사마를 몰아 정벌함을 말한 것은, 무인이 둘씩 서로 끼고 나와서 무원의 서는 위치와 두루 움직이는 것이 모두 규범에 호응함을 말한 것이다. 그러므로 시에서는 "만 가지 춤이 성대하고 만 가지 춤이 충만하다"고 칭하였다. 역대에 상고할 만한 것으로는 오직 송나라 신종이 상고하여 결정한 것만이 고대에 접근하게 되었다.

〈사료 4〉

옛 춤에서 사방의 표시를 정하여 세우고 세 번 나아가고 세 번 물러나며, 무무는 보벌과 지제를 취하고 문무는 육효의 변화를 취하였다. 문무는 굽혀서 모든 음을 취하고 무무는 우러러서 모든 양을 취하며, 문무는 먼저 왼손과 왼발을 들고 무무는 먼저 오른손과 오른발을 든다. 문무는 왼편으로 돌고 무무는 오른편으로 돌며, 움직이고 밀고 돌며 지극한 덕의 광영을 떨치고 사기의 온화함을 유동시키며 만물의 이치를 드러낸다. 근세에는 전승을 잃고 태상의 아무개가 정비하여 옮겨지지 않아서 수족의 용모만 조금 보여주어 거의 옛날과는 달랐다.

4. 무용

'무용(舞踊)'은 춤추는 용모이다. 『송사』에 전해지는 신종의 일무와 섭방의 일무를 통해 삼진삼퇴로 삼읍·삼사·삼겸을 춤추는 문무, 보벌과 지제를 춤추는 무무, 그리고 약적과 간척의 쓰임을 살필 수 있다.

문무는 문덕을 상징하여 세 걸음 앞으로 나아가고 세 걸음 뒤로 물러나는 삼진삼퇴 및 공경과 사양과 겸양을 각각 세 번씩 표하는 삼읍·삼사·삼겸의 예의를 중시하는 춤이다. '읍'은 두 손을 맞잡아 앞으로 나아가 공경을 나타내고, '사'는 물러서며 사양을 표하고, '겸'은 몸을 굽히고 좌우를 돌아보며 겸양을 나타낸다.

반면 무무는 동서남북 사방으로 삼진삼퇴하면서 공격과 방어의 보벌과 지제를 춤춘다. 무무는 전쟁을 의미하지만 그 이면에는 평화를 상징한다는 깊은 뜻을 담고 있다.

1) 송 신종의 문무와 무무

송 신종 원풍 2년(1079)의 일무는 대악정 섭방이 만든 춤보다 10년 앞선 것으로, 신종에서 섭방의 춤으로 이어진 일무의 체계를 보여주고 있다. 신종의 문무와 무무는 사방에 64개의 무표를 세우고 문무 육성(六成)과 무무 육변(六變)의 춤을 추었다.

〈사료 5〉

문무 '육성의 춤'은 한 걸음을 나아가면 둘씩 서로 돌아보며 읍하고, 세 걸음에 세 번 읍하며, 네 걸음에 세 번 사양하는 용모를 이루니, 이것이 한 번 이룬

것으로 나머지 이루는 것도 이와 같이 한다. 무무 '육변의 춤'은 무자가 무도할 때 위무(威武)를 발양하여 민첩하고 용맹한 모습을 이루고, 매번 걸음으로 한 번 나아갈 때마다 둘씩 창과 방패로 서로를 향한다.

문무 육성의 춤

- 남쪽의 첫 번째 표시로부터 두 번째 표시에 이르기까지가 첫째 이루어진 것이 되고(일성)
- 세 번째 표시까지가 둘째 이루어진 것이 되며(이성)
- 북쪽의 첫 번째 표시까지가 셋째 이루어진 것이 되고(삼성)
- 도리어 뒤로 물러나서 셋째 표시에 이르러 넷째 이루어진 것이 되며(사성)
- 두 번째 표시까지가 다섯째 이루어진 것이 되고(오성)
- 다시 남쪽의 첫 번째 표시까지가 여섯째 이루어진 것이 되어(육성) 무무에 들어간다.

무무 육변의 춤

- 한 번 치고 한 번 자극하는 것이 한 번 이루어진 것이 되고, 이루어짐은 변한 것이라 한다. (처음 남표에서) 두 번째 표시에 이르러 '일변'이 되고
- 세 번째 표시에 이르러 '이변'이 되며
- 북쪽의 첫 번째 표시에 이르러 '삼변'이 된다.
- 춤추는 자는 몸을 엎어서 땅을 향하고 뒷걸음질하여 남쪽으로 가서 셋째 표한 곳에 이르러 '사변'이 된다.
- 치고 자극하고 앞에 나아가서 둘째 표시에 이르러 줄을 바꿔가며 차분한

절도 있는 걸음을 걷고, 좌우로 나누어 무릎을 꿇어서 오른쪽 무릎이 땅
에 닿기도 하고 왼쪽 발을 세우기도 하여 이문지무를 형상하는 것이 '오
변'이 되었다.

– 무도하며 나아가서 병사가 돌아와 군대를 진작하는 형상을 이루니, 방울
을 흔들고 도고를 흔들고 북을 치며 순우로 장단을 맞추고 탁을 폐하고 요
를 울리며 다시 남쪽의 첫째 표하는 것에 이르러 '육변'이 되니 여기서 춤
을 마친다.

2) 송 섭방의 문무와 무무

송 철종 원우 4년(1089) 대악정 섭방이 지은 『삼조이무의(三朝二舞儀)』는 문무 〈화
성천하지무〉 삼변과 무무 〈위가사해지무〉 삼변의 춤이다. 〈화성천하지무〉는 매
변마다 삼진삼퇴로 삼읍·삼사·삼겸의 예의를 갖추고 송나라가 천하를 차지한 것
이 읍양에 근본하였음을 밝혀 마침내 나라의 조회에서 이 춤을 추게 되었다.

〈사료 6〉
문무 일변의 춤

– 춤추는 이가 남쪽 표의 남쪽에 서서 연주하는 음악을 들으면 몸을 굽힌다.
– 북을 거듭 치면, 모두 춤을 추며 한 걸음 나아가 바르게 시고 모두 조금 앞
으로 나아가서 바르게 읍하며 손을 모아 아래에서 위로 올린다.
– 북을 거듭 치면, 모두 왼쪽을 돌아보고 왼쪽에서 읍하며
– 북을 거듭 치면, 모두 오른쪽을 돌아보고 오른쪽에서 읍한다.

- 북을 거듭 치면, 모두 손을 펴고서 몸을 굽히고
- 북을 거듭 치면, 모두 한 걸음 나아가 바르게 서며
- 북을 거듭 치면, 모두 조금 물러선다. 처음 사양하다가 손을 모아 아래에 서 위로 올린다.
- 북을 거듭 치면, 모두 오른쪽을 돌아보고 오른손으로써 앞에 있다가 왼손 으로 뒤로 미루어 거듭 사양한다.
- 북을 거듭 치면, 모두 왼쪽을 돌아보고 왼손으로써 앞에 있다가 오른손으 로 밀어내고 굳이 사양한다.
- 북을 거듭 치면, 모두 손을 모아 몸을 굽히고
- 다시 북을 거듭 치면, 모두 춤을 추고 한 걸음 나아가서 다시 서 있다가
- 북을 거듭 치면, 모두 몸을 구부리고 서로 돌아보며 처음 겸양한다.
- 손을 모아 가슴에 대고 북을 거듭 치면, 모두 오른쪽으로 몸을 기울이고 왼 쪽으로 손을 드리워 두 번째 겸양으로 삼는다.
- 북을 거듭 치면, 모두 왼쪽으로 몸을 기울이고 오른쪽으로 손을 드리워 세 번째 겸양으로 삼는다.
- 북을 거듭 치면, 모두 몸소 전해주고 절도 있는 음악을 만나면 몸을 쭈그 린다.

문무 이변의 춤

- 연주하는 음악을 들으면, 몸을 굽히고
- 북을 거듭 치면, 모두 춤을 추며 한 걸음 나아가서 몸을 돌려 서로를 향 한다.

- 북을 거듭 치면, 조금 앞으로 가서 서로 읍하고
- 북을 거듭 치면, 모두 왼쪽을 돌아보고 왼쪽에서 읍하며 재차 손을 펴서 쭈 그리고 앉았다가 바로 선다.

삼진삼퇴로 사양을 표현함

- 북을 거듭 치면, 모두 춤을 추고 한 걸음 나아가서 다시 서로 향하며
- 북을 거듭 치면, 모두 물러서서 처음 사양한다.
- 북을 거듭 치면, 모두 춤을 추고 사양하는 것은 위의 예의와 같이 한다.
- 북을 거듭 치면, 모두 거듭 사양하고
- 북을 거듭 치면, 굳이 사양한다.

삼진삼퇴로 겸양을 표현함

- 북을 거듭 치면, 모두 몸에 옷을 맞춰 입고 몸을 굽혔다가 바로 선다.
- 북을 거듭 치면, 모두 춤을 추며 한 걸음 나아가고
- 재차 북을 치면, 서로 향하며 북을 거듭 치면 서로 돌아보고 처음 겸양으로 삼는다.
- 북을 거듭 치면, 두 번째 겸양으로 삼고
- 북을 거듭 치면, 모두 세 번째 겸양으로 삼는다.
- 북을 거듭 치면, 모두 몸소 전해주고 바로 섰다가 절도 있는 음악을 만나면 몸을 굽힌다.

문무 삼변의 춤은 이번과 같다.

〈사료 7〉

무무 일변~삼변의 춤

- 무인은 남쪽 표로 세 걸음 나아가 방패를 모으고 선다.

- 음악이 시작되면, 함께 세 번 북소리에 맞추어 앞으로 세 걸음 걸어 나아
  가고 표에 이르면 무릎을 굽힌다.

- 다시 북을 치면, 모두 춤추며 한 걸음 걸어 나아가 바르게 선다.

- 다시 북을 치면, 모두 방패를 잡고 창을 들고 서로 보며 용맹스럽고 재빠
  른 형상을 짓는다.

- 다시 북을 치면, 몸을 돌려 안을 향하고 방패와 창으로 서로 치고 찌르는
  데 발은 움직이지 않는다.

- 다시 북을 치면, 모두 제자리로 돌아와 밖을 향하고 앞서와 같이 치고 찌
  른다.

- 다시 북을 치면, 모두 바로 서서 손을 들고 무릎을 굽힌다.

- 다시 북을 치면, 모두 춤을 추며 한 걸음 걸어 나아가 몸을 돌려 서로 향하
  여 서는데 방패와 창은 각각 허리에 둔다.

- 다시 북을 치면, 각각 앞으로 걸어 나아가 왼발은 앞에 오른발은 뒤에 두
  며, 왼손은 방패를 쥐어 앞에 두고 오른손은 창을 잡아 허리에 두어 무리
  를 나아가게 한다.

- 다시 북을 치면, 서로 치고 찌른다.

- 다시 북을 치면, 뒤로 물러나 제자리로 돌아가며 방패를 가지런히 하여 무
  리를 물린다.

- 다시 북을 치면, 모두 바로 서고 무릎을 굽힌다.

- 다시 북을 치면, 모두 춤을 추며 한 걸음 걸어 나아가 바르게 선다.
- 다시 북을 치면, 모두 얼굴을 돌려 서로 향하며 방패와 창을 잡고 좌작한다.
- 다시 북을 치면, 서로 치고 찌른다.
- 다시 북을 치면, 모두 일어나 방패와 창을 거두어 싸움에서 이기는 형상
  을 이룬다.
- 다시 북을 치면, 모두 바로 서서 마치는 음악이 나오면 곧 무릎을 굽힌다.

무무 이변과 삼변의 춤도 이와 같다.

  이상과 같은 섭방의 춤은 동서 무원이 앞으로 나아가고 뒤로 물러가면서 춤춘
다. 문무 〈화성천하지무〉는 삼진삼퇴로 삼읍·삼사·삼겸의 공경·사양·겸양을 춤
추고, 무무 〈위가사해지무〉는 삼진삼퇴하며 보벌과 지제의 공격과 방어를 춤춘
다. 이렇게 춤추는 동작들은 모두 음양의 짝을 이룬다.
  왕환여는 『반궁예악전서』에서 말하기를 "무일(舞佾)을 동서의 두 섬돌에 나누어
늘여 세울 경우, 예를 들어 동계의 무생이 서쪽을 대하면 서계의 무생은 동쪽을 대
하고, 동계의 무생이 동쪽을 대하면 서계의 무생은 서쪽을 대한다." 또 예를 들어
"동계에 있는 이가 왼손과 왼발로 무도하면, 서계에 있는 이는 오른손과 오른발로
무도한다. 앞을 향하고 뒤로 돌리며 빨리 가고 천천히 가며 무자의 서는 위치에서
우러르고 굽어보는 일들이 또한 모두 짝을 이루고 있다. 다만 한쪽(서쪽) 그림만을
새겨놓았지만, 이를 익히는 자는 마땅히 그러한 뜻을 깨달아야 할 것이다"라고 하
여 문묘일무가 음양의 짝을 이루어서 춤추는 모습임을 알게 한다.

3) 약적·간척

약적(籥翟)은 문무의 상징이고, 간척(干戚)은 무무의 상징이다. 문무에서 왼손의 약(피리)은 옆으로 뉘어 횡으로 들고, 오른손의 적(꿩깃)은 세워 종으로 든다. 약적을 하나로 합하는 동작은 십자형으로 일관되지만, 양쪽으로 나누는 동작은 다양한 모습이다. 무무에서 왼손의 간(방패)은 수직으로 세워서 들고, 오른손의 척(도끼)은 수평으로 뉘어서 십자형으로 합한다. 간척을 양쪽으로 나눌 때는 간은 세우고 척은 위로 들어서 내려치는 모습이다.

춤을 시작할 때 서쪽 무원은 왼발과 왼손이 먼저 밖을 향하여 움직이고, 동쪽 무원은 오른발과 오른손이 먼저 밖을 향하여 춤추게 되므로 동서 무원이 서로 대칭을 이룬다. 다음은 이지조가 『반궁예악전서』에서 음양사상에 의해 움직이는 약적과 간척에 대해 논한 내용이다.

〈사료 8〉

약적의 쓰임

약을 잡고 적을 잡는 것은 왼손에 피리를 쥐고 오른손에 꿩깃을 쥐는 것이다. 아직 춤추기 시작하지 않은 때에는 피리를 안으로 하고 꿩깃을 밖으로 하며, 피리를 횡으로 하고 꿩깃을 종으로 하였다. 대개 왼쪽은 양에 속하고 오른쪽은 음에 속하며, 양은 소리를 위주로 하고 음은 외용을 위주로 하기 때문에 피리를 왼쪽으로 하고 꿩깃을 오른쪽으로 한다. 온화하고 유순함이 마음 가운데에 쌓이고 정영의 화려함이 밖에 발하기 때문에 피리를 안으로 하고 꿩깃을 밖으로 한다. 피리는 저울을 운용하여 고르게 조정함을 형상하고, 꿩깃은 단정함을 나타내어 규칙을 따름을 형상하였다. 그러므로 피리는 횡으로 하고 꿩깃은 종으로 하니, 이것이 간척·우약의 외용이다.

간척의 쓰임

간을 잡고 척을 잡는 것은 왼손에 방패를 쥐고 오른손에 도끼를 쥐는 것이다. 아직 춤추기 시작하지 않은 때에는 방패를 밖으로 하고 도끼를 안으로 하며, 방패를 종으로 하고 도끼를 횡으로 하였다. 대개 왼쪽은 인(仁)에 속하고 오른쪽은 의(義)에 속하니, 의로써 적을 대하고 인으로써 스스로를 지키는 까닭에 방패를 왼쪽으로 하고 도끼를 오른쪽으로 한다. 인이 사단(四端)을 거느리고 은혜가 항상 의를 가리기 때문에 방패를 밖으로 하고 도끼를 안으로 한다. 방패의 인이 살게 하는 것을 좋아하고 도끼의 의가 과감하게 결단하기 때문에 방패를 종으로 하고 도끼를 횡으로 한다.

Ⅲ. 『남옹지』의 춤사위 분석

1. 전폐무

악장	남옹지	춤사위 술어해석
自 자		**稍前向外 開籥舞** 초전향외 개약무 조금 앞으로 걸어 나아가 밖을 향하여 약을 연다. 稍前 : 出足으로 발을 앞으로 내미는 동작 向外 : 동서가 밖을 향하는 동작 開 : 籥翟縱橫兩分으로 약적을 종횡으로 놓아 양쪽으로 가르는 동작
生 생		**蹈向裏 開籥舞** 도향리 개약무 발을 안으로 향하여 디디며 약을 연다. 向裏 : 동서가 서로 안으로 향하는 동작
民 민		**合手 蹲 上舞** 합수 준 상무 손을 모으고 좌우 무릎을 벌려 내려앉으며 북을 향한다. 合 : 籥翟縱橫相加로 약적을 종횡으로 놓아 서로 합하는 동작 蹲 : 開左右膝直身座下로 좌우 무릎을 벌리고 몸을 곧게 세워 아래로 　　내려앉는 동작
來 래		**起 辭身向外 高擧籥 而朝** 기 사신향외 고거약 이조 몸을 일으켜 세우고 손을 맞잡아 뒤로 물러서며 밖을 향하고 약을 높이 들어 북을 향한다. 起 : 몸을 일으켜 세우는 동작 辭 : 拱手後退로 손을 맞잡아 뒤로 물러서는 동작

誰 수		**兩兩相對 蹲 東西 相向** 양양상대 준 동서상향 두 사람이 서로 마주 보고 왼쪽 무릎을 꿰고 내려앉으며 동서가 서로 향한다. 兩兩 : 각각 한 사람 한 사람을 가리키는 말로 두 사람을 의미 蹲 : 좌우 무릎을 벌리고 내려앉는 동작이지만 악장 '誰'에서는 왼쪽 무릎을 꿰고 앉아 있음 兩兩相對와 東西相向(두 줄씩 마주 본 구성)의 방향은 동일
底 저		**正揖 稍舞** 정읍 초무 바르게 읍하며 조금 움직인다. 揖 : 平手齊心으로 두 손을 가슴 앞으로 드는 동작. 마음을 가지런히 하라는 의미
其 기		**正揖** 정읍 바르게 읍한다.
盛 성		**起 平身 出左手立** 기 평신 출좌수립 몸을 일으켜 세우며 바르게 하고 왼손을 내밀어 선다. 平身 : 起身正立으로 구부리고 있던 몸을 펴서 바르게 서는 동작

惟 유		**兩兩相對 自下而上 東西相向** 양양상대 자하이상 동서상향 두 사람이 서로 마주 보고 앉았다가 일어서며 동서가 서로 향한다. 兩兩相對의 방향과 東西相向(두 줄씩 마주 본 구성)의 방향은 동일
師 사		**稍前舞 擧籥垂翟** 초전무 거약수적 조금 앞으로 걸어 나아가 움직이며 약은 들어 올리고 적은 드리운다.
神 신		**惟兩中班十二人 轉身 俱東西相向** 유양중반십이인 전신 구동서상향 양쪽(동서)의 가운데 12명(2열, 5열)은 몸을 돌아 모두 동서가 서로 향한다. 兩中班 : 춤 구성을 지시하는 술어로 동서의 중간 열 무원을 가리킴 俱東西相向 : 신도를 중심으로 동쪽의 무원과 서쪽의 무원이 서로 마주 본 구성
明 명		**擧翟 三合籥** 거적 삼합약 적을 들어 올리고 약을 세 번 합한다.

度 탁		**稍前向外 垂手舞** 초전향외 수수무 조금 앞으로 걸어 나아가 밖을 향하여 손을 아래로 드리운다. 垂手 : 下垂 또는 順下로 손을 아래로 드리우는 손동작이며 '준다', 　　　'드리운다'는 뜻
越 월		**蹈向裏 垂手** 도향리 수수 발을 안으로 향하여 디디며 손을 아래로 드리운다.
前 전		**向前合手 謙進步 雙手合籥** 향전합수 겸진보 쌍수합약 앞을 향하여 손을 모으며 공손히 걸어 나아가 양손으로 약을 합한다. 술어는 雙手合籥이나 무보의 동작은 開의 동작으로 차이를 보임
聖 성		**回身 再謙退步 側身向外 高止衡 面朝上** 회신 재겸퇴보 측신향외 고지형 면조상 몸을 돌아서 다시 공손하게 물러나며 몸을 옆으로 기울어 밖을 향하고 얼굴은 옆으로 누이며 북을 향한다. 回身 : 轉過로 몸을 지나서 도는 동작으로 몸을 돌며 회전하는 동작 側身 : 正立左右轉으로 바로 서서 좌우로 도는 동작이나 악장 '聖'에서는 　　　몸을 옆으로 기울이고 있음 朝上 : 俱面正北으로 얼굴이 북을 향하는 동작

桨 자		**正蹲 朝上** 정준 조상 좌우 무릎을 벌려 내려앉으며 북을 향한다.
帛 폐		**稍舞躬身 挽手側身 向外 呈籥耳邊 面朝上** 초무궁신 만수측신 향외 정약이변 면조상 조금 움직여 등을 구부리고 손을 몸 쪽으로 당기고 몸을 옆으로 기울여 밖을 향하며 귓가에 약을 드리우고 얼굴은 북을 향한다. 躬身 : 曲其背로 등을 구부리는 동작 挽手 : 相持로 손을 몸 쪽으로 당기는 동작
具 구		**正揖** 정읍 바르게 읍한다.
成 성		**起 辞身 挽手 復挙籥 正立** 기 사신 만수 부거약 정립 몸을 일으켜 뒤로 물러서며 손을 몸 쪽으로 당겨 다시 약을 들어 올리고 바르게 선다.

禮 예		**兩兩相対 交籥 兩班 俱東西 平執籥** 양양상대 교약 양반 구동서 평집약 두 사람이 서로 마주 보며 약을 엇갈리게 잡고 동서 모두가 약을 옆으로 뉘어 잡는다. 交 : 兩執相接으로 양손이 서로 엇갈리게 잡는 동작 執 : 翟縱籥橫薺肩執之로 적을 세우고 약을 옆으로 뉘어 어깨에 나란히 하여 잡는 동작
容 용		**正蹲 朝上** 정준 조상 좌우 무릎을 벌려 내려앉으며 북을 향한다.
斯 사		**向外退 挽手 擧籥向外 面朝上** 향외퇴 만수 거약향외 면조상 밖을 향하여 물러나며 손을 몸 쪽으로 당기고 약을 들어 밖을 향하며 얼굴은 북을 향한다. 退 : 뒤로 물러나는 동작
稱 칭		**回身 正立** 회신 정립 몸을 돌아서 바르게 선다. 回身 : 이 동작에서의 '회신'은 제자리로 돌아가는 동작

黍 서		**稍前舞** 초전무 조금 앞으로 걸어 나아가 움직인다.
稷 직		**正蹲 朝上** 정준 조상 좌우 무릎을 벌려 내려앉으며 북을 향한다.
非 비		**左右垂手 兩班上下 俱雙垂手 東西相向** 좌우수수 양반상하 구쌍수수 동서상향 좌우 양손을 아래로 드리우고 양쪽 상하(1행, 6행)는 양손을 아래로 드리우며 동서가 서로 향한다. 兩班上下 : 무보는 육일무의 구성이므로 1항과 6항의 무원을 가리킴
馨 형		**起合手 相向立** 기합수 상향립 손을 모아서 들고 서로 마주 보며 선다.

惟 유		**左右側身 垂手向外 開籥 垂手舞** 좌우측신 수수향외 개약 수수무 좌우로 몸을 돌아 손을 아래로 드리워 밖을 향하며 약을 열어 손을 아래로 드리운다.
神 신		**右側身 垂手向裏 垂手舞** 우측신 수수향리 수수무 우로 몸을 돌아 손을 아래로 드리워 안을 향하여 손을 아래로 드리운다.
之 지		**正揖 朝上** 정읍 조상 바르게 읍하며 북을 향한다.
聽 청		**躬而受之 躬身 朝上 拱籥而受之 三鼓畢起** 궁이수지 궁신 조상 공약이수지 삼고필기 몸을 숙여 받는 자세를 하되 등을 구부리고 북을 향하여 약을 앞으로 바르게 들어 올리고 북을 세 번 치면 일어난다. 三鼓畢 : 춤음악 절주술어로 악사가 북을 세 번 치면 그 소리를 듣고 　　　동작하라는 지시술어 拱 : 向前正擧로 (의물을) 앞을 향하여 바르게 들어 올리는 동작

2. 초헌무

악장	남옹지	춤사위 술어해석
大 대		**左右 進步 向外 垂手舞** 좌우 진보 향외 수수무 좌우는 한 걸음 나아가 밖을 향하며 손을 아래로 드리운다. 進步 : 앞으로 나아가는 동작
哉 재		**右 向裏 垂手舞** 우 향리 수수무 오른쪽은 안을 향하며·손을 아래로 드리운다.
聖 성		**向外 落籥 面朝上** 향외 낙약 면조상 밖을 향하여 약을 아래로 향하고 얼굴은 북을 향한다. 落 : 向下執으로 (의물을) 아래로 향하게 드는 동작
師 사		**退 回身 正立** 퇴 회신 정립 뒤로 물러서며 몸을 돌아서(제자리로 돌아가서) 바르게 선다.

實 실		**正蹲** 정준 좌우 무릎을 벌려 내려앉는다.
天 천		**起身 向前舞 向外舞** 기신 향전무 향외무 몸을 일으켜 세우며 앞을 향한 다음 밖을 향한다.
生 생		**向裏舞** 향리무 안을 향한다.
德 덕		**合手 謙進步 向前 雙手合籥 存謙** 합수 겸진보 향전 쌍수합약 존겸 손을 모으고 공손히 걸어 나아가 앞을 향하여 양손으로 약을 합하며 머리를 숙이고 몸을 굽혀 두 손을 맞잡아 공손히 한다. 謙：低首屈身拱手로 머리를 숙이고 몸을 굽혀 두 손을 맞잡는 동작

作 작	作 兩兩相身自下而上西班相舉籥東西立	**兩兩相対 自下而上 兩班相対 挙籥 東西立** 양양상대 자하이상 양반상대 거약 동서립 두 사람이 서로 마주 보고 앉았다 일어서며 양쪽이 서로 마주 보고 약을 들어 동서가 선다. 악장 '作'의 춤 구성은 양양상대(두 줄씩 마주)에서 양반상대(동서)로 바뀐다.
樂 악	樂 上下倶垂手惟兩中班上下大二人倶垂手轉身東西相向	**上下倶垂手 惟兩中班上下十二人 倶垂手 転身 東西相向** 상하구수 유양중반상하십이인 구수수 전신 동서상향 상하(1행, 6행)는 손을 아래로 드리우고 상하 중심으로 나눈 중간(2행, 5행) 12명은 손을 아래로 드리우고 몸을 돌아 동서가 서로 향한다. 악장 '樂'의 上下는 춤 구성을 지시하는 술어로 1행과 6행을 의미 兩中班上下十二人 : 춤 구성을 지시하는 술어로 상하를 중심으로 반으로 나눈 중간 행 2행과 5행의 12명을 의미
以 이	以 轉身來西相向立	**転身 東西相向立** 전신 동서상향립 몸을 돌아 동서가 서로 향하여 선다.
崇 숭	崇 相向立兩班上下以翟相	**相向立 兩班上下 以翟相** 상향립 양반상하 이적상약 서로 마주 보고 서며 동서 양쪽의 상하(1행, 6행)는 적으로 약을 합한다.

時 시	時	**稍前舞蹈 兩班上下 俱垂手 向外舞** 초전무도 양반상하 구수수 향외무 조금 앞으로 걸어 나아가 발을 딛고 동서 양쪽의 상하(1행, 6행)는 손을 아래로 드리우며 밖을 향한다. 舞蹈 : 蹀一足 屈一足 拱手左右讓 또는 手左右讓 足左右蹈로 한 발은 디디고 한 발은 구부리며 두 손을 맞잡아 좌우로 향하는 동작. 또는 두 손을 좌우로 하고 발을 좌우로 딛는 동작
祀 사	祀	**向裏 垂手舞** 향리 수수무 안을 향하여 손을 아래로 드리운다.
無 무	無	**合手 謙進步 向前 雙手 合籥翟** 합수 겸진보 향전 쌍수 합약적 손을 모으고 공손히 걸어 나아가 앞을 향하여 양손으로 약적을 합한다. 進步 : 앞으로 나아가는 동작 술어는 雙手合籥翟이나 무보의 동작은 開의 형태로 차이를 보임
斁 두	斁	**回身 再謙 兩班上下 東西相向 合籥立** 회신 재겸 양반상하 동서상향 합약립 몸을 돌아서 거듭 공손히 하고 상하(1행, 6행)는 동서가 서로 향하며 약을 합하여 선다.

淸 청		**稍前舞 向外 開籥舞** 초전무 향외 개약무 조금 앞으로 걸어 나아가 움직이며 밖을 향하여 약을 연다.
酤 고		**向裏舞** 향리무 안을 향한다.
惟 유		**雙手 平執籥翟 開籥翟** 쌍수 평집약적 개약적 양손으로 약은 옆으로 뉘여 잡고 적은 세워 들어 약적을 연다.
馨 형		**合籥翟 朝上 正立** 합약적 조상 정립 약적을 합하고 북을 향하여 바르게 선다.

嘉 가		**側身 垂左手 兩班 俱垂左手 向外舞** 측신 수좌수 양반 구수좌수 항외무 몸을 옆으로 하여 왼손을 아래로 드리우고 동서 양쪽 모두 왼손을 아래로 드리우며 밖을 향한다.
牲 생		**躬身 正揖** 궁신 정읍 등을 구부려 바르게 읍한다.
孔 공		**雙手擧籥翟 躬身** 쌍수거약적 궁신 양손으로 약적을 들어 올리고 등을 구부린다.
碩 석		**躬而受之** 궁이수지 몸을 숙여 받드는 자세를 한다.

薦 천		**三叩頭 擧右手 叩頭** 삼고두 거우수 고두 세 번 머리를 조아리되 오른손을 들어 올려 머리를 조아린다. 三叩頭 : 악장 '薦羞神'까지의 동작을 지시하는 술어로 세 번 머리를 조아리라는 뜻이며, 따라서 '천·수·신'의 각 악장에서 한 번씩 모두 세 번 조아리라는 의미
羞 수		**擧左手 叩頭** 거좌수 고두 왼손을 들어 올려 머리를 조아리고
神 신		**復擧右手 叩頭** 부거우수 고두 다시 오른손을 들어 올려 머리를 조아린다.
明 명		**拜 一鼓畢 卽起 躬身** 배 일고필 즉기 궁신 절하고 북을 한 번 치면 몸을 바로 일으켰다 등을 굽힌다. 一鼓畢 : 춤음악 절주술어로 악사가 북을 한 번 치면 그 소리를 듣고 동작하라는 의미

庶 서		**三舞蹈 擧籥向左 躬身舞** 삼무도 거약향좌 궁신무 세 걸음 걸어 나가되 약을 들어 올리며 왼쪽을 향하여 등을 구부린다. 三舞蹈 : 악장 '庶幾昭'까지의 동작을 지시하는 술어이며, 따라서 '서·기·소'의 각 악장에서 각각 한 걸음씩 모두 세 번 걸으라는 의미
幾 기		**擧籥向右 躬身舞** 거약향우 궁신무 약을 들어 올리며 오른쪽을 향하여 등을 구부린다.
昭 소		**擧籥復向左 躬身舞** 거약부향좌 궁신무 약을 들어 올리며 다시 왼쪽을 향하여 등을 구부린다.
格 격		**拱籥 躬身 而受之** 공약 궁신 이수지 약을 앞으로 바르게 들어 올려 등을 구부리며 받드는 자세를 한다.

3. 아헌·종헌무

악장	남옹지	춤사위 술어해석
百 백		**向外 開籥舞** 향외 개약무 밖을 향하여 약을 연다.
王 왕		**向裏 開籥舞** 향리 개약무 안을 향하여 약을 연다.
宗 종		**側身向外 落籥 面朝上** 측신향외 낙약 면조상 몸을 옆으로 기울여 밖으로 향하여 약을 떨어뜨리고 얼굴은 북을 향한다.
師 사		**朝上 正立** 조상 정립 북을 향하여 바르게 선다.

生 생		**兩班上下 兩兩相對 交籥** 양반상하 양양상대 교약 동서 양쪽 상하(1행, 6행)는 두 사람이 서로 마주 보며 약을 엇갈리게 잡는다.
民 민		**合手 朝上 正蹲** 합수 조상 정준 손을 모으고 북을 향하여 좌우 무릎을 벌려 내려앉는다.
物 물		**側身 向裏 落籥** 측신 향리 낙약 몸을 옆으로 기울이며 안을 향하여 약을 아래로 든다.
軌 궤		合籥 朝上 正立 합약 조상 정립 약을 합하고 북을 향하여 바르게 선다.

瞻 첨		**向外 開籥舞** 향외 개약무 밖을 향하여 약을 연다.
之 지		**向裏 開籥舞** 향리 개약무 안을 향하여 약을 연다.
洋 양		**開籥 朝上 正立** 개약 조상 정립 약을 열고 북을 향하여 바르게 선다.
洋 양		**合籥** 합약 약을 합한다.

神 신		**向外 開籥舞** 향외 개약무 밖을 향하여 약을 연다.
其 기		**向裏 開籥舞** 향리 개약무 안을 향하여 약을 연다.
寧 령		**進步向前 雙手合籥** 진보향전 쌍수합약 앞으로 걸어 나아가며 양손으로 약을 합한다.
止 지		**回身 東西相向 手謙** 회신 동서상향 수겸 몸을 돌아서 동서가 서로 향하고 손을 공손히 한다.

酌 작		**向外 開籥舞** 향외 개약무 밖을 향하여 약을 연다.
彼 피		**向裏 開籥舞** 향리 개약무 안을 향하여 약을 연다.
金 금		**開籥 朝上 正立** 개약 조상 정립 약을 열고 북을 향하여 바르게 선다.
曑 뢰		**合籥 朝上 正立** 합약 조상 정립 약을 합하고 북을 향하여 바르게 선다.

惟유	惟 向外垂手舞	**向外 垂手舞** 향외 수수무 밖을 향하여 손을 아래로 드리운다.
淸청	淸 向裏垂手舞	**向裏 垂手舞** 향리 수수무 안을 향하여 손을 아래로 드리운다.
且차	且 朝上正揖	**朝上 正揖** 조상 정읍 북을 향하여 바르게 읍한다.
旨지	旨 躬身而受之	**躬身 而受之** 궁신 이수지 등을 구부려 받드는 자세를 한다.

쯩 등		**躬身向左 合籥舞** 궁신향좌 합약무 등을 구부려 왼쪽을 향하여 약을 합한다. 술어는 合籥舞이나 무보의 동작은 開의 형태
獻 헌		**躬身向右 合籥舞** 궁신향우 합약무 등을 구부려 오른쪽을 향하여 약을 합한다. 술어의 동작 형태는 合籥舞이나 무보의 동작 형태는 開의 형태로 차이를 보이며, 따라서 술어와 무보가 일치하지 않음을 알 수 있음
惟 유		**躬身復向左 合籥舞** 궁신부향좌 합약무 등을 구부려 다시 왼쪽을 향하여 약을 합한다.
三 삼		**合籥 朝上拜 一鼓 便起身** 합약 조상배 일고 편기신 약을 합하고 북을 향하여 절하며 북을 한 번 치면 몸을 일으킨다.

於 오		**側身 向外 垂手舞** 측신 향외 수수무 몸을 옆으로 기울이며 밖을 향하여 손을 아래로 드리운다. 술어의 동작 형태는 垂手舞이나 무보의 동작 형태는 슴의 형태로 차이를 보이며, 따라서 술어와 무보가 일치하지 않음을 알 수 있음
嘻 호		**側身 向裏 垂手舞** 측신 향리 수수무 몸을 옆으로 기울이며 안을 향하여 손을 아래로 드리운다. 술어의 동작 형태는 垂手舞이나 무보의 동작 형태는 슴의 형태로 차이를 보이며, 따라서 술어와 무보가 일치하지 않음을 알 수 있음
成 성		**朝上 正揖** 조상 정읍 북을 향하여 바르게 읍한다.
禮 례		**躬身 朝南受之 三鼓畢 起身** 궁신 조남수지 삼고필 기신 등을 구부려 남으로 향하여 받드는 자세를 하고 북을 세 번 치면 몸을 일으킨다. '朝南'에서 南은 북쪽의 반대 방향을 의미하는 것으로 아래를 향해 동작하라는 의미로 보임

Ⅳ. 『남옹지』의 춤사위 특징

『남옹지』의 무보는 전폐무, 초헌무, 아헌·종헌무 3개 악장에 문무 96개의 동작으로 구성되어 있다. 일자일무의 춤구조를 이루는 춤동작은 모두 공자의 덕을 예로써 표현하는 의식적인 동작으로 수(授), 사(辭), 겸(謙), 읍(揖), 배(拜), 궤(跪), 고두(叩頭), 무도(舞蹈), 양(讓), 수(受)의 동작으로 표현된다.

『남옹지』 무보의 춤사위와 술어 분석을 통해 알 수 있는 것은 한 글자에 한 동작을 춤추는 것, 무원이 음양의 짝을 이루어서 춤추는 것, 진퇴를 행하는 것, 약적 사용 등이다. 이에 근거하여 춤사위에 담긴 예의범절과 철학적 의미를 유추할 수 있다. 일상의 예의범절을 나타낸 것이 바로 읍·사·겸과 수(授)·수(受)이다. 이를 나타내기 위해 반드시 진퇴를 행하게 되는데, 이는 서로가 주고받는 마음(授受之禮)을 표현한 것이다. 앞으로 나아가서 공경을, 뒤로 물러가서 사양을, 나아가고 물러나면서 겸양을 각각 표현하게 된다. 이것을 각각 세 번씩 행하여 삼진삼퇴하며 삼읍·삼사·삼겸으로 일상의 예절을 표현하는 것이 문묘일무의 핵심이다. 수수지례는 고대 중국의 요임금과 순임금이 황제의 자리를 주고받았던 서로 주고받았던 군신지간의 마음으로, 이는 공자와 안자가 주고받은 사제지간의 마음과 같은 것임을 『남옹지』에 전한다. 『남옹지』 무보에서 진퇴로써 읍·사·겸을 춤추었던 공경·사양·겸양의 춤사위를 추출하면 다음과 같다.

〈표 1〉 공경의 동작(揖)

술어	正揖稍舞	正揖	正揖	正揖朝上	正揖朝上	正揖朝上	正揖朝上
무보							
진퇴	앞으로 나아감	앞으로 나아감	앞으로 나아감	앞으로 나아감	앞으로 나아감	앞으로 나아감	앞으로 나아감
무구	십자형	십자형	십자형	십자형	십자형	십자형	십자형
의미	공경	공경	공경	공경	공경	공경	공경

〈표 2〉 사양의 동작(謝)

술어	起辭身向外高擧籥而朝	起辞身挽手復擧籥正立
무보		
진퇴	뒤로 물러남	뒤로 물러남
무구	십자형	십자형
의미	사양	사양

〈표 3〉 겸양의 동작(謙)

술어	合手謙進步向前雙手合籥存謙	回身再謙退步側身向外高止衡朝上	回身再謙兩班上下東西相向合籥立	回身東西相向手謙	向前合手謙進步雙手合籥	合手謙進步向前雙手合籥翟
무보						
진퇴	앞으로 나아감	뒤로 물러남	동서 마주	동서 마주	앞으로 나아감	앞으로 나아감
무구	십자형	십자형	십자형	십자형	십자형	십자형
의미	겸양	겸양	겸양	겸양	겸양	겸양

Ⅴ. 송대 일무와 명대 『남옹지』 춤사위의 관계성

본 연구에서는 문묘일무의 춤구조와 춤추는 법도, 그리고 한국 문묘일무의 유래를 살필 수 있는 송대 일무 술어와 명대 『남옹지』 무보의 춤사위를 분석하여 그 관계성을 살펴보았다.

사료분석을 통해 문묘일무는 고대의 진법이 발현된 삼진삼퇴의 춤임을 알 수 있었다. 무원들이 일무를 춤추는 자리에 세운 무표를 따라 앞으로 세 걸음 나아가고 뒤로 세 걸음 물러나는 삼진삼퇴의 법도는 공자의 육성설로부터 비롯된 것임을 확인하였다. 그것은 동서남북으로 진법을 행하며 공격과 방어를 춤추었던 주나라 무왕의 춤 〈대무〉에서 비롯된 것으로, 이 같은 춤은 송대 신종의 춤과 섭방의 문무 〈화성천하지무〉와 무무 〈위가사해지무〉로 이어졌음을 알 수 있었다.

『송사』의 기록으로 전해지는 삼진삼퇴의 춤을 살펴보면, 신종의 일무와 섭방이 만든 춤은 삼진삼퇴와 삼읍·삼사·삼겸으로 문덕을 표현하고, 무무는 보벌과 지제로 무공을 나타낸다. 『남옹지』의 춤사위 또한 이와 동일하게 삼진삼퇴로 세 번 읍하고, 세 번 사하고, 세 번 겸하는 춤의 구조를 이루고 있음을 알 수 있었다.

이때 양손에 든 무구는 하나로 합하고 양쪽으로 나누는 동작을 반복하게 된다. 문무에서는 약적을 하나로 합 할 때 피리는 수평으로 들고 꿩깃은 수직으로 하여 십자형을 이루어야 하고, 무무를 출 때는 방패는 수직으로 세워서 들고, 도끼는 가로로 뉘어서 십자형이 되어야 한다. 이렇듯 양손에 무구를 들고 삼진삼퇴를 행하면서 세 번 공경을 표하고, 세 번 사양하며, 세 번 겸양을 나타내는 것은 서로가 주고받는 마음(授受之禮)을 표상한 것으로 고대 중국의 요순시대로부터 비롯된 것이다.

이상과 같이 사료 분석에서 추출된 삼진삼퇴와 삼읍삼사삼겸의 송대 일무 특징이 『남옹지』 무보에서도 동일한 것으로 분석되었다. 그것은 곧 조선시대 『춘관통고』의 춤사위가 『궐리지』에서 『남옹지』 무보로 이어진 춤사위를 따르고 있다는 점에서 송대로부터 이어진 한국 문묘일무의 유래와 전승 경로를 밝히게 된 첫 연구성과로 보람을 갖게된다.

[남옹지]의 춤사위 복원 : 임학선

연구원 : 유혜진

연구보조 : 이보름

지도 : 정향숙

현행 문묘일무 시연 : 김수정 노한나 박지선 왕윤나

「남옹지」 춤사위 시연 : 성균관대 팔일무단

　　　　　　　이수빈 김수영 김연진 김이나 마리아 양하나 오아름 윤미경 정소연 제정례
　　　　　　　채주희 한지혜 권지혜 김보라 김주희 박완주 박한희 송지영 이엄지 이주희
　　　　　　　제갈숙영 최나경 권나현 김보휘 박소영 박하늬 양지현 유향임 이성인 이송하
　　　　　　　이정민 전수진 전진홍 조인호 최희아 홍지인

제4차

『반궁예악전서』와
김영숙·임학선의
춤사위 비교 분석

이 글은 "제4차 문묘일무의 원형 복원을 위한 학술시연"(2005. 12. 4)의 논문을 수정·보완한 것이다. 본 논문은 『반궁예악전서』의 춤사위와 김영숙·임학선의 춤사위를 비교분석한 것으로, 석전대제 지정 당시의 변모를 구체적으로 밝히고 있다.

I. 문묘일무 연구 현황

문묘일무는 동아시아 최고형의 춤 유형을 간직한 춤이다. 그럼에도 불구하고 문묘일무에 대해 알려진 것이 거의 없었다. 그러나 2003년부터 성균관대 중심으로 집중 연구됨에 따라 문묘일무의 실체가 파악되고 원형 복원에 필요한 기초적인 작업이 조금씩 성과를 거두게 되었다.

그동안 본 연구자는 문묘일무 원형 복원 연구를 진행하는 동안 송대의 일무 술어와 명·청대의 무보인『궐리지』,『남옹지』,『황명태학지』,『삼재도회』,『반궁예악소』,『반궁예악전서』,『대성통지』,『궐리광지』,『문묘예악고』,『국학예악록』,『문묘정제보』,『청읍반궁악무도설』,『성문악지』, 그리고 조선시대의『춘관통고』,『궐리지』(1900년경),『속수성적도후학록』,『공부자성적도성학유림록』등을 비교·분석하였다. 그 과정을 통해 문묘일무 유형 및 춤사위 구조, 춤사위의 의미와 상징성 등을 두루 살필 수 있었고, 송대로부터『춘관통고』에 이르기까지 일관되게 이어지고 있는 문묘일무 춤사위의 원형을 파악할 수 있었다.

그간의 연구 성과라면 세 차례에 걸친 문묘일무의 원형 복원에 대한 학술적 분석(2003~2005),『문묘일원과 석전대제』(2003) 공동연구,『석전학논총』창간호(2005) 발행, 한·중 무보집『문묘일무보 도해』(2005) 출판, 이론서『문묘일무의 이해』(2006) 출판 등이 있다.

이러한 연구 결과를 토대로 제4차 연구에서는 석전학의 정립과 현대적 위상이라는 큰 틀 속에서 문묘일무의 과거 모습과 오늘의 모습을 살펴보고자 한다. 먼저 석전대제 지정 당시 제시된 근거문헌『반궁예악서』의 실체를 밝히고,『반궁예악전서』의 무보와 동일하게 춤동작을 재현하여 이를 석전대제 지정 당시 김영숙의 춤사위와 비교해보고자 한다.

Ⅱ. 석전대제 지정 당시 근거문헌『반궁예악서』의 실체

석전대제 지정 당시 일무는 옛 문헌『반궁예악서』에 빙거하여 고제에 가깝게 복원된 것이라 하여 관심을 끌었다. 그러나 그 일무는 춤사위가 무보와 다를 뿐만 아니라 진퇴 없는 제자리 춤으로 변모되었고, 오늘날 이러한 사실을 모른 채 지금도 성균관에서 추고 있다.

『반궁예악서』를 국립국악원 자료 목록에서 검색해본 결과 책명에 오류가 생긴 이유를 알게 되었다. 〈그림 1〉에서 알 수 있듯이 국립국악원 소장 도서번호 217, 책명『반궁예악서』구아악부 도장이 찍혀 있다. 믿기지 않는 사실은 책 표지명에는『반궁예악서』라고 쓰여 있으나 속지에 기록된 책명은『반궁예악전서』였다. 『반궁예악전서』는 청나라 장안무에 의해 1656년 편찬된 책이다. 어떤 이유로 책명이 다르게 바뀌었는지는 알 수 없다. 원형 복원의 근거문헌은 출처가 분명해야 함에도 불구하고 책명조차 확인이 없었던 것은 문제로 지적된다.

한 가지 분명한 것은 이 책에는 무보가 존재한다. 그러나 김영숙은 무보를 보지 못했고, 자신의 석사학위논문에서 무보가 없다고 분명히 하였다. 그럼에도 불구하고 무보를 보았고 스승과 함께 무보를 공부했다고 말을 바꾸는 일이 벌어졌다. 이에 대한 내용으로 제3장「문묘일무의 역사적 원형과 왜곡」에서 상세하게 다루고 있다.

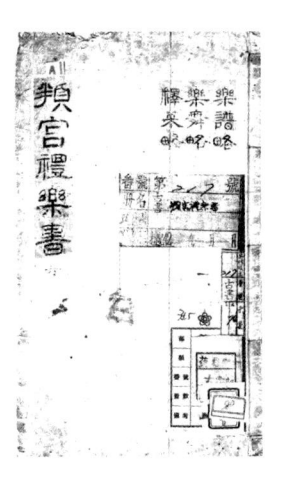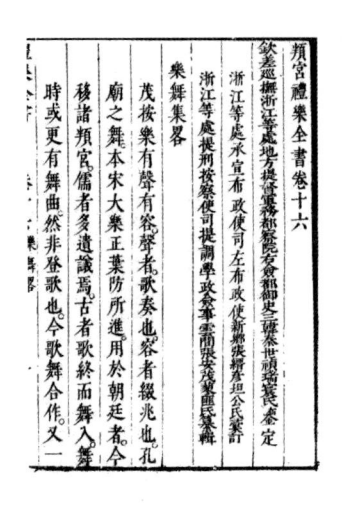

〈그림 1〉『반궁예악서』 표지와 본문의 실제 책명 『반궁예악전서』

Ⅲ. 김영숙과 임학선의 춤사위 비교

「석전대제 지정조사보고서 제144호」에 의하면, 문묘일무는『반궁예악서』(실제 책명『반궁예악전서』)에 근거하고 있음을 알 수 있다. 따라서『반궁예악전서』의 춤사위와 지정 당시 김영숙의 기존 일무 그리고 임학선의 원형 복원 춤사위를 비교하여 차이점을 살펴보고자 한다.

1. 초헌무(문무) 춤사위

악장	반궁예악전서	임학선 춤사위	김영숙 춤사위	차이점
自 자				'향외'는 동서 무원이 서로 밖을 향하는 동작이고, '개약무'는 약적을 종횡으로 놓아 양쪽으로 가르는 동작이다. 그러나 김영숙의 춤은 약을 수평이 아니라 수직으로 세워서 들고 있다. 開 : 籥翟縱橫兩分
生 생				'향리'는 동서 무원이 마주 보는 동작이다. 김영숙의 춤은 몸 방향이 다르고 약을 수직으로 세워서 들고 있다.
民 민				'합수'는 약적을 종횡으로 모아 무보와 같이 십자형을 이루는 동작이다. 김영숙의 춤은 약적이 X자형이다. 合 : 籥翟縱橫相加 '준'은 좌우 무릎을 벌리고 몸을 곧게 세워 아래로 내려앉는 동작이다. 蹲 : 開左右膝直身座下
來 래				약은 수평으로 들어야 하지만, 김영숙의 춤은 약을 앞 사선으로 높이 들고 있다.

誰 수				'양양상대'는 서로 마주 보는 동작이다. 무보에는 몸 방향이 정면이고 시선만 동서가 마주하고 있지만, 김영숙의 춤은 몸 방향이 동쪽을 보고 있다.
底 저				김영숙의 춤은 발동작이 다르고, 약적이 X자형이고 머리 위로 들고 있다.
其 기				'읍'은 두 손을 모아 가슴 앞으로 드는 동작이다. 김영숙의 춤은 몸 방향은 같지만 무릎 동작이 다르고, 약적이 11자형이다. 揖 : 平手齊心
盛 성				동일하다.

惟 유				김영숙의 춤은 약적이 십자형이 아니라 아래위로 나누어 들고 있다.
師 사				김영숙의 춤은 적을 아래가 아니라 위로 들고 있다.
神 신				김영숙의 춤은 약적이 십자형이 아니라 X자형이다.
明 명				무보에는 약적이 합을 이루고 있지만, 김영숙의 춤은 약적을 나누어 들고 있다.

度 탁	度 怡首向外垂手無			동서 무원은 동일한 동작을 반대로 하여 대칭을 이루어야 한다. 그러나 김영숙의 춤은 동서 무원의 방향이 모두 같다.
越 월	越 稻向理垂手			김영숙의 춤은 몸 방향과 무구의 사용이 다르다.
前 전	前 向前合手捷退步契手合蕾			김영숙의 춤은 약적이 X자형이고 가슴 앞이 아니라 머리 위로 들고 있다.
聖 성	聖 回身拜謙退步側身向外高止 斜開朝上			김영숙의 춤은 약적이 11자형이고 얼굴의 방향이 다르다.

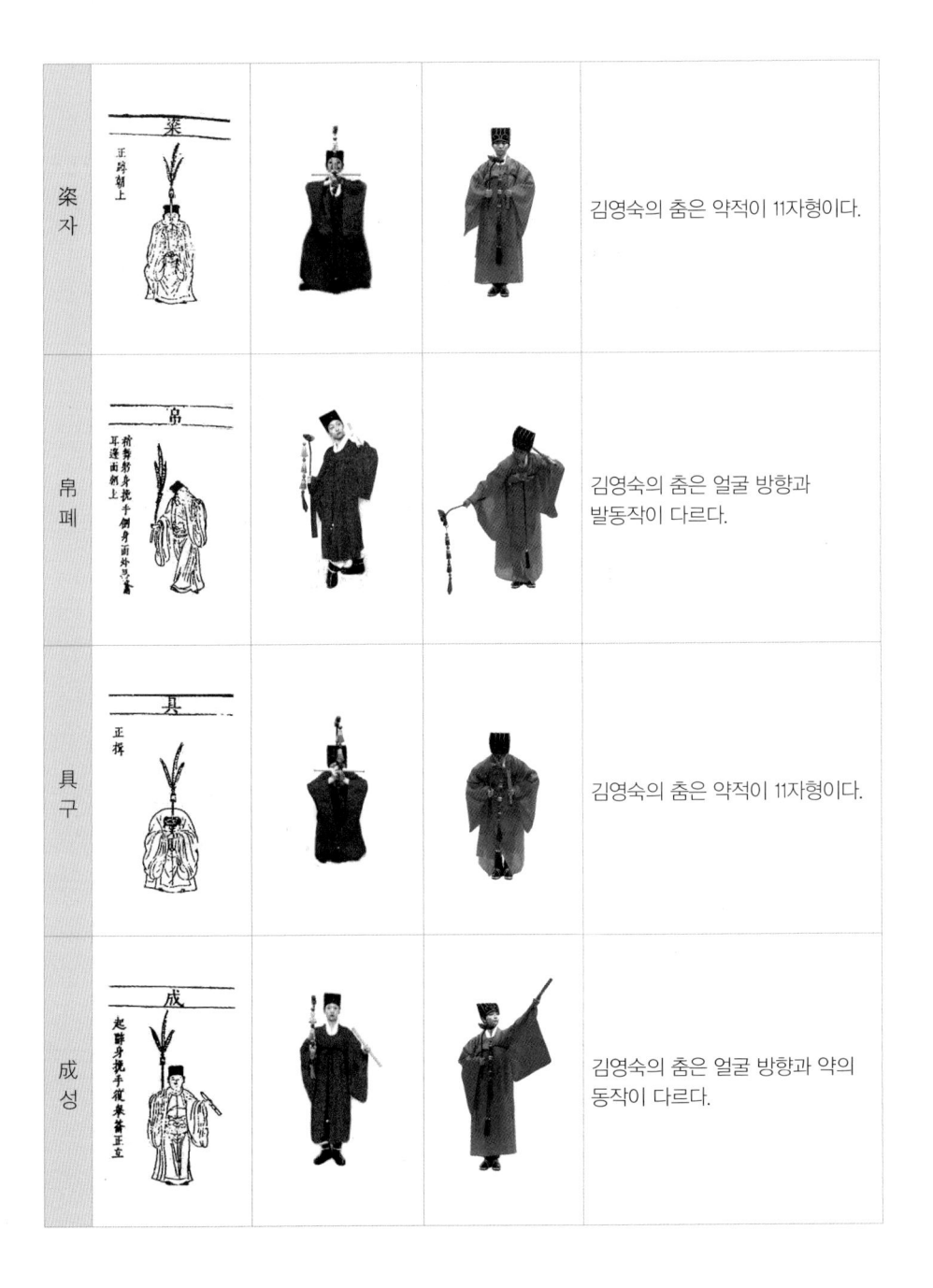

楽 자			김영숙의 춤은 약적이 11자형이다.
帛 폐			김영숙의 춤은 얼굴 방향과 발동작이 다르다.
具 구			김영숙의 춤은 약적이 11자형이다.
成 성			김영숙의 춤은 얼굴 방향과 약의 동작이 다르다.

禮 예	禮 兩兩相對交蓄兩疏供東西平挺齊		김영숙의 춤은 약적이 십자형이 아니라 나누어 들고 있다.
容 용	容 正辮朝上		김영숙의 춤은 무릎 동작이 다르고 약적이 X자형이다.
斯 사	斯 向外退揲手向來蓄外函朝上		김영숙의 춤은 몸 방향이 다르고 약의 동작이 다르다.
稱 칭	稱 回身正立		김영숙의 춤은 약적이 11자형이다.

黍 서				동일하다.
稷 직				김영숙의 춤은 무릎 동작이 다르고 약적이 X자형이다.
非 비				동일하다.
罄 형				김영숙의 춤은 약적이 11자형이다.

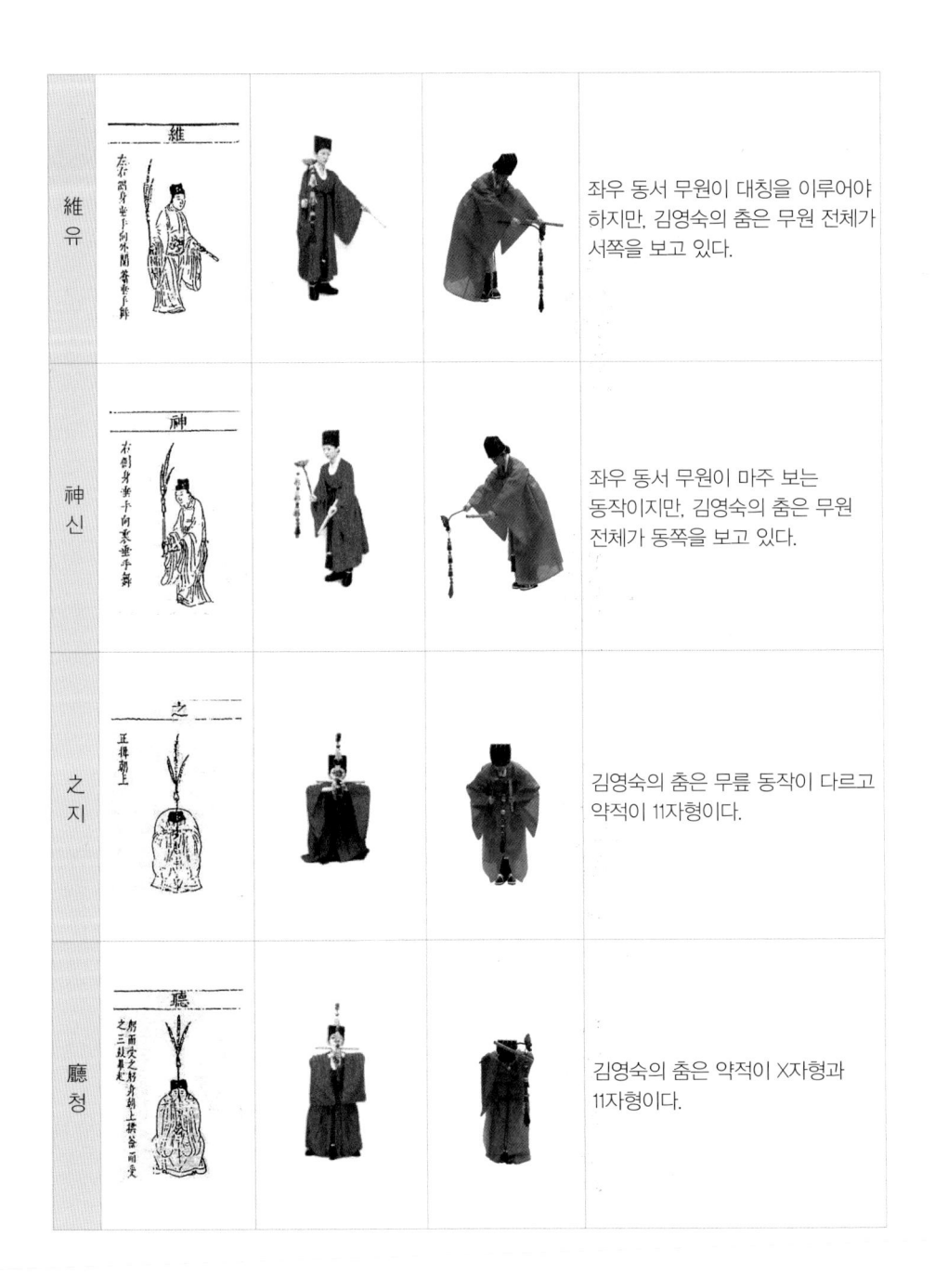

維유				좌우 동서 무원이 대칭을 이루어야 하지만, 김영숙의 춤은 무원 전체가 서쪽을 보고 있다.
神신				좌우 동서 무원이 마주 보는 동작이지만, 김영숙의 춤은 무원 전체가 동쪽을 보고 있다.
之지				김영숙의 춤은 무릎 동작이 다르고 약적이 11자형이다.
聽청				김영숙의 춤은 약적이 X자형과 11자형이다.

2. 아헌무(무무) 춤사위

악장	반궁예악전서	임학선 춤사위	김영숙 춤사위	차이점
大 대	大 亞廠舞 左右進來向外擧手舞			무보는 약적을 드는 문무이지만, 김영숙은 간척의 무무로 바꾸었다.
哉 재	哉 右向異擧手舞			약적의 문무를 간척의 무무로 바꾸었다.
聖 성	聖 向外落舞面朝上			약적의 문무를 간척의 무무로 바꾸었다.
神 신	神 通周身正立			약적의 문무를 간척의 무무로 바꾸었다.

實 실				약적의 문무를 간척의 무무로 바꾸었다.
天 천				약적의 문무를 간척의 무무로 바꾸었다.
生 생				약적의 문무를 간척의 무무로 바꾸었다.
德 덕				약적의 문무를 간척의 무무로 바꾸었다.

作작			약적의 문무를 간척의 무무로 바꾸었다.
樂악			약적의 문무를 간척의 무무로 바꾸었다.
以이			약적의 문무를 간척의 무무로 바꾸었다.
崇숭			약적의 문무를 간척의 무무로 바꾸었다.

時 시	時 補前舞列而退上下 供送平向列舞			약적의 문무를 간척의 무무로 바꾸었다.
祀 사	祀 向賢念手舞			약적의 문무를 간척의 무무로 바꾸었다.
無 무	無 合手漸退身向前執手合簧整			약적의 문무를 간척의 무무로 바꾸었다.
斁 두	斁 同身舉兩班上下東西相與合 齊立			약적의 문무를 간척의 무무로 바꾸었다.

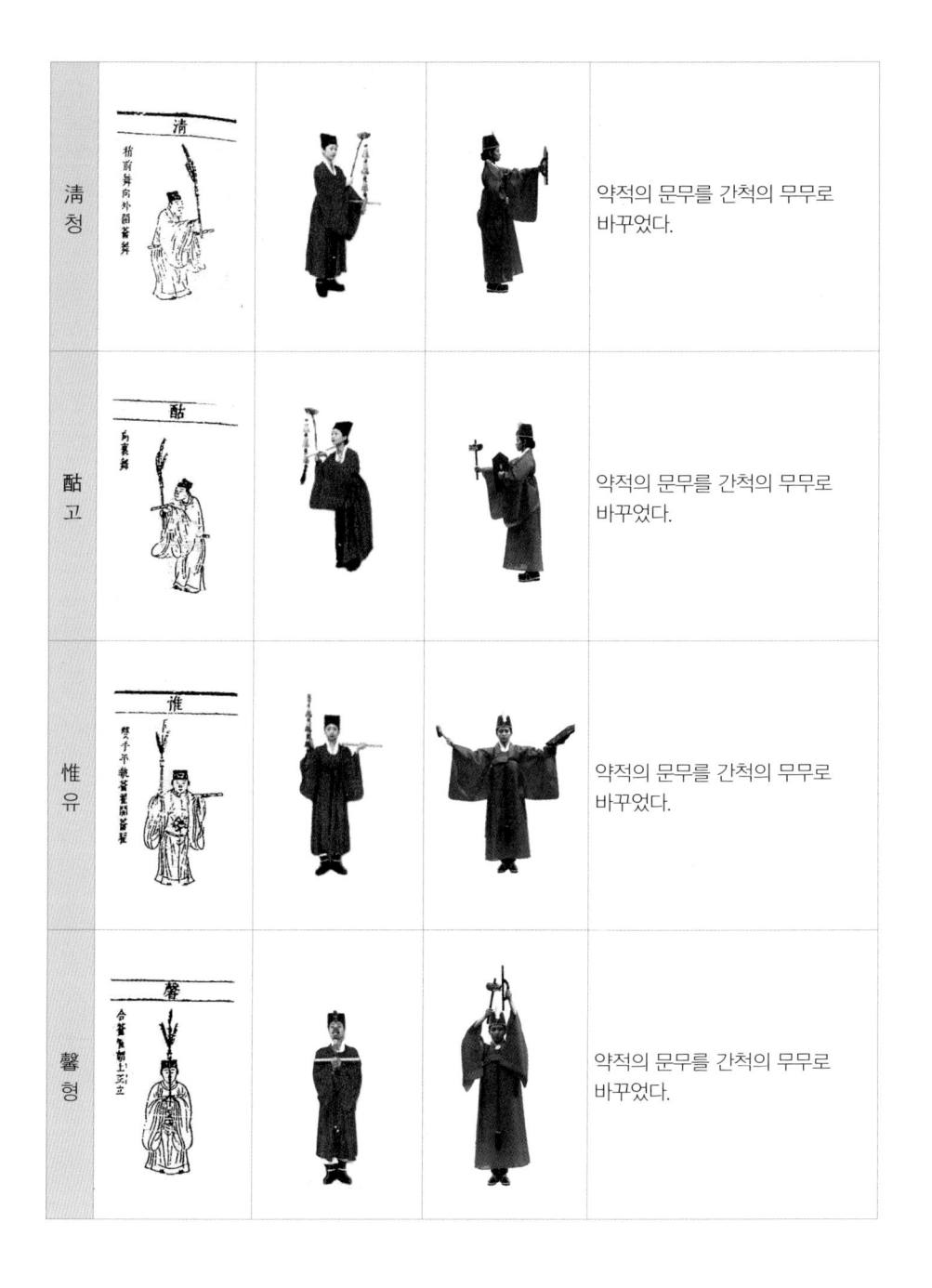

淸 청				약적의 문무를 간척의 무무로 바꾸었다.
酳 고				약적의 문무를 간척의 무무로 바꾸었다.
惟 유				약적의 문무를 간척의 무무로 바꾸었다.
馨 형				약적의 문무를 간척의 무무로 바꾸었다.

嘉 가				약적의 문무를 간척의 무무로 바꾸었다.
牲 생				약적의 문무를 간척의 무무로 바꾸었다.
孔 공				약적의 문무를 간척의 무무로 바꾸었다.
碩 석				약적의 문무를 간척의 무무로 바꾸었다.

薦 천				약적의 문무를 간척의 무무로 바꾸었다.
羞 수				약적의 문무를 간척의 무무로 바꾸었다.
神 신				약적의 문무를 간척의 무무로 바꾸었다.
明 명				약적의 문무를 간척의 무무로 바꾸었다.

庶 서				약적의 문무를 간척의 무무로 바꾸었다.
幾 기				약적의 문무를 간척의 무무로 바꾸었다.
昭 소				약적의 문무를 간척의 무무로 바꾸었다.
格 격				약적의 문무를 간척의 무무로 바꾸었다.

※ 종헌무의 춤사위는 아헌무와 대동소이하다.

Ⅳ. 김영숙과 임학선의 춤사위 비교 분석 결과

이상과 같이 『반궁예악전서』 무보와 석전대제 지정 당시 김영숙의 춤사위와 임학선의 원형 복원 춤사위를 비교해 보았다. 춤사위를 악장별로 비교해본 결과 석전대제 지정 당시의 춤사위가 대부분 무보와 다르게 변형되었음을 알수있다. 아헌무와 종헌무에서 간척을 사용하는 무무의 변모는 심각성이 더욱 여실히 드러난다. 각 악장별로 춤사위의 변모내용을 비교표에 제시하였다.

『국학예악록』과 『성문악지』에는 몸동작 용어 입지용, 무지용, 수지용, 신지용, 수지용, 족지용, 예지용, 보지용과 무구동작 집, 거, 형, 락, 공, 정, 개, 합, 수, 교, 상, 병의 동작이 술어로 제시되어 있다. 그 밖에 연구자가 무보의 한자술어 분석에서 추출한 향외와 향리, 향좌와 향우, 향전과 향상, 향동과 향서의 방향 지시 용어가 있고, 양양상대, 상향립, 양반상대, 동서상향, 동서상향, 양중반십이인, 양반상하, 양중반상하십이인 등의 춤구성 용어를 제1차 학술적 분석에서 제시 한바 있다.

문묘일무 용어에 대한 이해가 있어야 춤사위 원전술어의 분석이 가능하고, 음양의 짝을 이루는 춤사위 재현 또한 가능하다. 문무를 출 때 양손에 드는 약적은 천지(天地)를 상징하는 무구이다. 『국학예악록』과 『성문악지』에 의하면, 적과 약을 어깨에 나란히 하여 잡되(翟縱籥橫齊肩執之爲執), 적과 약을 종횡으로 놓아 서로 합해야 하고(籥翟縱橫相加爲合), 적과 약을 종횡으로 놓아 양쪽으로 나누어(籥翟縱橫兩分爲開) '십자형' 춤동작이 되어야 함을 기록하고 있다. 십자형의 춤사위는 천지인 합일을 의미하는 동작이기 때문에 땅을 상징하는 약은 반드시 수평으로 들어야 하고, 하늘을 상징하는 적은 반드시 수직으로 들어야 함을 알게 한다. 지정 당시의 기존일무가 엑스자형과 십일자형의 춤사위로 변화 된 것은 이같은 특성을 알지 못했기 때문이다.

공경·사양·겸양의 예를 나타내는 삼진삼퇴 또한 앞으로 걸어 나아가는 진보(前邁爲進)의 춤사위와 뒤로 물러서는 퇴보(後縮爲退步)에 대한 이해가 있어야만 재현이 가능한 것이다. 무보의 그림만으로는 언제 어떻게 진퇴를 행하는 것인지 알 수 없다. 때문에 한자술어의 정확한 해석을 통해 춤추는 방법을 추출해야만 한다. 연구자는 32개의 춤사위를 네 개씩 구분하여 한자술어를 해석하고 분석함으로써 세 걸음 앞으로 나아가고 네 걸음에 뒤로 물러나 공경과 사양을 나타내게 됨을 분석하였다. 기존일무가 진퇴 없이 제자리에서 방향만 바꾸면서 춤을 추는 것은 왜곡된 춤사위인 것이다.

더욱이 간척을 드는 아헌무와 종헌무는 근거문헌조차 없이 『반궁예악전서』의 문무 술어를 그대로 제시하였다. 간척을 드는 춤사위로 무리하게 바꾼 것이다. 방패는 방어를 상징하기 때문에 수직으로 세워서 들어야 하고, 도끼는 공격을 상징하기 때문에 위에서 내려치는 동작이어야 한다. 그러나 방어를 나타낼 때 도끼는 수평으로 뉘어 방패와 도끼가 '십자형'을 이루어야 한다. 무무에 대한 근거가 전혀 없었던 기존일무는 무무의 특징을 살리지 못하고 변화되었음이 확인된다.

V. 문묘일무 원형 복원의 기대와 전망

유교의 예악사상이 담긴 문묘일무는 사승이 아니라 제도로 전해지는 춤이므로 기록으로 남겨져 있다. 본 연구에서는 석전대제 지정 당시의 근거문헌 「반궁예악서」의 실체를 밝히고 「반궁예악전서」의 무보를 토대로 재현한 두 종류의 춤사위를 비교해 본 결과, 석전대제 지정 당시 김영숙의 춤사위 변모를 자세히 밝히게 되었다. 석전대제 지정 당시의 일무는 춤사위 변모가 따랐음에도 불구하고 송대의 제도를 이은 것이라 주장한다.

현재 성균관 석전대제는 『국조오례의』에 준한 의례와 조선시대의 악무를 거행하고 있다. 본 연구자는 17종의 무보 분석에 이어 추가로 수집된 『악률전서』의 무보를 분석 중이다. 이 무보에는 공격과 방어를 표현하는 춤사위가 분명하게 기록되어 있어 무무 춤사위의 원형을 파악할 수 있게 되었다. 따라서 제5차 연구에서는 조선시대 『춘관통고』와 무무의 춤사위가 유일하게 전해지는 『악률전서』의 무보에 근거하여 문묘일무를 원형으로 복원하고자 한다.

옛것을 본래의 모습대로 재현한다는 것은 결코 쉬운 일이 아니다. 그런 의미에서 오늘날까지 문묘일무를 지켜올 수 있었던 것은 원로 선생님들의 노고가 있었기에 가능한 일이었다. 그 공이 헛되지 않으려면 반드시 역사적 사실에 근거하여 그 원형을 회복해야 할 것이다. 충분한 문헌 검토와 검증을 거치는 연구는 석전학의 정립과 현대적 위상을 세우는 초석이 될 것이다.

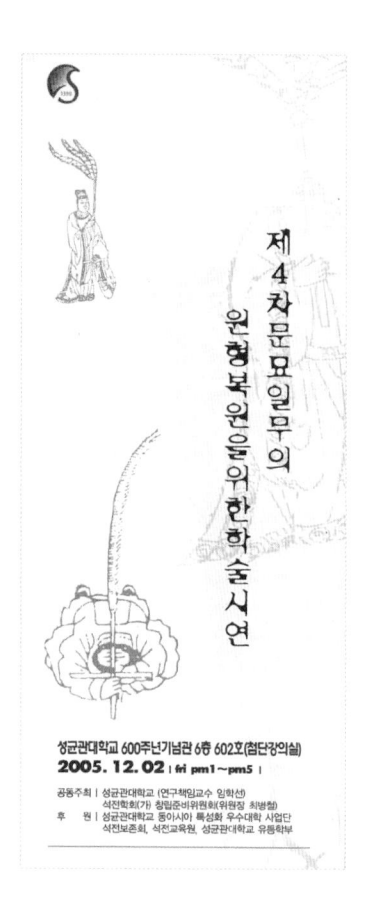

『춘관통고』 춤사위 복원 : 임학선
연구원 : 유혜진 이보름 박지선
지도 : 정향숙
『춘관통고』 춤사위 시연 : 성균관대 팔일무단
　　　　　　　　　이수빈 김수영 김이나 김연진 마리아 양하나 윤미경 정소연 제정례 채주희
　　　　　　　　　한지혜 강공지 김경은 김민희 김한나 김현정 남예림 박보민 안정은 이승혜
　　　　　　　　　우현주 전성은 권나현 김보휘 박소영 박하늬 양지현 유향임 이성인 이송하
　　　　　　　　　이정민 전수진 전진홍 조인호 최희아 홍지인

제5차
문묘일무 춤사위
원형 복원

– 『춘관통고』와 『악률전서』 무보를 중심으로 –

이 글은 "제5차 문묘일무의 원형 복원을 위한 학술시연"(2006. 9. 22)의 논문을 수정·보완한 것이다. 본 논문은 『춘관통고』와 『악률전서』에 근거하여 문묘일무의 춤사위를 원형으로 복원, 성관관대성전에서 시연하였다.

Ⅰ. 문묘일무 원형 복원 의의

문묘일무는 공자의 예악사상이 발현된 최고의 품격을 지니는 춤이다. 옛사람들은 스승을 공경의 마음으로 섬기는 것을 제일의 목표로 하였다. 하지만 오늘날 이 춤의 진정한 의미는 스승과 제자가 서로의 마음을 나누는 수수지례(授受之禮)에 있다고 본다. 문묘일무의 철학적 배경이 되는 수수지례는 본시 고대 중국의 요임금과 순임금이 황제의 자리를 물려주고 받을 때 지녔던 마음으로, 그것은 곧 공자와 그가 가장 아끼던 제자 안자가 주고받은 마음과 같은 것이라 하였다. 또한 예로부터 춤에는 가르침이 있다하여, 일무를 제례뿐만 아니라 왕세자나 귀족 자제들을 교육하기 위한 교과목으로 채택하여 문과 무의 예법을 널리 가르쳤다.

유학을 교육이념으로 하는 성균관의 유생들과 성균관대학교 학생들은 아주 오래전부터 봄과 가을 석전대제에서 일무를 춤추며 스승 공자를 추모하는 전통을 지켜왔다. 지금도 입학식과 졸업식이 있는 날에는 대성전에 나아가 공자를 비롯한 여러 스승들께 예를 올리며 가르침에 감사하고 일상에서 지켜야 할 도리를 다하고자 다짐한다. 1950년경에는 성균관대 학생들이 단과대학별로 돌아가며 석전대제에서 일무를 추었고, 1970년대까지만 해도 유학과 학생들이 석전에서 문묘일무를 추며 그 뜻을 기렸다. 그러나 1986년 석전대제의 문화재 지정 때 외부 학생들이 일무를 추는 것으로 바뀌었다.

이에 본 연구자는 문묘일무를 성균관대로 되찾아오기 위해, 매년 석전대제에 참관하였던 고(故) 김천흥 선생에게 이 사안의 중요성을 건의하게 되었다. 옛 제도대로 일무를 추는 것이 옳은 일임을 지속적으로 말하였고, 선생께서도 명분이 있음을 인정하였다. 마침내 성균관에 이를 시행해줄 것을 요청하였고, 그 결과 성균관과 성균관대학교가 2004년 석전대제와 문묘일무의 전통 보존 및 발전을 위해 협약을 체결하게 되었다. 이에 따라 성균관대 팔일무단이 그해 봄 석전대제부터 일무를 다시 추게 되었다. 석전대제 지정 이후 18년 만의 일이다. 이 같은 상황에서 2006년 문묘일무의 원형 복원을 눈앞에 두고 있어 매우 보람을 갖게 된다.

이번 제5차 연구에서 문무와 무무의 원형 복원이 가능하게 된 것은 다음 두 가지 문제가 해결되었기 때문에 성균관의 적극적인 지원하에 이루어졌다.

첫째, 무무의 무보『악률전서』를 추가로 발굴하였다.
둘째, 조선시대『춘관통고』의 춤사위가 송대로부터 이어진 것임을 입증하였다.

명대『악률전서』의 무보에서 무무 춤사위를 찾게 된 것과 문묘일무의 우리나라 유입 시기인 송대 일무 근거를 찾게 된 것은 큰 수확이었다. 무무 춤사위가 명대『악률전서』의 무보에 유일하게 남겨져 있고, 그 무보를 통해 공격과 방어의 춤사위를 구체적으로 알게 되었다. 뿐만 아니라 송대 일무가 조선시대『춘관통고』의 무보로 이어졌음을 규명하였다. 이에 대한 근거는 무보집『문묘일무보 도해』(2005)와 이론서『문묘일무의 이해』(2006)의 출간으로 원형 복원의 기반을 공고히 하게 되었다.

Ⅱ. 문묘일무 연구 성과

지난 4년 동안, 문묘일무 원형 복원을 주제로 한 학술적 연구에서 송대 일무 술어와 17종 무보 춤사위를 모두 비교·분석할 수 있었다. 그 결과 최고형 무보인『궐리지』무보의 춤사위가 일관되게 이어졌음을 확인하게 되었다. 그동안 문묘일무의 원형 복원을 위한 학술연구에서는『반궁예악전서』,『반궁예악소』,『남옹지』무보의 춤사위 재현과 시연을 통해 1986년 석전대제 지정 당시 일무의 왜곡 내용을 상세하게 분석할 수 있었다. 지정 당시 일무의 왜곡 요인을 간략하게 정리하면 다음과 같다.

첫째,「석전대제 지정조사보고서 제144호」에 제시된 것과 다르다.

둘째, 근거문헌『반궁예악서』가 불분명하다.

셋째, 춤사위의 원형을 알 수 있는 무보가 없었다.

넷째, 춤사위 한자술어해석의 오류가 있었다.

다섯째, 무무는 아무 근거 없이 임의로 창작되었다.

여섯째, 석전대제 지정 이후 원형 재정비를 위한 후속 연구가 없었다.

본 연구자는 5차에 걸친 문묘일무 분석을 진행하는 동안의 연구를 논문과 저서로 발표하였다. 연구내용은 다음과 같다.

〈표 1〉 제1차~제5차 문묘일무 원형 복원에 대한 학술적 분석

일시	논문	연구 내용
제1차 2003. 12. 29	문묘일무 춤사위 원형 연구 -『반궁예악전서』무보와 석전대제 일무를 중심으로 -	『반궁예악전서』의 춤사위를 분석 재현하고, 지정 당시의 춤사위와 비교·분석함
제2차 2005. 5. 4	『반궁예악소』춤사위 및 문묘일무 유형 분석	『반궁예악소』의 춤사위를 분석 재현하고, 무보 분석을 통해 춤사위 유형을 분석함

제3차 2005. 5. 18	송대 일무와 명대 『남옹지』 춤사위의 관계성	송대로부터 유입된 한국 문묘일무의 유래를 밝힘
제4차 2005. 12. 2	『반궁예악전서』와 김영숙·임학선의 춤사위 비교·분석	『반궁예악전서』와 지정당시의 춤사위를 비교 분석하여 변모 내용을 제시함
제5차 2006. 9. 26	문묘일무 춤사위 원형 복원 -『춘관통고』와 『악률전서』 무보를 중심으로 -	문무는 『춘관통고』, 무무는 『악률전서』에 근거하여 원형으로 복원함

〈표 2〉 2003~2006년 주요 논문 및 저서

	논문 및 출처	연구 내용
2003	『반궁예악소』의 문묘일무 춤사위 분석(대한무용학회 논문집 제36호)	『반궁예악소』 무보의 술어분석을 통해 일무 춤사위 표현기법과 특징을 추출하고 천지인 합일의 의미를 밝힘
2003	대만 불광대학 국제학술대회 한국 성균관의 문묘일무	『반궁예악전서』 무보의 춤사위를 분석함
2003	종로구청·성균관대 공동주최 『문묘일원과 석전대제』	『반궁예악전서』의 무보와 석전대제 지정 당시 일무의 춤사위를 비교·분석하여 춤사위의 왜곡을 밝힘
2003	『남옹지』의 문묘일무 춤사위 분석 (『한국무용연구』 제21집)	『남옹지』 무보의 술어분석을 통해 춤사위의 표현기 법과 특징을 추출하고 문묘일무가 음양사상과 천지 인 삼재사상에 근거한 것임을 밝힘
2004	2004 유교문화 국제학술대회 명대의 문묘일무 춤사위에 대한 고찰	명대의 무보 『궐리지』, 『남옹지』, 『황명태학지』, 『삼재도회』의 춤사위를 비교하여 춤사위가 모두 동일 계열임을 밝힘
2004	중국 곡부대학 국제학술대회 문묘일무의 역사와 무원의 편제	사료를 통해 공자의 제사에서 팔일과 육일 두 가지를 행하였던 내용을 살펴봄

2005	문묘일무의 춤사위구조 및 의미성과 상징성(대한무용 학회 논문집 제43호)	문묘일무는 삼진삼퇴를 행하는 춤으로 문무는 공경·사양·겸양을, 무무는 공격과 방어를 나타내고 있음을 파악함
2005	문묘일무보 도해 (임학선 편저)	한중 무보 17종의 춤사위를 알기 쉽게 국역한 최초의 무보집
2006	문묘일무의 이해 (임학선 저)	문묘일무의 유래에서 역사, 예악사상, 철학적 배경, 춤사위 분석, 변이 양상 등을 연구한 최초의 이론서

Ⅲ. 문묘일무 원형 복원 방향

이상과 같이 문묘일무 원형 복원을 위한 다각적인 연구 성과를 통해 고대 중국에서 유래된 일무는 원래 "춤의 이름이 아니라 여러 명의 무원들이 줄을 지어 춤추는 일무의 형식"임을 처음 밝히게 되었다. 일무의 형식이란 팔일, 육일, 사일, 이일로 사회적 신분에 따라 춤의 줄 수를 달리하였던 것을 가리킨다. 수천 년의 시대적 흐름과 더불어 왕조가 바뀔 때마다 문무와 무무를 만들어 춤의 이름을 달리하였지만 그 춤들은 모두 팔일의 형식으로 춤추었던 것이다.

동양에서 가장 오래된 춤은 주대에 확립된 육대대무이다. 최고형인 황제의 〈운문〉은 오색기를 들고 춤추는 무무이다. 그다음 무구 없이 옷소매로 춤추는 요임금의 〈함지〉, 봉소를 들고 추는 순임금의 〈대소〉, 약적을 드는 우왕의 〈대하〉는 문무이고, 깃대를 드는 탕왕의 〈대호〉와 간척을 들고 추는 무왕의 〈대무〉는 무무이다. 그리고 송대 신종의 문무와 무무가 있고, 섭방의 문무 〈화성천하지무〉와 무무 〈위가사해지무〉가 있으며, 조선시대에는 문무 〈열문지무〉와 무무 〈소무지무〉가 있다. 이와 같이 각 왕조별로 춤의 이름은 각각 다르지만 이 춤들은 모두 문무와 무무 두 종류로 대별된다. 이와 같은 춤들은 송대에 이르러 약적을 사용하는 문무와 간척을 사용하는 무무만이 남겨지게 되어 오늘의 문묘일무에 이른다.

무보를 분석해보면 문묘일무는 전통적으로 '일자일무'를 원칙으로 춤추고 있다. 음양의 원리에 따라 두 사람 혹은 두 줄씩 짝을 이루어 춤을 추는데, 이때 일무원들은 나아가고 물러나면서 서로 마주 보고 등을 지고, 안으로 돌고 밖으로 돌며, 좌로 향하고 우로 향한다. 그러나 한국의 문묘일무는 일제 강점기에 이러한 원칙이 모두 없어졌고, 1986년 석전대제 지정 당시에도 일무를 잘 알지 못해 춤사위의 왜곡을 벗어나지 못했다. 본 연구자는 이를 극복하여 치밀한 원전 고증을 거쳐 제5차 연구 "문묘일무 춤사위 원형 복원"을 확실시 할 수 있었다. 이에 다음과 같이 문무는 조선 정조대의 『춘관통고』의 무보에 근거하고, 무무는 방패와 도끼를 들고 추는 춤사위가 유일하게 전해지는 명대 주재육이 편찬한 『악률전서』의 무보에 근거하여 원형을 복원하고자 한다. 춤사위 재현은 동서 무원이 음양의 짝을 이루는 2인 구성으로 하였다.

Ⅳ. 문묘일무 춤사위 원형 복원

1.『춘관통고』에 근거한 문무 춤사위

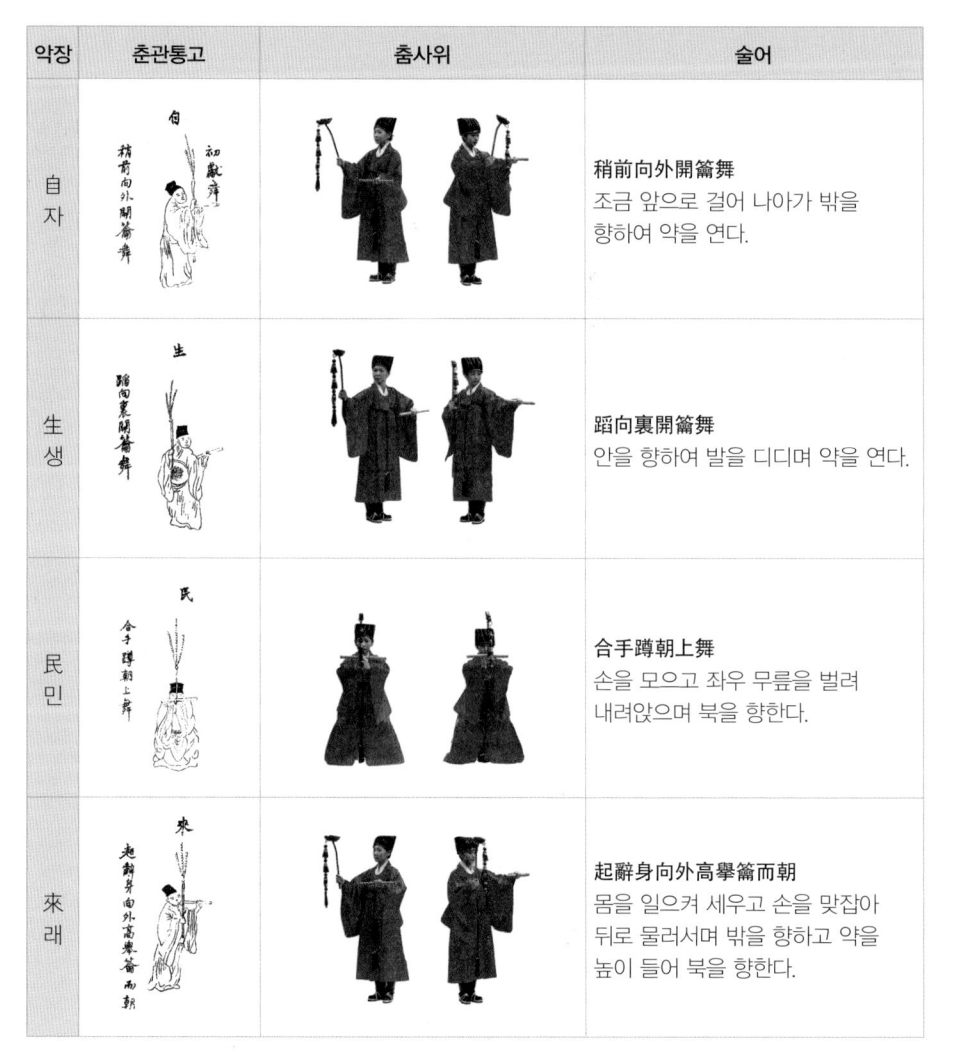

악장	춘관통고	춤사위	술어
自 자			**稍前向外開籥舞** 조금 앞으로 걸어 나아가 밖을 향하여 약을 연다.
生 생			**蹈向裏開籥舞** 안을 향하여 발을 디디며 약을 연다.
民 민			**合手蹲朝上舞** 손을 모으고 좌우 무릎을 벌려 내려앉으며 북을 향한다.
來 래			**起辭身向外高擧籥而朝** 몸을 일으켜 세우고 손을 맞잡아 뒤로 물러서며 밖을 향하고 약을 높이 들어 북을 향한다.

誰 수			**兩兩相對蹲東西相向** 두 사람이 서로 마주 보고 무릎(왼쪽) 을 꿇고 내려앉으며 동서가 서로 향한다.
底 저			**合籥轉身向外拱手出左足** 약을 합하여 몸을 돌려 밖을 향하고. 두 손을 맞잡아 왼발을 앞으로 내민다.
其 기			**正揖** 바르게 읍한다.
盛 성			**起平身出左手立** 몸을 일으켜 세우며 바르게 하고 왼손을 내밀어 선다.

維 유	維 兩兩相對自下而上東西相向		**兩兩相對自下而上東西相向** 두 사람이 서로 마주 보고 앉았다가 일어서며 동서가 서로 향한다.
師 사	師 稍前舞擧籥垂翟		**稍前舞擧籥垂翟** 조금 앞으로 걸어 나아가 움직이며 약은 들어 올리고 적은 드리운다.
神 신	神 合籥惟兩中班十二轉身俱 俱東西相向		**合籥惟兩中班十二轉身俱俱東西相向** 약을 합하고 양쪽(동서)의 가운데 32 명(2열, 4열, 5열, 7열)은 몸을 돌려 모두 동서가 서로 향한다.
明 명	明 擧翟三合籥		**擧翟三合籥** 적을 들어 올리고 약을 세 번 합한다.

度탁			**稍前向外垂手舞** 조금 앞으로 걸어 나아가 밖을 향하여 손을 아래로 드리운다.
越월			**蹈向裡垂手** 발을 안으로 향하여 디디며 손을 아래로 드리운다.
前전			**向前合手謙進步雙手合籥** 앞을 향하여 손을 모으며 공손히 걸어 나아가 양손으로 약을 합한다.
聖성			**回身再謙退步側身向外高止衡面朝上** 몸을 돌려 다시 공손하게 물러나며 몸을 옆으로 기울여 밖을 향하고, 얼굴은 옆으로 누이며 북을 향한다.

桨 자		**正蹲朝上** 좌우 무릎을 벌려 내려앉으며 북을 향한다.
帛 폐		**稍舞躬身挽手側身面外呈籥耳邊面朝上** 조금 움직여 등을 구부리고, 손을 몸 쪽으로 당기며 몸을 옆으로 기울여 얼굴은 밖을 향하며, 귓가에 약을 드리우고 얼굴은 북을 향한다.
具 구		**正揖** 바르게 읍한다.
成 성		**起辞身挽手復擧籥正立** 몸을 일으켜 뒤로 물러서며 손을 몸 쪽으로 당겨 다시 약을 들어 올리고 바르게 선다.

禮 예			**兩兩相対交籥兩班俱東西平執籥** 두 사람이 서로 마주 보며 약을 엇갈리게 잡고, 동서 모두가 약을 옆으로 뉘어 잡는다.
容 용			**正蹲朝上** 좌우 무릎을 벌려 내려앉으며 북을 향한다.
斯 사			**向外退挽手擧籥外面朝上** 밖을 향하여 물러나며 손을 몸 쪽으로 당기고, 약을 들어 밖을 향하며 얼굴은 북을 향한다.
稱 칭			**回身正立** 몸을 돌려 바르게 선다.

黍서			**稍前舞** 조금 앞으로 걸어 나아가 움직인다.
稷직			**正蹲朝上** 좌우 무릎을 벌려 내려앉으며 북을 향한다.
非비			**左右垂手兩班上下俱雙手東西相向** 좌우 양손을 아래로 드리우고, 양쪽 상하(1항, 8항)는 양손 모두 동서로 서로 향한다.
馨형			**起合手相向立** 손을 모아서 들고 서로 마주 보며 선다.

維 유			**左右側身垂手向外開籥垂手舞** 좌우는 몸을 돌려 손을 아래로 드리워 밖을 향하며 약을 열어 손을 아래로 드리운다.
神 신			**右側身垂手向裏垂手舞** 우는 몸을 돌려 손을 아래로 드리워 안을 향하며 손을 아래로 드리운다.
之 지			**正揖朝上** 바르게 읍하며 북을 향한다
廳 청			**躬而受之躬身朝上拱籥而受之三鼓畢起** 몸을 숙여 받드는 자세를 하되, 등을 구부리고 북을 향하여 약을 앞으로 바르게 들어 올리고, 북을 세 번 치면 일어난다.

2.『악률전서』에 근거한 무무 춤사위

악률전서	춤사위	술어
勢初轉轉上 非字第一春		**상전전초세(上轉轉初勢)** 상전을 위한 시작 자세 **비자제일용(非字第一春)** (비자 형태로 대칭을 이루어 행하는 첫 번째 동작) 세 걸음 앞으로 나아가 방패를 몸 옆에 세우고 도끼를 친다.
勢半轉轉上 非字第二春		**상전전반세(上轉轉半勢)** 반 바퀴 도는 자세 **비자제이용(非字第二春)** (두 번째 동작) 세 걸음 뒤로 하여 방패를 몸 앞에 세우고 도끼를 친다.
勢周轉轉上 非字第三春		**상전전주세(上轉轉周勢)** 이전 동작(반 바퀴를 돈 상태)에서 나머지 반 바퀴를 돌아오는 자세 **비자제삼용(非字第三春)** (세 번째 동작) 다시 세 걸음 앞으로 돌아와 방패를 몸 옆에 세우고 도끼를 친다.
勢過轉轉上 非字第四春		**상전전과세(上轉 轉過勢)** 앞서 갔던 곳으로 다시 가는 자세 **비자제사용(非字第四春)** (네 번째 동작) 한 걸음 뒤로 하여 방패를 몸 옆에 세우고 도끼를 허리에 둔다.

		상전전유세(上轉轉留勢) 머무르는 자세 비자제오용(非字第五春) (다섯 번째 동작) 몸을 바르게 하여 방패와 도끼를 합하고 머무른다.
		상전복도세(上轉伏睹勢) 엎드려 보는 자세 비자제육용(非字第六春) (여섯 번째 동작) 방패와 도끼를 합하고 앞으로 세 걸음 나아가 엎드려 본다.
		상전앙첨세(上轉仰瞻勢) 우러러보는 자세 비자제칠용(非字第七春) (일곱 번째 동작) 방패와 도끼를 합하고 뒤로 세 걸음 물러나 우러러본다.
		상전회고세(上轉回顧勢) 한 바퀴 돌며 사방을 살피고 좌우를 둘러보는 자세 (상전을 마무리하는 자세) 비자제팔용(非字第八春) (여덟 번째 동작) 방패와 도끼를 합하고 한 바퀴 돌아 좌우를 둘러보며 마무리한다.

勢初轉轉下 佾字第五		**하전전초세(下轉轉初勢)** 하전을 위한 시작 자세 **비자제일용(非字第一舂)** (첫 번째 동작) 세 걸음 앞으로 나아가 방패를 몸 옆에 세우고 도끼를 친다.
勢半轉轉下 佾字第二舂		**하전전반세(下轉轉半勢)** 반 바퀴 도는 자세 **비자제이용(非字第二舂)** (두 번째 동작) 세 걸음 뒤로 하여 방패를 몸 앞에 세우고 도끼를 친다.
勢周轉轉下 佾字第三舂		**하전전주세(下轉轉周勢)** 이전 동작(반 바퀴를 돈 상태)에서 나머지 반 바퀴를 돌아오는 자세 **비자제삼용(非字第三舂)** (세 번째 동작) 다시 세 걸음 앞으로 돌아와 방패를 몸 옆에 세우고 도끼를 친다.
勢過轉轉下 佾字第四舂		**하전전과세(下轉轉過勢)** 앞서 갔던 곳으로 다시 가는 자세 **비자제사용(非字第四舂)** (네 번째 동작) 한 걸음 뒤로 하여 방패를 몸 옆에 세우고 도끼를 허리에 둔다.

하전전유세(下轉轉留勢)
머무르는 자세

비자제오용(菲字第五舂)
(다섯 번째 동작)
몸을 바르게 하여 방패와 도끼를 합하고
머무른다.

하전복도세(下轉伏睹勢)
엎드려 보는 자세

비자제육용(菲字第六舂)
(여섯 번째 동작)
방패와 도끼를 합하고 앞으로 세 걸음
나아가 엎드려 본다.

하전앙첨세(下轉仰瞻勢)
우러러보는 자세

비자제칠용(菲字第七舂)
(일곱 번째 동작)
방패와 도끼를 합하고 뒤로 세 걸음 물러나
우러러본다.

하전회고세(下轉回顧勢)
흰 바퀴 돌아 좌우를 둘러보는 사세
(하전을 마무리하는 자세)

비자제팔용(菲字第八舂)
(여덟 번째 동작)
방패와 도끼를 합하고 한 바퀴 돌아 좌우를
둘러보며 마무리한다.

외전전초세(外轉轉初勢)
외전을 위한 시작 자세

비자제일용(非字第一舂)
(첫 번째 동작)
몸을 돌려 세 걸음 밖으로 나아가 방패를
몸 앞에 세우고 도끼를 허리에 둔다.

외전전반세(外轉轉半勢)
반 바퀴 도는 자세

비자제이용**(非字第二舂)**
(두 번째 동작)
몸을 돌려 안으로 세 걸음 하여 방패를
몸 옆에 세우고 도끼를 친다.

외전전주세(外轉轉周勢)
이전 동작(반 바퀴를 돈 상태)에서 나머지
반 바퀴를 돌아오는 자세

비자제삼용(非字第三舂)
(세 번째 동작)
다시 세 걸음 밖으로 나아가 방패를 몸 앞에
세우고 도끼를 친다.

외전전과세(外轉轉過勢)
앞서 갔던 곳으로 다시 가는 자세

비자제사용(非字第四舂)
(네 번째 동작)
한 걸음 뒤로 하여 방패는 몸 옆에 세우고
도끼를 친다.

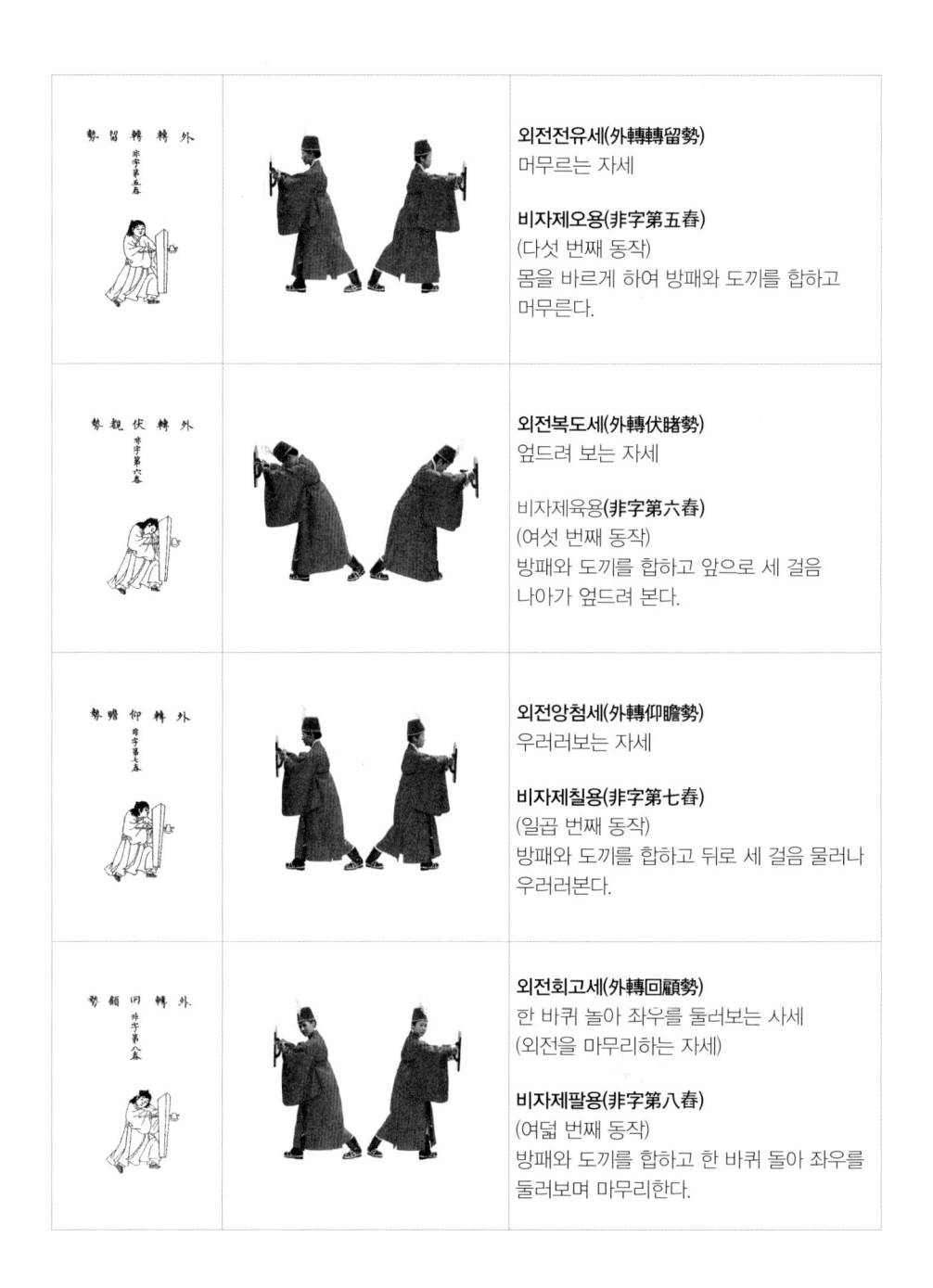

		외전전유세(外轉轉留勢) 머무르는 자세 **비자제오용(非字第五春)** (다섯 번째 동작) 몸을 바르게 하여 방패와 도끼를 합하고 머무른다.
		외전복도세(外轉伏睹勢) 엎드려 보는 자세 **비자제육용(非字第六春)** (여섯 번째 동작) 방패와 도끼를 합하고 앞으로 세 걸음 나아가 엎드려 본다.
		외전앙첨세(外轉仰瞻勢) 우러러보는 자세 **비자제칠용(非字第七春)** (일곱 번째 동작) 방패와 도끼를 합하고 뒤로 세 걸음 물러나 우러러본다.
		외전회고세(外轉回顧勢) 한 바퀴 놀아 좌우를 둘러보는 사세 (외전을 마무리하는 자세) **비자제팔용(非字第八春)** (여덟 번째 동작) 방패와 도끼를 합하고 한 바퀴 돌아 좌우를 둘러보며 마무리한다.

내전전초세(內轉轉初勢)
내전을 위한 시작 자세

비자제일용(非字第一舂)
(첫 번째 동작)
몸을 돌려 안으로 세 걸음 하여 방패를
몸 앞에 세우고 도끼를 친다.

내전전반세(內轉轉半勢)
반 바퀴 도는 자세

비자제이용(非字第二舂)
(두 번째 동작)
몸을 돌려 세 걸음 밖으로 나아가
방패를 몸 앞에 세우고 도끼를 허리에 둔다.

내전전주세(內轉轉周勢)
이전 동작(반 바퀴를 돈 상태)에서 나머지
바퀴를 돌아오는 자세

비자제삼용(非字第三舂)
(세 번째 동작)
다시 안으로 세 걸음 하여 방패를 몸 옆에
세우고 도끼를 친다.

내전전과세(內轉轉過勢)
앞서 갔던 곳으로 다시 가는 자세

비자제사용(非字第四舂)
(네 번째 동작)
한 걸음 뒤로 하여 방패를 몸 앞에 세우고
도끼를 친다.

내전전유세(內轉轉留勢)
머무르는 자세

비자제오용(菲字第五春)
(다섯 번째 동작)
몸을 바르게 하여 방패와 도끼를 합하고
머무른다.

내전복도세(內轉伏賭勢)
엎드려 보는 자세

비자제육용(菲字第六春)
(여섯 번째 동작)
방패와 도끼를 합하고 앞으로 한 걸음
나아가 엎드려 본다.

내전앙첨세(內轉仰瞻勢)
우러러보는 자세

비자제칠용(菲字第七春)
(일곱 번째 동작)
방패와 도끼를 합하고 뒤로 한 걸음 물러나
우러러본다.

내전회고세(內轉回顧勢)
한 바퀴 돌아 좌우를 둘러보는 지세
(내전을 마무리하는 자세)

비자제팔용(菲字第八春)
(여덟 번째 동작)
방패와 도끼를 합하고 한 바퀴 돌아 좌우를
둘러보며 마무리한다.

V. 문묘일무 원형 복원에 대하여

　석전대제는 1986년 11월 1일 국가무형문화재 제85호로 지정되었다. 하지만 지정 당시의 일무가 원형에서 벗어나 왜곡되었다. 문묘일무는 공자의 예악사상을 내재한 동양무용의 정수이다. 따라서 원형 복원은 반드시 유교 의례의 전승 원칙에 의거해야 하며, 그 원칙은 공자 이래로 중국과 한국이 모두 같다.

　문묘일무 원형 복원에 대한 학술적 분석의 마지막 단계인 제5차 연구에서는 그간의 성과물을 종합하여 원형 복원의 근거로 삼았다. 역사적 기록으로 남겨진 무보 분석에서는 춤사위의 원형을 찾고 춤구조를 분석하여 의미와 상징성을 추출하고 무보의 춤사위를 재현하는 것까지 연계하였으며, 문헌 연구에서는 문묘일무의 유래와 역사에서부터 춤사위의 철학적 배경과 예악사상까지 분석하였다. 무보의 춤사위 연구와 사료 분석 연구의 관련성을 비교해가면서 그 타당성을 확인하였고, 일련의 고증 복원 연구로 '한국 문묘일무의 역사적 원형 회복'을 가능케 하였다.

　본 연구자는 2003년 제1차 연구에서 밝힌 바와 같이 한국 문묘일무의 역사적 원형 회복을 위해 한·중 무보 17종과 『악률전서』를 면밀히 분석하는 연구를 하였고, 송대 일무와의 관계성을 입증하였다. 문무의 춤사위는 최고형인 명대 『궐리지』 유형의 춤사위로 일관되게 이어졌고, 그것이 청대 『반궁예악전서』와 조선시대 『춘관통고』의 무보로 이어졌음을 알 수 있었다. 무무의 춤사위를 유일하게 전하는 『악률전서』의 무보가 추가로 발굴됨에 따라 문무와 무무의 춤사위 원형 복원이 가능하였다. 문묘일무 원형 복원의 핵심은 삼진삼퇴로 공경·사양·겸양을 표하는 문무와 공격과 방어의 무무를 각각 되찾은 것이다. 이로써 지난 100여 년간 잊혀졌던 춤사위의 원형 복원을 이루게 되었고, 그 타당성을 평가하는 시연(2006. 9. 26)이 성균관 대성전에서 펼쳐졌다. 이 자리에는 성균관장(최근덕)을 비롯한 석전대제 기예능보유자(권오흥)와 성균관 관계자들이 모두 참석하여 성균관대 팔일무단의 문묘일무를 지켜보았고, 이 춤을 추기석전대제(2006. 9. 28) 봉행 시 일반에게 선보일 것을 결정하였다.

이후 본 연구자는 문묘일무를 개선해 줄 것을 성균관에 공식 요청(2007) 하였고, 성균관은 일무의 원형성 검증을 한국석전학회에 의뢰하였다. 한국석전학회는 심사위원회를 구성하여 52일간의 심사를 통해 임학선의 원형 복원 일무를 채택하여 성균관에 최종종합보고서를 제출하였다. 이에 성균관은 관련 자료를 문화재청에 송부하고 이를 심의해 줄 것을 요청(2007)하였다. 그러나 문화재청은 이에 대한 심의를 하지 않았다. 11년이 지난 2018년에 이르러 일무의 원형성 검증을 하게 된 것이다. 그에 대한 내용은 3장에서 소상히 하였다.

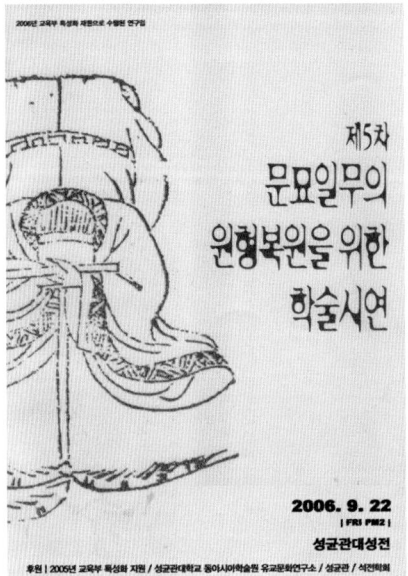

문묘일무 원형 복원 : 임학선
연구원 : 유혜진 이보름 박지선
지도 : 정항숙 김수정 노한나
「춘관통고」「악률전서」춤사위 시연 : 성균관대 팔일무단

홍은주 김향선 전민정 정항숙 박연주 김미영 유혜진 정보경 연혜진
전현진 이보름 박지선 노한나 김수정 손유정 김민정 마리아 김경은
우현주 이승혜 박보민 안정은 김민희 김주희 이주희 최나경 이엄지
강공지 전성은 권나현 우경옥 제갈숙영 김보라 박완주 박소영
이혜민 박혜연 임정아 구성아 홍지인 유향임 이송하 최희아 김우리
양지현 안초롱 남예림 송지영 심아름 조윤경 박윤지 허윤정 김주혜
선경아 박미나 백은진 박하늬 이정민 고재선 조인호 전진홍 김주빈
조윤주 전수진

"유교 제례무 '문묘일무' 원형과 달라"

임학선 성균관대 교수 "동작 잘못 전승돼"

봄가을 일 년에 두 번 거행되는 성균관 석전대제(釋奠大祭·공자와 그 제자들 및 한국의 유교 성현들에게 지내는 제사로 중요무형문화재 85호)에서 추는 유교의 전통 제례무(祭禮舞)인 문묘일무(文廟佾舞)가 전통적인 춤 원형에서 크게 벗어나 변질된 것으로 밝혀졌다.

임학선 성균관대 무용과 교수는 2일 오후 1시 성균관대 600주년기념관에서 열리는 '제4차 문묘일무의 원형 복원을 위한 학술시연'에서 발표할 예정인 '문묘일무의 어제와 오늘'이란 제목의 논문에서 "현행 문묘일무는 춤추는 방향이 달라지고 동작도 잘못돼 천지인(天地人) 합일과 음양(陰陽)의 조화란 춤의 기본 의미와 상징성을 잃어버렸다"고 지적했다.

임 교수에 따르면 문묘일무는 앞으로 세 발짝 걸어 나아가고 뒤로 세 번 물러나는 '삼진 삼퇴(三進 三退)'와 세 번 읍하고 사하며 겸하는 '삼읍 삼사 삼겸(三揖 三辭 三謙)'의 춤 구조를 이루어 공경 사양 겸손을 상징하는 것이 특징인데 현행 춤은 잘못 전승돼 제자리에서 추는 춤이 돼버렸다는 것이다.

임 교수는 '국악전집' '석전대제' '반궁예악서(頖宮禮樂書)' 등을 비교 연구한 결과 현행 96개 동작 중 93개가 틀렸다고 주장했다.

현행 문묘일무는 1980년 '반궁예악서' 등을 근거로 복원했으나 복원과정에서 문헌자료를 제대로 고증하지 않은 데다 춤술어를 임의로 해석해 엉뚱한 모습으로 재

성균관 석전대제에서 거행되는 문묘일무(文廟佾舞). 이 춤이 전통적 춤 원형에서 크게 벗어나 있는 것이 지적됐다. 동아일보 자료 사진

구성했다는 것이 임 교수의 설명이다.

또 현행 춤은 약(籥·피리)과 적(翟·꿩깃털)을 간척(干戚·방패와 도끼)으로 잘못 해석해 무공(武功)을 상징하는 무무(武舞)를 문무(文舞)로 바꾸어 무무의 위엄을 드러내지 못하고 있다는 지적이다.

최병철(청주대 교수) 성균관 교육원장은 "고증과 토의를 통해 석전의 원형이 복원돼야 한국 석전에 대한 중국의 시비가 없어져 석전이 유네스코 지정 세계문화유산으로 등재될 수 있을 것"이라고 밝혔다.

윤정국 문화전문기자 jkyoon@donga.com

2005년 12월 2일 동아일보

성균관대 무용학과 임학선 교수

"文廟 佾舞의 원형 복원은 저에게 정신문화의 복원과 같습니다"

◇ 지난 22일 대성전 앞에서 학생들에게 일무를 지도 중인 임학선 교수 (사진 金致尤 기자)

성균관의 안팎이 추기 석전준비로 한창 바빴던 지난 21일, 이번 석전에서 일무의 변형된 춤사위(춤의 모양새)가 선보일 것이라는 소식에 일무복원과 관련한 여러 개의 질문지를 하나 가득 준비해 임학선 교수의 연구실을 찾았다. 무용에 문외한인 기자에겐 질문서를 만드는 것조차 쉬운 일이 아닐 진데, 임 교수는 두 장에 걸쳐 빽빽이 나열된 글자들을 한눈에 되짚어 보고는 금세 고개를 끄덕이며 말을 잇는다. "성대에 부임해 온 1998년, 처음 일무를 접했는데, 당시 제 눈엔 단순한 제례무(祭禮舞)에 지나지 않았어요. 그런데 시간이 지나면서, 춤사위 하나하나에 인간이 지켜야 할 기본적인 예의범절이 모두 담겨

있다는 것을 알게 되었죠. 그리고 지금까지 일무의 모든 것을 밝혀내기 위해 달려왔습니다." 이러한 그의 열정은 여러 번에 걸쳐 '문묘일무의 원형 복원을 위한 학술시연' 등을 통해 소개해 관련학자들과 세간의 관심을 불러들였고, 드디어 완성된 형태의 일무를 이번 석전을 통해 시연하기에 이른 것이다.

25일, 석전대제 중에 만난 임 교수의 눈빛은 기대와 희망으로 가득해 보였다. 그는 "가장 기다리던 순간입니다. 일무의 움직임을 유심히 지켜보면 이전과 달라진 모습이 확연히 드러날 겁니다"라며 흥분된 느낌을 감추지 못했다. 문묘제례악과 함께 64명의 무용수들이 한걸음씩 발을 떼기 시작했다. 제자리에서만 가만히 추어졌던 일무의 춤사위가 앞으로 세 발짝 걸어 나아가고 뒤로 세 번 물러나는 '삼진 삼퇴(三進 三退)'와 세 번 읍하고 사하며 겸하는 '삼읍・삼사・삼겸(三揖・三辭・三謙)'의 구조를 이루어 공경・사양・겸손을 나타내는 형태로 변화된 것이다. 유교의 예를 온전히 담아내는 듯한 일무의 움직임은 흡사 조선시대의 유교정신이 부활한 듯한 모습으로 대성전 마당을 화려하게 수놓고 있었다.

지난번 임 교수가 일무에 대해 언급했던 의미들이 한 순간에 이해되는 순간이었다. 그는 다음과 같이 말했다. "일무는 춤의 명칭이 아니라 형

식입니다. 가로 세로 8명씩 64명의 무용수가 담아내는 그 움직임 속에는 조화를 강조한 동양사상의 핵심이 담겨 있습니다. 혹자는 중국의 무용을 연구한다며 손가락질을 하기도 하지만, 문묘일무를 연구하고 유럽과 동아시아 각국에 우리의 일무를 소개하는 이유는 배타주의로 점철된 오늘의 세계가 '인(仁)'의 정신으로 하나가 되기를 바라는 마음 때문입니다."

임 교수는 석전이 끝나자마자 곧바로 인천국제공항으로 향했다. 28일 중국 곡부에서 행해지는 석전대제에 참가하기 위해서라고 했다. 그는 공자를 문선왕으로 모시는 우리와 달리, 중국은 현재 공자를 선사로 모시기 때문에 8일무가 아닌 6일무를 추며, 특히 공자가 관광산업의 세계적 코드로 부각되면서 청나라 형식으로 추던 일무가 명나라 형식으로 변형될 예정이라고 했다. 떠나기 전, 중국의 일무가 동북공정을 비롯한 중국의 정치적 이슈와 연관될 점이 있는지에 대한 질문에 대해 그는 이번 곡부에서의 석전 참관 이후에나 제대로 된 발언을 할 수 있을 것이라고 말했다.

중국 석전행사에 참가 후, 일무 소개를 위해 10월 초 프랑스를 방문한다는 그의 계획표 속에는 과거부터 우리의 생활 속에 자리해 왔던 정신문화의 복원이 자리 잡은 듯 했다. 중국에서 전래받은 전통춤의 한 양식으로서가 아닌, 어진 마음으로 타인과의 조화를 중시했던 우리 유교문화의 정신이 한국의 석전일무를 통해 세계 각국에 전해지기를 간절히 바라는 마음을 그와 대화하는 내내 읽을 수 있었다. 〈安炫貞 기자〉

2006년 10월 1일 유교신문

🕮 신간안내

석전학 발전에 획기적인 이정표 세운 역작

『문묘일무의 이해』

임학선 저 / 성균관대 출판부 / 값 45,000원

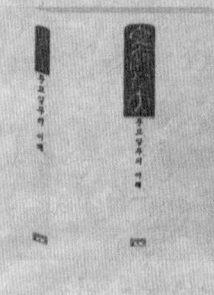

일무(佾舞)는 무엇인가? 단지 봄과 가을 석전 봉행시 성균관대성전 뜰에서 추어지는 의례적인 춤에 불과한가? 아니면 사진기자들의 후레쉬 세례를 독차지하는 선홍색 무복(舞服)의 젊고 예쁜 무용수들이 추는 볼거리에 지나지 않는가? 그 춤의 원형은 유일한 것인가? 아니라면 그 춤의 원형들은 어떤 역사적 변천과정을 거쳐 왔는가? 그 원형은 현재 추어지고 있는 일무에 어느 정도까지 남아 있고, 그 원형에 담긴 뜻은 도대체 무엇 말하는가?

이렇게 수많은 의문들이 있어 왔다. 하지만 그동안 아무도 이에 대해 공개적으로 문제를 제기하지도, 속 시원한 대답을 내놓지도 않았다.

임학선(성균관대 무용학과) 교수가 있다. 그이는 우리 춤 '공자'로 중국과 유럽 등 전세계에 문묘일무에 대한 인식을 새롭게 확산시키고 있는 주인공이다. 그이는 지난 해 가을 『문묘일무보 도해』로 학계를 놀라게 했다. 그 책에는 명대의 궐리지·남옹지 등과 청대의 반궁예악전서 등 13종, 조선시대의 춘관통고 등 4종, 모두 합해 17종의 문묘일무보가 수록되어 있다. 뿐만 아니라 일무의 모든 춤동작을 선명하게 보여주는 그림은 물론이고, 그 춤사위를 설명하는 술어가 원문과 함께 우리말로 번역되어 있다.

그런데 임학선 교수가 후속작으로 『문묘일무의 이해』를 세상에 내놓았다. 후텁지근한 장마철 무더위를 일거에 날려버리는 희소식이 아닐 수 없다. 이번에 나온 책은 그간 그 실상이 은폐되어 왔던 동양무용의 정수 문묘일무를 탈(脫)은폐시키는 지적 작업의 산물이다.

이 책은 문묘일무의 역사를 상고시대까지 거슬러 올라가 그 연원을 살피고 있다. 이어 주(周)대에 성립된 것으로 알려진 육대대무(六代大舞)와 육대소무(六代小舞), 현행 일무의 실질적인 뿌리라고 할 수 있는 송(宋)대의 문무(文舞)와 무무(武舞)의 정립 과정을 소상히 밝히고 있다. 또 명·청·조선의 문묘일무보에 전해지는 내용을 분석하여 각 무보별로 압축적으로 설명하고 있다.

특히 이 책 후반부에서는 문묘일무의 구조와 춤사위 술어, 유형 및 변이를 하나하나 실례를 통해 이론적으로 규명함으로써 '잠자고' 있던 문묘일무의 실체를 백일하에 드러내고 있다. 또한 저자는 무위사표도(舞立四表圖) 등 자칫 헷갈리기 쉬운 내용들을 모두 수많은 표와 그림으로 일목요연하게 정리하는 수고를 아끼지 않았다. 부록으로 실린 용어해설은 그만큼 더 독자들의 이해를 쉽게 한다. 그러한 공력이 지난 해 나온 『문묘일무보 도해』를 2006 문화관광부 우수 학술도서로 선정되도록 했으리라. 〈金載京 기자〉

"한국 팔일무 독창성은 文武의 조화"

2006년 7월 18일 동아일보

석전 八佾舞 固守냐 改善이냐

석전보존회, 佾舞개선안 審査 착수
개선확정시 春期釋奠에서 시행예정

올해 춘기석전에 팔일무(八佾舞)를 기존의 것으로 줄 것인지 아니면 일부 수정된 것으로 줄 것인지 여부를 놓고 석전보존회가 신중에 신중을 기하고 있다.

석전보존회는 성균관대 임학선 교수가 제안한 일무개선안을 놓고 13일까지 비공개로 3차에 걸쳐 심사를 했다. 오는 30일까지 계속 심사할 예정이다. 개선안이 심사를 통과할 경우 5월11일에 봉행되는 올해 춘기석전부터 적용된다.

석전보존회는 임학선 성균관대학교 무용학과 교수가 제안한 일무개선안 내용이 열려질 경우 파장을 일으킬 것을 고려해 내용을

비밀에 붙이고 있으나, 소식통에 의하면 기존의 틀을 유지하면서 일부 사위에 대해 수정을 하는 내용으로 알려진다.

석전보존회는 지난 2월28일 임학선 성균관대 무용학과 교수가 제출한 일무개선에 대한 심사청구를 접수한 직후 3월16일 심사위원 5명을 선정했다. 이어 이중 4명이 참석한 가운데 상견례를 포함한 1차 회의를 열었다. 30일에는 심사위원 전원이 참석한 가운데 성균관대 수선관에서 2차 회의를 열고 일무개선안의 타당성을 검토했다. 2차 회의에서는 영상자료에 의한 청구내용 설명 및 질의가 있은 뒤

김영숙 교수에게 기존 일무에 대한 문헌자료에 대한 제출협조를 통보하기로 결의했다. 3차 회의는 13일 같은 장소인 성균관대 수선관에서 열렸다. 석전보존회는 오는 30일까지 심사를 계속할 예정이다.

최병철 석전학회 회장이 심사위원장을 맡았으며 심사위원으로 전통무용 공적 대표성을 지닌 학자 또는 전문가, 유교문화 의례를 전공한 교수, 석전에 대한 전문적 견식을 지닌 학자들 가운데 서류와 구술을 통해 심사해 5명이 선정됐다.

석전보존회는 심사청구안을 시

대적 기준의 적절성, 한국적 전통과의 부합, 논리적 타당성, 사료적 근거의 적절성, 사안별 내용의 실제적 장당성 등을 중점으로 심사할 예정이라고 밝혔다.

한 관계자는 "이번 심사가 석전의례에 관한 고증과 원형복원을 위한 전례를 확립하고 유네스코지정 세계문화유산 등록을 위한 자료적 근거 마련에 일조를 할 것"이라며 "국가지정무형문화재로서 석전의례의 위상을 제고하고 성균관 및 유교전통문화에 대한 시민적 관심을 유도하는 계기가 될 것을 기대한다"고 말했다.

〈李弘喜 기자〉

2007년 4월 15일 유교신문

春期釋奠 양력 5월11일 孔夫子 忌日에 첫 奉行

原形에 가깝도록 개선된 八佾舞도 선보여 異彩

◇ 원형복원의 첫걸음을 뗀 일무가 추어지는 가운데 선성선사의 학덕을 기리는 춘기석전이 봉행되고 있다. 〈사진 金致尤 기자〉

금년부터 봉행일이 변경된 춘기석전이 공부자 탄강 2558년을 맞이해 처음으로 음력 2월 상정(上丁)일이 아니라 양력 5월11일에 봉행됐다. 또 오전 10시부터 성균관 대성전에서 봉행된 석전은 원형에 보다 가깝도록 개선된 석전일무가 문묘제례악에 맞춰 추어지는 가운데 진행됐다.

전폐례가 시작되자 초헌관 최근덕(崔根德) 성균관장이 대성지성문선왕(大成至聖文宣王: 孔夫子)을 비롯한 복성공(復聖公: 顔子)·종성공(宗聖公: 曾子)·술성공(述聖公: 子思子)·아성공(亞聖公: 孟子) 신위 앞에서 차례로 세 번 향을 피우고 헌폐(獻幣)했다. 이어 창홀에 따라 초헌례가 시작됐다. 헌관 자리로 돌아온 초헌관이 다시 알자의 인도를 받아 대성지성문선왕 신위 앞에 예제(醴齊)를 헌작했다. 이어 대축이 축문을 읽고자 초헌관이 복성공·종성공·술성공·아성공 신위에 차례대로 헌작했다. 아헌례는 아헌관 이진규(李鎭圭) 고문이 공부자를 비롯한 5성위 앞에 앙제(盎齊)를, 종헌례는 종헌관 박남호(朴楠鎬) 부관장이 5성위 앞에 청주(淸酒)를 헌작했다. 전폐례·초헌례·아헌례·종헌례·분헌례를 마치고 음복례·철변두·망예례의 순서로 석전이 거행되는 동안 대성전 내에서 진행되는 의례의 전 과정이 일대비한으로 생중계됐다.

석전은 의례와 동시에 악가무가 한데 어우러짐으로써 유교 예악의 정수를 한껏 드러냈다. 등가와 헌가에선 문묘제례악인 명안지악·성안지악·오안지악·응안지악을 국립국악원 정악단원들에 의해 번갈아 연주됐다. 또한 서무 쪽 묘정에서 성균관대 무용학과 학생들로 이루어진 무용단지도 임학선 교수이 문묘제례악에 맞춰 문무인 열문지무와 무무인 소무지무를 번갈아 추었다.

특히 일무는 종전에 제자리에서 추어졌던 것과 달리 세 번 나아가고 세 번 물러나는 보법이 적용되었다. 문무에서 무구인 약적(籥翟)을 들고 행하는 춤사위가 엑스자형과 십일자형에서 십자형으로 바뀌었다. 또한 무무 역시 간헉(干戚)을 십자형의 동작으로 바꿨으며, 무덕을 상징하는 춤답게 춤사위에 용맹스러움이 가미되었다. 석전의 모든 의식절차가 끝나자

유림 및 일반인들이 대성전 앞에 마련되었던 향소에서 경건한 마음으로 분향을 마쳤다. 일반분향이 끝나고, 대성전 뜰에서 최영갑 박사의 '심산 김창숙 선생과 유교 개혁'이란 제목으로 특강을 함으로써 춘기석전은 마무리됐다.

한편 이날 석전에는 이상득 국회부의장과 김두우 공산김씨 대종회장 및 각 종단 관계자들, 기세훈 원로회의 의장을 비롯한 유림 및 학생, 일반시민이 참여했다.

〈金載京 기자〉

文廟佾舞 심사위 林鶴璇교수 '개선안' 수용

林교수, 17종의 佾舞 관련 古文헌 고증
武舞 原形 최초로 찾아내는 성과 올려

석전일무가 27년만에 원형에 보다 가깝도록 개선되는 전기가 마련됐다. 문묘일무 개선안 심사위원회(위원장 최병철)는 임학선(성균관대 무용학과) 교수가 제출한 석전일무 개선안에 관해 심사한 결과 "임 교수의 개선안이 종래의 일무보나 원형복원을 위한 상당한 접근을 이루고 있다"고 지난 9일 발표했다.(▶관련기사 6면)

심사위원회는 임 교수가 〈송사〉, 명대의 〈궐리지와 남옹지〉, 청대의 〈반궁예악전서〉, 조선의 〈춘관통고〉 등 일무와 관련된 17종의

문헌을 조사 연구하여 소개한 일무보를 검토했다. 그 결과 석전일무의 형식과 내용이 송명청initial과 조선에 이르기까지 일관된 형태를 유지하고 있음을 발견했다고 밝혔다.

또한 위원회는 임 교수가 무무의 원형을 최초로 발견한 점을 인정하고, 그동안 문헌고증 없이 문무(文舞)를 바탕으로 새롭게 창작된 무무(武舞)가 무무의 특징을 살리지 못하고 있는 임 교수의 문제제기를 합당하다고 판정했다.

〈金載京 기자〉

공자 제사춤 '석전일무' 바로 잡았죠

임학선 성균관대 교수

가능성은 희박하지만 만일 공자가 살아난다면 그는 임학선 성균관대 교수에게 감사의 뜻을 꼭 전해야 할 것 같아 보인다. 임 교수가 공자 제사에 필요한 춤을 제대로 복원시킨 주인공이기 때문이다.

지난 5월 한국석전학회는 임 교수가 청구한 '석전일무 개선안'에 대한 타당성 심사를 벌인 결과 중요무형문화재 제85호인 성균관 석전대제의 의식무인 문묘일무가 역사적 원형을 제대로 반영하지 못했다고 인정했다.

임 교수는 "공자의 생애와 사상을 노래와 의식으로 표현한 문묘일무는 800여 년 전 중국에서 처음 전래된 것"이라며 "1980년대 당시 국립국악원 연구원들이 춤사위를 복원했는데 이는 상당수 잘못됐었다"고 말했다.

당시 연구원들이 중국 명·청나라 문헌을 임의적으로 해석해 20여 년 동안 잘못된 춤사위를 계승하고 있었던 것이다. 특히 종래의 문묘일무 속에는 삼방배 형식과 같이 일제가 만든 '이왕직 아악부'의 영향을 받은 것으로 보이는 창작무도 포함돼 있었다고 한다. 동작은 전해내려오고 있지만 관련한 이론서가 없다는 점에 의구심을 품은 임 교수는 중국을 비롯해 전국의 대학 도서관을 뒤져 문묘일무와 관련한 고서 17권을 찾아냈다.

"문묘일무와 관련한 책을 구하기 위해서 중국에 얼마나 자주 찾아갔는지 기억하기도 힘들어요. 한학 책을 읽으려니 정말 쉽지 않은 작업이었죠. 그림에 달린 설명에 어떤 철학적 의미가 담겨 있는지 확인하는 작업에만도 꼬박 3년이 걸렸어요."

한편 그는 문묘일무를 바탕으로 한 창작무용을 선보이기도 했다. 지난해 파리 유네스코 본부에서 각국 대표부 대사와 세계 문화예술인 등 1400명이 지켜보는 가운데 '공자'라는 창작무용을 발표한 것.

임 교수의 목표는 2008년 베이징 올림픽 무대에서 '공자'를 공연하는 것이라고 한다. 그는 "우리의 창작무용도 세계화에 성공할 수 있는 가능성이 있다"고 강조했다. 김철수기자

2007년 6월 22일 매일경제

"改善佾舞 宋元代 原形에 최대한 접근한 것"

석전보존회 일무심사보고대회
문화재청 비판결의문 채택도

◇ 일무삼사 보고대회에서 임학선 교수 보고중 학생들이 시연하고 있다.

金致允 기자

성균관 석전보존회는 지난 10월18일 유림회관 3층에서 석전일무 심사보고 및 유림비상대회를 열고 면밀한 심사를 거쳐 채택된 임학선 교수의 일무개선안이 2006년까지 추어온 일무보다 원형에 가까운 것임을 보고했다. 이어 일무변경을 이유로 석전에 대한 지원을 중단한 문화재청을 비판했다. 이날 석전보존회 회장이기도 한 최근덕 성균관장은 일무개선안을 제출한 임학선 교수의 공정한 심사를 거쳐 이를 석전에 공식 채택한 심사위원들을 치하했다. 그는 대학시절 석전에서 일무를 춘 자신의 경험을 회고하며 "원형을 찾는 것이 석전의 개혁이다. 일무도 원형으로 가야한다. 문화재청은 일무에 관해 간섭할 권한이 없다. 설령 민원이 들어왔다 할지라도 의례에 관한 민원은 성균관에 보내 심사를 맡겨야 한다"고 밝혔다.

심사위원장인 최병철 석전교육원장과 이장열 위원, 이상은 교수도 "2006년까지 추어왔던 일무는 사료적 근거가 부재하다. 임학선 교수가 제안한 일무개선안이 완전하지는 않지만 보다 원형에 가깝다. 현재로서는 최선이다"고 보고했다.

개선안 제출자인 임학선 교수는 시연과 더불어 일무개선안을 보고하며

"1980년에 복원돼 지난 2006년까지 석전에서 추어왔던 일무는 〈반궁예악전서〉에 빙거해 구성된 것으로 임의적 술어의 해석과 일무보의 확인이 안 된 것으로 송원대가 아닌 청나라 춤사위다"고 주장했다. 이어 "무무(武舞)는 그나마 고증문헌을 확보하지 못해 근거 없는 춤사위로 구성됐다"며 "개선안은 조선조에 〈춘관통고〉, 중국의 〈악율전서〉에 근거해 유가의 예악사상을 포함한 특별한 사위를 지닌 일무의 원형을 담보해 내고 있다"고 밝혔다.

2006년 이전의 일무고수를 주장하고 있는 김영숙 씨와 일무 변경을 이유로 석전지원을 중단한 문화재청은 이날 보고대회에 불참했다. 한편 이날 석전보존회는 ▶석전에 관한 심의 거부 ▶원대 일무원형제기 촉구 ▶직권남용 사과 ▶석전에 대한지원 재개 등 문화재청에 보내는 다섯 개의 결의안이 담긴 성명서를 채택했다.

李弘益 기자

秋期釋奠 전국에서 엄숙하게 봉행

초헌 崔根德관장, 아헌 金始曄 부관장, 종헌 金柄天 부관장
佾舞와 文廟祭禮樂 위치변경으로 집중도 높아져

▷ 지난 28일 봉행된 성균관 추기석전에서 제관들이 길을 한 뒤 대성전으로 향하고 있다. 그간 팔일무는 신도 기준 서쪽에서 진행됐지만, 이번 추기석전에는 신도 기준으로 양쪽으로 32명씩 나눠 배치했다. 송효尤 기자

지난 28일 오전 10시를 기해 성균관 문묘와 전국 대부분의 향교에서 엄숙하게 2010년도 추기석전이 봉행됐다. 화창하고 선선한 날씨 속 대성전 앞뜰은 참례객들로 가득 메워졌으며, 미국과 유럽을 비롯해 일본 등지에서 온 참례객들도 눈에 많이 띄었다.

특히 올해 추기석전은 일무와 문묘제례악의 위치가 예년과 다르게 봉행됐다. 그동안 서무 앞에서 추어지던 일무는 대성전 중앙에 위치했고 문묘제례악은 일무 뒤에서 연주됐다. 일무와 문묘제례악의 위치변경으로 제례와 무(舞), 악(樂)이 유기적으로 연결되었으며 행사의 집중도가 높아졌다. 문묘제례악을 연주한 중앙대 국악대학 학생들과 팔일무를 담당한 성균관대 무용과와 학생들은 집중력과 성의를 가지고 최선을 다했다.

이날 초헌관은 최근덕(崔根德) 성균관장, 아헌관은 김시엽(金始曄) 성균관 부관장이며, 종헌관은 김병천(金柄天) 성균관 부관장이었다. 당상집례는 황의욱(黃義旭) 성균관 상임전례위원, 당하집례는 김옥란(金玉蘭) 여성유도회 사업부장이었으며 대축은 이승목(李承穆) 성균관 전의이었다.

석전은 명안지악(明安之樂)이 울려 퍼지고 열문지무(烈文之舞)가 추어지는 가운데 초헌관이 공부자(孔夫子)와 복성공(復聖公) 안자(顏子), 종성공(宗聖公) 증자(曾子), 술성공(述聖公) 자사자(子思子), 아성공(亞聖公) 맹자(孟子)의 신위에 헌폐(獻幣)하는 전폐례(奠幣禮)로 막을 올렸다.

전폐례 다음에 초헌례(初獻禮)가 이어졌다. 공부자의 신위전 앞에 초헌관이 무릎을 꿇고 앉자 사준(司尊)이 예에 따라 울잔을 봉작(奉爵)에게 주고 봉작은 이를 초헌관에게 전달했다. 초헌관은 향훐에 따라 헌작하고 잔을 전작에게 주었으며 전작(奠爵)은 이를 신위 앞에 올렸다. 공부자 신위전 헌작에 이어 복성공, 종성공, 술성공, 아성공 순서로 헌작이 이어졌다.

초헌관이 예를 표하는 가운데 대축(大祝)은 축문을 읽었으며 이때 대성전 밖의 참례객들도 모두 일어나 예를 표했다.

초헌례가 진행되는 동안 성안지악(成安之樂)이 울리고 전폐례 때와 마찬가지로 열문지무가 추어졌으며 서안지악(舒安之樂)과 문무(文舞)가 뒤를 이었다.

초헌례에 이어 아헌례(亞獻禮)가 봉행됐다. 아헌관은 알맞게 익은 술인 앙제를 공부자, 복성공, 종성공, 술성공, 아성공 순으로 올렸다. 성안지악이 울리고 소무지무(昭武之舞)가 추어졌다. 아헌례의 뒤를 종헌례(終獻禮)였다. 종헌관은 아헌례와 같이 성안지악이 울리고 소무지무(昭武之舞)가 추어지는 가운데 공부자, 복성공, 종성공, 술성공, 아성공 순으로 헌작하며, 종헌례와 동시에 분헌례(分獻禮)도 봉행됐다.

분헌관들은 종헌관이 오성위 신위전에 차례로 헌작할 때 동서로 나뉘어 공문 10철 송조 6현과 우리나라 18현의 신위전에 차례로 헌작했다. 음복례와 변두를 거두는 뒤는 철변두가 이어졌다. 석전은 축문과 폐백을 불사르고 묻는 망예례로 1시간 반여만에 막을 내렸다.

李弘喆 기자

2010년 10월 1일 유교신문

성균관 석전 일무 복원, 문화재청은 복지부동

성균관대 유가예술문화콘텐츠연구소 팔일무단이 복원된 팔일무를 추고 있다.

지정 당시 잘못된 부분 그대로 봉행 강요
유교의 종교행사를 제멋대로 감독하려 해

공부자의 학덕을 비롯한 역대 성현의 뜻을 본받기 위해 봉행하는 성균관의 석전은 유교의 최대 축제이다. 특히 적식에 맞춰 경건하게 봉행하는 팔일무(八佾舞)는 유교의 례의 꽃으로 불린다. 석전에서만 볼 수 있는

풍광이기 때문에 춘·추기 석전 때만 되면 봉행 장면을 카메라에 담기 위한 사진작가나 기자들의 발걸음이 분주하다.

그런데 이 팔일무를 두고 다시 논란이 일고 있다. 성균관이 무형문화재 지정 당시의

잘못을 바로잡고 원형을 복원하자 문화재청이 오히려 무형문화재 지정 당시의 안무로 봉행해 달라고 요구하고 있기 때문이다.

문화재청 문화재과는 올해 추기석전 봉행 일주일 전 성균관과 (사)석전대제보존회에 공문을 보내 지정 이후 일무와 문묘제례악의 변경을 승인한 바 없다며 당시의 실연 내용을 중심으로 연행해 달라고 요청하고, 추기석전의 봉행 결과에 따라 공개행사 지

원금 지급이 중단될 수도 있다고 통보해 왔다.

이 같은 문화재청의 요청을 두고 성균관과 (사)석전대제보존회, 유림들은 문화재청이 특정인의 입장에 좌우돼 석전 일무 원형 복원을 오히려 방해하고 있다며 반발하고 있다. 심지어는 종교탄압 아니냐는 말까지 나오고 있는 실정이다.

〈2면에서 계속〉

2017년 11월 1일 유교신문

오류투성이 '무형문화재 지정조사보고서 제144호'

그 동안 성균관에서는 국가무형문화재 제85호인 성균관 석전의 일무가 문화재 지정 당시 역사적 원형을 제대로 반영하지 못했음을 계속 지적했다.

지난 2007년 한국석전학회(당시 회장은 故 최병철 성균관 교육위원)는 임학선 성균관대 무용학과 교수가 청구한 '석전일무 개선안'에 대한 타당성 심사를 벌인 결과 무형문화재 지정 당시 춤사위에 상당한 문제점이 있는 것으로 확인하고 "종래 일무 속에는 삼방배(三方拜) 형식과 같은 어느 문헌에서도 발견할 수 없는 일제가 만든 '이왕직(李王職) 아악부'의 영향을 받은 것으로 보이는 창작무도 포함돼 있다"고 말했다.

즉 무형문화재 지정 당시의 일무에는 일제에 의해 왜곡된 잔재가 들어 있어 바로잡아야 한다는 것이었다. 이왕직은 일제 강점기에 조선총독부에서 만들어 대한제국 황족의 의전과 관련 사무를 담당하던 기구다.

다음해인 2008년에는 방동민 (사)석전보존회 사무국장이 무형문화재 지정 당시 정부에 제출된 '무형문화재 지정조사보고서 제144호'의 잘못을 지적하며 원형을 복원하려는 노력에 대해 원형 훼손 운운하며 관리 감독하려는 것은 종교탄압이라고 볼 수밖에 없다고 강하게 반발했다. 당시 방동민 사무국장이 지적한 '무형문화재 지정조사보고서 제144호'의 잘못은 무려 50여 곳에 달했다.

사정이 이러함에도 무슨 이유에서인지 지적된 잘못들은 시정되지 않은 채 시간만 흘렀고 10여 년이 지난 올해 추기석전 봉행을 앞두고 다시 문제가 불거진 것이다.

석전 일무 어떻게 복원했나

우리나라의 일무 춤사위는 일제 강점 시기에 대부분 망실됐다. 일무를 담당하던 예악인들이 모두 흩어지게 됨에 따라 일무의 올바른 전승이 어려워지게 됐다. 1980년에 고(故) 성경린 선생이 일무의 춤사위를 재현해 2006년 춘기석전 석전에 추었지만, 이 역시 원형 논란에서 자유롭지 못했다.

이에 성균관에서는 한·중 문헌을 비교 연구하는 고증을 거쳐 2006년 일무의 춤사위를 원형으로 복원해 석전에서 실행하고 있다.

석전 일무의 원형 복원은 성균관대 동아시아 특성화 사업단, 유교문화연구소의 지원과 (사)중요무형문화재 제85호 석전보존회, 석전교육원, 한국석전학회의 후원으로 2003년부터 2006년까지 5차에 걸친 '문묘일무 원형복원을 위한 학술시연'을 거쳐 2006년 9월에 『존관통고』와 『악률전서』에 근거해 문무와 무무의 춤사위를 복원했다. 그리고 석전학 관계 전문가로 구성된 심사위원회의 공식심의를 거쳐 2006년에 다시 복원한 일무가 채택됐다.

석전 일무 원형 논란의 쟁점은 '삼방배(三方拜)'

석전 일무 원형 복원과 관련된 논란의 핵심은 일무 춤사위에서 '3진3퇴'의 재현 문제이다. 이와 관련해 원형을

복원한 임학선 성균관대 교수는 "조선·중국의 각종 문헌을 보면 일무를 출 때 앞으로 세 번 나아가서 공경의 예를 표하고, 뒤로 세 번 물러나 사양·겸양의 미덕을 표현한다"고 했다.

반면 문화재 지정 당시의 일무를 주장하는 일무 관련 단체의 김모 회장은 "3진3퇴를 하지 않고 제자리에서 올러서보고 굽어보며 구부렸다 폈다 하는 내용이 세종실록 등 문헌에 나오는데, 이게 바로 우리의 독자성·고유성이다"라고 했다.

그런데 문제가 된 《세종실록》의 세종 12년 경술(1430) 2월19일(경인) 기사에서 박연은 "일무의 자리는 옛날 현인의 도설을 상고해 보니 묘정의 가운데 있고, 악현의 북쪽에는 있지 않사온데 우리나라에서는 이것을 악현의 북쪽 섬돌의 남쪽에 설치하니, 이미 옛날 제도를 잃었고 또 땅이 협착해서 자리가 좁아서 앞으로 나아가고 뒤로 물러나면서 변화를 지을 도리가 없사오니 진실로 불편합니다"라고 했고, "일무를 추는 위치가 악현의 북쪽 언덕 사이에 있게 되면 나아가고 물러가는 절차를 할 수 없으니, 옛 제도에 의거하여 일무를 추는 뜰 가운데 위치를 정하여 여섯 번 변하고, 아홉 번 변하는 절차를 다하게 하시기 바랍니다"라고 했다.

세종 14년 임자(1432) 3월4일 예조에서는 박연의 말을

빌어 세종에게 아뢰었고 세종은 이를 허락했다.

1986년 문화재 지정 당시 석전 일무는 김 회장의 주장과 같이 3진3퇴가 없이 추는 일무 즉 삼방배의 형태였고 김 회장은 이의 근거로 『세종실록』의 기사를 들었다. 그러나 『세종실록』의 기사는 오히려 3진3퇴가 있다는 내용으로서 김 회장의 주장 근거가 될 수 없음은 물론, 오히려 김 회장의 주장을 부정하는 것이었다.

보고서 작성자도 '삼방배'를 부정했다

김 회장의 또 다른 근거는 자신이 '무형문화재 지정조사보고서 제144호'를 작성했던 성경린 선생으로부터 일무를 전수받았다는 것이었다.

그런데 최근 본지가 발굴한 자료를 보면 성경린 선생은 오히려 삼방배를 부정했다. 국립국악원장이었던 성경린 선생은 1972년 5월25일자 「유림월보」에 기고한 '일무금석(佾舞今昔)'이라는 글에서 다음과 같이 말했다.

"내가 佾舞版에 처음 들어선 五十年前에 文舞는 左方 中央 右方 中央 規則인 三方拜로 始終이오 武舞는 亞獻에 선 자리에서 그리고 終獻에 麾身으로 도끼로 방패(干)을 소리내어서 固定되어 있었다. 原形이 古形은 아닌 매우 單調롭고 雅拙한 佾舞로 轉落하였다는 印象이다. 宗廟의 佾舞는 宗廟祭禮의 창제와 더불어 너무 어울리는 文舞 武舞가 새로 안무되고 그 舞譜(時用舞譜)(單一本國立國樂院所藏)로 전해오고 있다. 그러나 宗廟 야악 佾舞의 정확한 舞容에 대해서는 전혀 막연하다. 《中略》佾舞의 舞容을 바로잡는 일 이것을 더는 미루지 말고 바삐 서둘러야 하겠다. 전날의 文廟의 석전이든 宗廟의 祭享에는 雅樂部의 定職 雅業手만으로 感不足되어 雅業生과 外部에서 임시로 무원을 고용하여 세우고 있었다. 그러니 自然 제대로의 춤을 익히고 춘달 수가 없다. 그래서 窮餘之策으로 그런 三方拜와 干戚을 뚝딱거리는 簡易한 舞이 案出된 것이 아닌가. 이것은 정말 하루 速히 止揚되어야 할 것이다."

삼방배가 원형이 아니며 무원이 춤을 출 수 없어 궁여지책으로 생각해 낸 게 아니냐는 성경린 선생의 이 글로 보면 성경린 선생으로부터 전수받은 삼방배가 석전 일무의 원형이라는 김 회장의 주장은 뭔가 앞뒤가 맞지 않는다.

석전 일무는 민가가 아니라 국가에서 관리하던 춤으로서 모든 절차가 나라의 법으로 정해졌고 춤사위는 예법에 따라 만든 것이기 때문에 문헌기록으로 남겨져 있음은 물론 개인이 임의로 바꿀 수 없는 것이다. 특정인의 주장 때문에 기록이 무시되고 원형이 훼손되는 사태는 이제 종식돼야 한다.

이와 관련해 방동민 (사)석전보존회 사무국장은 "석전과 관련된 모든 사항은 성균관장의 책임이며 의무이다. 즉 성균관의 제사장인 석전의 유일무이한 제사장은 성균관장이며 제사에 대한 모든 권한은 성균관장이 갖는다. 문화재청은 유교문화의 정수인 석전을 잘 전승 보존할 수 있도록 아낌없는 지원을 해야 하는 곳이다. 무형문화재라는 이유로 유교의 종교의식을 관리 감독하려는 것은 종교탄압에 다름 아니다. 더욱이 잘못된 주장으로 원형 운운하는 것은 어불성설이다"라고 일갈했다.

— 편집부

석전대제 일무 원형 논란 마무리되나,
"문화재청도 검토 의견 밝혀야"

광복 이후 1970년대까지 석전대제 일무는 성균관대 학생들이 단과대학별로 돌아가며 춤을 췄다. 이 사진은 1968년 석전대제에 참여해 일무를 춘 성균관대 약학대학 신입생들이 석전대제를 마치고 촬영한 기념사진으로, 양주향교의 남정현 유림이 일학선 성균관대 석좌교수에게 기증한 것이다.

문화재청 무형문화재과는 지난 8월9일 성균관과 (사)석전대제보존회 앞으로 공문을 보내 2018년 제9차 무형문화재위원회(9월14일 개최 예정)에 일무 검증위원회의 검토 결과를 안건으로 상정하겠다고 밝혔다.

(사)석전대제보존회는 2007년 8월 석전대제 일무의 원형을 복원해 개선된 일무의 심의를 문화재청에 공식 요청하고 별첨으로 21종의 심사 첨부자료를 보낸 지 11년만의 일이다.

성균관과 문화재청은 석전 일무 원형 문제가 계속 논란이 되자 지난해 8월28일과 10월24일 두 차례에 걸쳐 전통 계승에 최선을 다하기로 뜻을 모으고 일무 원형

고증에 적합한 전문가들을 초빙해 검증위원회를 개최하기로 합의했다.

이에 따라 성균관과 문화재청은 석전대제 일무 검증위원회를 구성해 지난해 12월20일, 올해 2월2일과 13일 회의를 개최했다.

석전대제 일무 검증위원회에는 성균관 측에서 추천한 교수 3인과 문화재청에서 추천한 전문가 3인, 참관인으로 석전대제보존회 방동민 사무국장, 신은옥 과장, 이상호 유교신문사 사장, 문화재청 담당 과장과 사무관, 주무관이 참여했다.

(사)석전대제보존회에서는 지난 5월 이와 관련해 '석전대제 일무 검증위 보고서에 대한 성균관의 입장'을 발표하고 문화재청에 원형 복원에 따른 조속한 조치를 요구했다.

반면 문화재청은 6개월이 넘도록 검증위 보고서에 대해 어떠한 입장도 내놓지 않고 지정 당시 내용대로 2018년 추기석전이 봉행될 수 있도록 협조해달라는 요구만 되풀이하고 있다.

성균관은 보고서에 대한 입장에서 "석전대제는 성균관과 전국 향교에서 봉행하는 유교의례이며, 성균관과 석전대제보존회가 원형과 행례에 대해 선택과 판단의 주체가 되어야 한다. 문화재청은 무형문화재가 잘 계승되고 보다 많은 국민이 문화적으로 향유할 수 있도록 성균관의 검증 및 석전 봉행에 협조해야 한다"고 강조했다.(▶관련기사 4면) 오현주 기자

2018년 8월 15일 유교신문

의례 훼손은 있을 수 없는 일

흔히 종교의 핵심 요소로 믿음, 의례, 공동체를 꼽는다. 신이라든가 내세관만을 우선하는 것은 과거의 서구적 종교관으로 지금의 종교 정의에 맞지 않는다.

유교 의례는 유교의 정체성을 유지하는 가장 중요한 요소다. 다른 종교가 모두 의례를 중시하는 이유도 여기에 있다. 유교 의례가 훼손되면 유교의 정체성은 무너지고 만다.

유교 의례는 삼례(三禮: 周禮, 儀禮, 禮記)에 의거해 성인(聖人)과 천자(天子)만이 만들 수 있다고 했다. 시속(時俗)에 따르는 경우도 있지만 이는 아주 특별한 경우다. 이 경우에도 전거가 분명하다. 따라서 유교 의례는 어느 한 개인이나 특정 집단이 임의로 바꿀 수 있는 것이 아니다.

그럼에도 분향의(焚香儀)·석전의(釋奠儀)·고유의(告由儀)·작헌례(酌獻禮) 등 문묘(文廟) 의례, 정위(正位)·배위(配位)·종향위(從享位) 등 문묘 봉안(奉安) 위차(位次), 복식(服飾) 등을 달리 해 유교의 정체성을 훼손하는 사례가 늘고 있다.

예를 들어 향교나 서원에서 의례 봉행 시 양복에 유건을 쓰는 경우를 흔히 볼 수 있다. 성현을 존숭(尊崇)하는 마음에 유건이라도 써야겠다며 쓴 것이겠지만 이것은 의례에 맞지 않는다. 우리나라 18현을 존숭하는 마음에 문묘 봉안 위차를 임의로 바꾸는 것 역시 마찬가지다.

의례를 둘러싼 혼란이 가중되면서 성균관에서는 2014년 1월15일 전국 유림들의 요청과 유림총회의 감사 지적에 따라 '분향례 공청회'를 연 적이 있었다.

성균관과 전국 향교, 서원 행례의 일관성을 유지하고, 엄숙한 행례(行禮)를 통한 모성지심(慕聖之心)을 제고하고자 개최된 당시 공청회에서는 전거에 의거해 분향례의 통일안을 마련했다.

당시 '분향례 공청회'에서는 성균관과 향교, 서원에서 시행하는 분향례의 오류를 지적하고 '삭망(朔望) 분향의(焚香儀)', '좌인도(左引導)', '배례(拜禮) 시 전개양수(展開兩手)', '조계승강(阼階陞降)', '섭급취족(涉級聚足) 및 좌우선족(左右先足)', '신로(神路)', '서향배(西向拜)' 등의 문제를 짚었다.

하지만 오령교도들이 성균관을 장악하고 대성전에서 영가무도를 하는 등 패악을 저지르면서 통일안 실행은 무산되고 말았다.

당시 유림 경력도 없고 유림권과 전혀 관련이 없는 인사들이 성균관 총무처의 주요 직책을 맡아 성균관을 사이비종교의 근거지로 만들려고 했고 유교 의례를 파괴하는 데 혈안이 돼 있었다.

일무와 관련해서도 성균관과 성균관대학교가 2004년 협약을 맺고 이뤄낸 일무 원형 복원 성과도 한순간에 뒤집어버려 일무 원형 논란을 가중시켰다. 이들은 문화재청이 인정하는 일무로 복원해 시행하겠다며 2004년 성균관과 성균관대학교가 체결한 교류협약서의 효력을 정지시키도 했다.

최근 유교에 무지한 인사들이 유림 조직에 들어와 유교 의례를 훼손하는 사례가 다시 되풀이되고 있다. 이들은 유교 의례 정립을 위한 노력들을 폄하하며 그런 노력들이 오히려 유교 발전에 장애가 되는 것처럼 궤변을 늘어놓기도 한다. 엄중한 조치가 필요하다.

'1980년 석전 일무' 봉행 요구는 유교에 대한 모독

성균관 석전대제보존회는 문화재청과 석전대제 일무 검증위원회를 구성해 지난 12월 20일, 올해 2월 2일과 13일 세 차례 회의를 개최했다. 그리고 9월 무형문화위원회를 열어 입장을 정리하기로 했다.

석전대제보존회가 2007년 8월 개선된 일무의 심의를 문화재청에 공식 요청하고 별첨으로 21종의 심사첨부자료를 보낸 지 11년만이다.

세 차례의 검증위원회 회의에서 양측의 전문가들은 큰 시각의 차이를 보였지만 1980년 석전 일무의 술어 해석 오류에 대해서는 모두 인정하고 있었다. 1980년 석전 일무의 술어 해석은 이제 더 이상 그 정당성을 얻기 힘들게 됐으며 도덕적으로도 적지 않은 문제점이 드러났다.

그런데 검증위원회에서는 참석자들의 어이없는 발언으로 소란이 일기도 했다. 문화재청이 추천한 한 전문가는 "문묘제례는 유교의례가 아니었으며 궁중의례였다"고 발언했다. 유림들이 들으면 기가 막힐 얘기지만 실제 전문가라는 인사가 한 말이다.

이 인사는 '문묘제례 일무 검토 의견서'에서도 "문묘제례 일무를 포함한 문묘제례(석전대제)는 본래 궁중제례의 하나였다. 유교의례가 아니었다. 일무는 궁중제례에 수반되는 궁중무용이다."라며 "현재 석전대제보존회는 문묘제례를 유교의례로 생각하고 있는 것이 문제다. 문묘제례가 유교의례라면 문묘제례악과 일무가 포함되어 있는 이유를 설명할 수 없다"라고 주장했다.

유교제사를 궁중의례라고 주장하다니 상상을 초월한 발언이다. 성균관과 전국 234개 향교에서 행하는 석전이 궁중의례라니? 그렇다면 유림들은 궁중관리인인가? 향교에서 궁중의례를 하나? 조선의 궁중예법이 유교식이라는 말은 가능해도 공자를 비롯한 성현을 모시는 유교제사를 궁중의례라고 할 수는 없다.

게다가 참관인으로 참석한 문화재청 무형문화과장은 "지금이 어느 때인데 현대를 살아가면서 중국 것인 명청시대의 의식을 왜 고집하는가"라고 말을 쏟아내 검증위원들의 지탄을 받고 회의가 중단되기도 했다.

유교 의례의 전거는 다수가 중국의 고전이다. 석전대제의 원형을 찾기 위해 근거를 찾다보면 당연히 조선의 예서뿐만 아니라 중국의 예서들을 살피게 된다. 이런 노력을 격려하기는 못할망정 중국 운운하며 격하하는 것은 유교를 조롱하는 행위다.

성균관과 유림들은 제대로 된 원형을 복원해 성현에게 부끄럽지 않은 석전을 봉행해야 한다는 일념뿐이다. 무슨 이권이 있는 것도 아니다. 유교권 최대 행사인 석전에서 일그러지고 도덕적으로도 문제가 있는 일무를 추가로 요구하는 것은 유교에 대한 모독이다.

성균관과 전승주체인 석전대제보존회가 새롭게 '석전대제 전형 연구위원회'를 구성해 지난 11여 년이 넘는 시간 동안 축적된 연구 결과들을 바탕으로 '석전 일무 원형' 논란을 종결시킬 수 있기를 바란다.

의례가 무너지면 유교가 무너진다

성균관은 유교 종단이고 총무처장은 유교 성균관의 종무를 총괄하는 조직의 책임자이다. 그런 만큼 누구보다도 성현에 대한 신실(信實)한 믿음, 교리와 의례에 대한 지식, 공동체에 대한 깊은 이해가 요구된다.

또한 성균관 총무처장이 성균관장처럼 선출직은 아니지만 그렇다고 해서 아무나 앉을 자리는 아니다. 아무리 성속(聖俗)의 구분이 없다고 해도 유림 경력도 어느 정도 있어야 하고 유교에 대해서도 이해가 있어야 한다.

그런데 유림 경력도 없고 유교를 모르는 이가 성균관 총무처장으로 임명돼 물의를 빚고 있다. 여기에 격에 맞지 않는 언행으로 파문을 더욱 확산시키고 있다.

총무처장의 자격 논란이 일자 당사자가 해명을 내놓았다. 아래의 글은 그 해명의 일부다.

"유교에 대해 잘 모른다. 유교를 잘 모르는데 안다고 해야 하는가. 유교를 알고 모르고가 중요한 게 아니라 성균관을 위해서 일을 할 수 있는 사람인지 아닌지가 총무처장의 자격을 따지는 잣대가 되어야 한다."

유교 종단 성균관의 총무처장이 유교를 몰라도 된다고 하니 기가 찰 노릇이다. 유교를 알지도 못하는데 성균관을 위해서 무슨 일을 할 수 있다는 건가.

"앞으로 성균관은 바뀌어야 하고 총헌과 재규정, 사회법규에 맞게 투명하고 합리적이고 효율적으로 운영되어야 한다는 말씀으로 설명을 대신하겠다."

이는 "나를 건드리면 성균관을 해체시켜 버리겠다"는 망언에 대한 해명이다. 자기를 건드리면 성균관을 해체시켜 버리겠다는 말이 성균관은 바뀌어야 한다는 뜻에서 나왔다는 것인데, 궤변도 이런 궤변이 없다.

지난 10월12일 성균관 업무회의에서 석전대제보존회 이사회와 부관장·전교 고유의 날짜와 시간이 겹쳐 문제가 되자 총무처장은 다음과 같이 말했다.

"이사회를 일단 열고 정회를 한 후 고유를 마치고 다시 속개하면 된다."

결국 날짜 조정 없이 10월19일 이사회와 고유례는 같은 날 열렸다. 고유 헌관이자 이사장인 성균관장은 고유를 미룬 채 석전대제보존회 사무국장 해임을 안건으로 한 이사회를 주재하고 고유를 해야 할 부관장 한 명도 이 회의에 참석했다. 그리고 이들은 이사회를 급히 마치고 대성전으로 이동해 고유례를 봉행했다.

모두 유교를 모르는 총무처장이 벌인 일이다. 고유가 뭔지, 산재·치재가 뭔지, 유교의 의례를 조금이라도 아는 사람이라면 있을 수 없는 일들이 벌어진 것이다. 성균관에서 전례가 없는 일 뿐만 아니라 지금도 입재하는 전통을 지키고 있는 향교의 유림들이라면 아연실색할 사건이다.

고유례 헌관과 고유를 올리는 부관장이 산재·치재는커녕 여기서 금지한 형살(刑殺)문서를 다루는 회의를 하고 고유를 했다. 누구보다도 유교 의례를 지켜야 할 지위에 있는 이들이 오히려 유교 의례의 기본도 모르고 무너뜨리고 있는 것이다. 이들은 자기들이 무슨 일을 저질렀는지 알지도 못한다.

유교를 모르고 자격도 없는 이가 권한을 갖고 행사하고 있으니 이런 일들이 반복되면 유교의 정체성이 뿌리부터 흔들릴 수밖에 없다. 이런 상황에서 어떻게 유교와 성균관의 앞날을 기대하겠는가.

공자께서는 "허물이 있으면 고치기를 꺼려하지 말라(過則勿憚改)"라고 하셨고, 주자는 "스스로 다스리는데 용감하지 않으면 악이 날로 성장하게 된다. 그러므로 허물이 있으면 마땅히 빨리 고쳐야 하고, 두렵거나 어렵게 여겨서 구차하게 편안히 여겨서는 안 된다"고 했다.

한눈에 알 수 있는 석전 일무 비교표

우리나라의 일무 종사위는 일제 강점 시기에 대부분 망실됐다. 일무를 담당하던 예악인들이 모두 흩어지게 됨에 따라 일무의 올바른 전승이 어려워지게 됐다. 광복 이후 1970년대까지 성균관 석전에서 일무는 성균관대학교 학생들이 단과대학별로 돌아가며 담당했고 역시 무보에 따라 일무를 췄다. 1980년 문묘 일무의 종사위를 재현됐고 2006년 춘기석전에서 성균관 석전에서 추었었다. 이 역시 자료와 검증의 한계로 원형 논란에서 자유롭지 못했다. 무형문화재 지정 당시 진개와 오류에 대해서는 지난 '석전제일 일무 검증위원회'에 참여한 위원들도 모두 인정하고 있는 사안이다. 1980년 재현한 일무와 2006년 개선된 일무는 무보의 술어해석과 종사위에서 큰 차이를 보이고 있다. 다음의 비교표에 수록된 술어해석과 종사위를 보면 무엇이 잘못되었는지 한눈에 알 수가 있다.

1.문무 종사위 비교

2. 무무 출사위 비교

	1980년 일무(김영숙)		2006년 일무(임학선)				1980년 일무(김영숙)		2006년 일무(임학선)		
樂章	1980년 일무 출사위해석	1980년 일무 출사위	2006년 근거문헌 악률전서의 무보	2006년 일무 출사위	2006년 일무 출사위해석	樂章	1980년 일무 출사위해석	1980년 일무 출사위	2006년 근거문헌 악률전서의 무보	2006년 일무 출사위	2006년 일무 출사위해석
大	左右進步外手手舞 왼손바닥는 2주기로을 오른쪽을 적실을 을 들어 가슴 가슴 대례 모은다. 한걸음 나아가며 왼쪽시렁을 향하여 수수무를 한다.		非如揖上		上揖陽始勢 상천을 위한 시작자세 非字第一春 비자행태로 대칭을 이루어 행하는 첫 번째 동작 上揖 : 북쪽양향	역	兩岸擺合自下起上 兩岸拜擺響蹲屋起立 2회씩 서로 마주하 며 하래을 굽히3가지 퇴하 권을 애체일무 터 앞 바깥 위로 들 어올린다. 왼손 가슴 가운데 둔다		告如揖上		上揖陽始勢 상천을 위한 시작자세 非字第一春 비자행태로 대칭을 이루어 행하는 첫 번째 동작 下揖 : 남쪽양향
和	右向裏手手舞 왼쪽(동쪽을 향하여 수수무를 한다.		告如揖上		上揖陽半勢 반 바퀴 도는 자세 非字第二春 비자행태로 대칭을 이루어 행하는 두 번째 동작	累	上下俱垂手 信兩小擺上下十二人俱垂手鶴身東西 相向 중간의 2행은 동서 로 마주하고 수수무(手手舞)를 추며, 나머지는 앞으로 수수무를 한다.		合手舞上二		下揖轉半勢 반 바퀴 도는 자세 非字第二春 비자행태로 대칭을 이루어 행하는 두 번째 동작
聖	向外落盖頭相上 왼손(왼 가슴 앞 바깥) 애체로 내려뜨며 얼굴은 위를 향한다.		合如揖上		上揖陽相勢 반 바퀴를 돌아오는 자세 非字第三春 비자행태로 대칭을 이루어 행하는 세 번째 동작	仁	鶴身東西相向立 왼손 마주하고 견체 은 가슴에 모은다.		合如揖上		下揖轉相勢 반 바퀴를 돌아오는 자세 非字第三春 비자행태로 대칭을 이루어 행하는 세 번째 동작
林	翻體修正立 한걸음을 물러서며 두 손을 가슴에 모아 바로 선다.		告如揖丁		上揖陽還勢 앞서 갔던 곳으로 다시 가는 자세 非字第四春 비자행태로 대칭을 이루어 행하는 네 번째 동작	保	相向立 兩相上下以變相向 왼손上下 相向 견체 을 마주 친다.		告如揖丁		下揖轉還勢 앞서 갔던 곳으로 다시 가는 자세 非字第四春 비자행태로 대칭을 이루어 행하는 네 번째 동작
寶	正舞合首 (두 손을 가슴에 모은 채로) 무릎을 굽힌다.		告合揖上		上揖陽留勢 머무르는 자세 非字第五春 비자행태로 대칭을 이루어 행하는 다섯 번째 동작	時	稽首舞 拜擺相上下 俱垂手向外舞 첫째와 셋째는 왼쪽(서쪽)으로 수하고 나머지는 견적을 십자로 모아 가슴 앞쪽으로 든다.		告合揖上		上揖陽留勢 머무르는 자세 非字第五春 비자행태로 대칭을 이루어 행하는 다섯 번째 동작
天	起身向前翻向外舞 몸을 피며 앞은을 앞으로 피며 왼쪽을 향한다.		告起伏揖上		上揖陽隨勢 엎드려 보는 자세 非字第六春 비자행태로 대칭을 이루어 행하는 여섯 번째 동작	祀	向前垂手舞 다리어 오른쪽(동쪽)으로 수수무를 한다.		告起伏揖丁		上揖陽隨勢 엎드려 보는 자세 非字第六春 비자행태로 대칭을 이루어 행하는 여섯 번째 동작
生	向裏舞 오른손(成)을 앞으로 향하며 오른쪽으로 향한다.		告仰如揖上		上揖陽仰勢 우러러 보는 자세 非字第七春 비자행태로 대칭을 이루어 행하는 일곱 번째 동작	無	垂手鶴進步 向前垂手合首蹲 앞쪽으로 한걸음을 나가서며 견체를 마주 친다.		告仰如揖上		上揖陽仰勢 우러러 보는 자세 非字第七春 비자행태로 대칭을 이루어 행하는 일곱 번째 동작
祚	垂手鶴進步 向前垂手合首蹲 앞으로 한걸음 나가며 두 손을 머리 위에서 마주 친다.		告仰如揖上		上揖陽回勢 한 바퀴 돌려 돌려보는 자세 非字第八春 비자행태로 대칭을 이루어 행하는 여덟 번째 동작	敎	回身再蹲兩相上下 東西俱合首蹲立 신체를 가슴 앞에 모아 내리고, 첫 행과 끝 행은 동쪽과 서쪽으로 마주 친다.		告回如揖丁		上揖陽回勢 한 바퀴 돌려 돌려보는 자세 非字第八春 비자행태로 대칭을 이루어 행하는 여덟 번째 동작

무형문화재위원회, '1980년 석전 (釋奠) 일무(佾舞)' 잘못됐다 결론

문화재청 무형문화재위원회는 지난 9월14일 제9차 회의를 열고 '석전대제 일무 관련 검증위원회' 검증 결과를 안건으로 상정해 검토한 결과 '1980년 석전 일무'가 잘못됐다며 더 늦기 전에 바꿔야 한다고 의견을 모은 것으로 전해졌다.

이에 앞서 문화재청 무형문화재과와 석전대제 전승주체인 (사)국가무형문화재 석전대제보존회(이하 '석전대제보존회')는 지난해 12월20일, 올해 2월2일과 13일 모두 3차에 걸쳐 '석전대제 일무 관련 검증위원회'를 개최한 바 있다.

이는 석전대제보존회가 2007년 8월 석전 일무의 원형을 복원해 개선된 일무의 심의를 문화재청에 공식 요청하고 별첨으로 21종의 심사 첨부자료를 보낸 지 11년만의 일이다.

이제라도 잘못된 '1980년 석전 일무'를 바로잡고 원형을 복원할 수 있게 된 것은 다행이라고 해야 할 일이나, '석전 일무'의 원형을 제대로 복원하기 위해서는 앞으로도 넘어야 할 산이 많아 보인다.

이 소식이 전해지자 유림들은 지난 11년간 '거짓을 은폐하고 사실을 왜곡시킨 것은 유교를 모독했다는 점에서 묵과할 수 없는 일이라고 목소리를 높였다.

성균관 대의원 A 유림은 "'1980년 석전 일무'는 이미 틀렸다고 확인된 이상 석전대제에서 춰서는 안 되는 춤이다. 석전대제에서 이 춤을 추는 것은 조상 제사에 일부러 상한 음식을 올리는 것과 같다. 제사상에 상한 음식, 더욱이 상한 것임을 알면서도 올린다면 과연 조상이 흠향하겠는가. 있을 수 없는 일이다"라고 말했다.

편집부

2018년 10월 1일 유교신문

'석전 일무' 논란 11년, 그 동안 무슨 일이 있었나 ①

"국립국악원 궁중무용무보 13집 『아악일무보』의 진실 (I)"

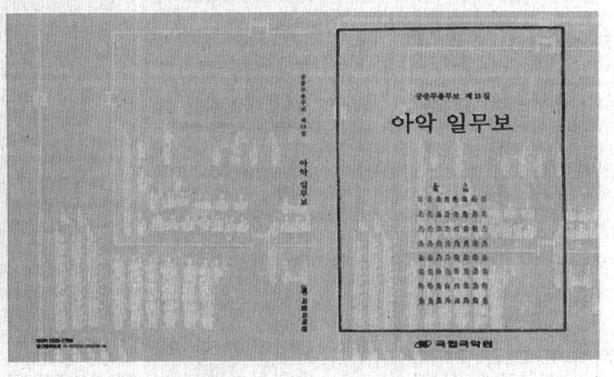

A 씨의 남편 B 씨가 국립국악원장 재직 시 발행한 『아악일무보』 표지

성균관과 (사)국가무형문화재 석전대제보존회(이하 '석전대제보존회')에서는 A 씨가 성경린, 김가수 등의 구술과 지도로 원형을 복원했다고 한 '1980년 석전 일무'의 문제점이 확인되자 2003년 원형 복원 작업에 들어갔다.

석전 일무의 원형 복원은 성균관대 동아시아 특성화 사업단, 유교문화연구소의 지원과 (사)국가무형문화재 석전대제보존회, 석전교육원, 한국석전학회의 후원으로 2003년부터 2006년까지 5차에 걸친 "문묘일무 원형복원을 위한 학술시연"을 거쳐 2006년 9월 『춘관통고』와 『악학궤서』에 근거해 문무와 무무의 춤사위를 복원했다.

그리고 석전학 관계 전문가로 구성된 심사위원회의 공식심의를 거쳐 2006년 다시 복원한 석전 일무가 채택됐다.

석전대제보존회는 이 같은 결과를 바탕으로 2007년 8월 석전 일무의 원형을 복원해 개선한 일무의 심의를 문화재청에 공식 요청하고 별첨으로 21종의 심사 첨부자료를 보냈다.

하지만 문화재청 무형문화재과는 "종전 일무와 개선된 일무가 대립되고 있는 바, 일무의 원형 관련 논란이 해소되기 전까지는 종전대로 시행해 달라"는 입장만 되풀이하면서 11년이라는 시간이 흘렀다.

지난 9월14일 '1980년 석전 일무가 잘못됐다'고 한 무형문화재위원회의 제9차 회의 결과를 떠나서 실제 '1980년 석전 일무'는 원형이 아니라 창작무라고 할 수밖에 없는 춤이다.

그럼에도 지난 11년 동안 이러한 사실을 은폐하고 무리한 주장으로 이를 합리화하려는 시도가 계속 있어 왔다. 그 동안 도대체 무슨 일이 있었는지 하나 하나 살펴봤다.

'1980년 석전 일무'의 문제점 은폐가 어떻게 11년 동안이나 지속될 수 있었는지 그 이유를 유추해 볼 수 있는 상징적인 사건이 2009년 벌어진다.

국립국악원에서는 2009년 궁중무용무보 제13집으로 170여 쪽의 『아악일무보』를 펴냈고, 이 책의 발행인은 당시 국립국악원장으로 있던 B 씨였다.

이 『아악일무보』는 '1980년 석전 일무'에 대한 라바노테이션, 그리고 국립국악원 학예연구관 C 씨와 A 씨의 글을 싣고 있다.

이 시기는 이미 A 씨의 '1980년 석전 일무'가 잘못되었음이 확인되고, 석전대제보존회가 석전대제 일무의 원형을 복원해 개선한 일무의 심의를 문화재청에 공식 요청하고 2년여의 시간이 지난 때였다.

그런데 『아악일무보』의 발행인인 B 씨는 A 씨의 남편이다. 아내인 A 씨의 '1980년 석전 일무'의 문제점을 은폐하기 위해 국가기관인 국립국악원장의 지위를 이용했다는 의혹을 받을 수밖에 없는 일이다.

이외에도 B 씨와 A 씨는 아트컴퍼라는 회사의 대표를 번갈아 맡으면서 문화 관련 각종 사업들을 진행했다. 현재 아트컴판의 대표는 B 씨로 되어 있으며, 전시, 컨벤션 및 행사 대행업을 하는 기업으로 소개돼 있다.

더 큰 문제는 A 씨가 대표를 맡고 있는 (사)아악일무보존회다. 문화재청의 비영리법인현황 내용을 보면 소관부서는 무형문화재과이고 설립일은 2015년 9월8일로 되어 있다. 이 법인은 민법 제32조와 「문화체육관광부및문화재청소관비영리법인의설립및감독에관한규칙」 제4조에 의거 설립허가된 것으로 나와 있다.

그런데 '아악일무'는 '석전 일무'의 다른 말이고, '석전 일무'가 포함된 국가무형문화재 제85호 석전대제의 전승주체는 (사)국가무형문화재 석전대제보존회이다.

아악일무보존회의 홈페이지를 보면 설립목적이 '아악제례일무의 보존, 전승과 보급 선양에 기여'라고 되어 있다.

주요사업으로는 '1. 아악제례일무의 원형 보존 및 전승과 창조적 계승 2. 환구제례일무의 복원 발표 및 전승과 창조적 계승 3. 고려왕실제례일무의 원형 보존과 전승과 창조적 계승 4. 아악제례일무의 국내외 공연개최와 마케팅 5. 아악제례일무 관련 학술회의 및 무보 영상 연구자료 출간 6. 아악제례일무의 국제적 상호교류확대 7. 후계자 양성을 위한 기예능의 전수교육과 지원 및 육성' 등으로 되어 있다.

이를 보면 마치 아악일무보존회가 '석전 일무'의 전승주체인 것처럼 되어 있지만 아악일무보존회는 전승주체도 아니고 위와 같은 사업들을 할 수도 없고 해서도 안 된다.

무형문화재과는 아악일무보존회를 이 같은 설립목적과 사업내용으로 법인 설립을 허가해서는 안 되는 일이었다.

(계속)

가짜 일무 강요는 유교와 유림에 대한 모독이다

공개행사 지원금으로 성균관 조종하려 해
모성지심 없어 유교 팔아먹는 자도 문제

불공정한 무형문화재 행정, 국민청원에 올랐다

원형을 복원한 2017년 추기석전의 일무

2019년 춘기석전의 거짓 일무

지난 4월8일 청와대 국민청원 홈페이지에는 "종묘제례악의 정체성을 원상복구하여 후손에게 물려주자 - 민족의 얼과 혼을 되살리자 -"라는 제목의 국민청원이 올라왔다.

'거짓 석전 일무의 일제 잔재' 청산을 가로막고 있는 문화재청의 무형문화재 행정이 이제는 국민청원에까지 오른 것이다.

이처럼 석전 일무 원형 논란에서부터 불공정한 승무·살풀이춤·태평무 무형문화재 보유자 인정심사와 종묘제례악 정체성 문제까지 문화재청의 무형문화재 행정이 연일 문제가 되면서 무형문화재 제도의 기본 취지를 다시 돌아봐야 한다는 문화계의 목소리가 높아지고 있다.

문제가 되고 있는 일련의 사건들은 모두 어제 오늘의 일이 아니다. 최근 다시 불거진 승무·살풀이춤·태평무 사건도 2015년 문화재청의 불공정한 무형문화재 보유자 인정심사에서부터 시작됐다.

그런데 4년이 지난 지금 문화재청이 다시 인정조사 재심사를 통해 보유자를 선정하겠다고 하면서 문제가 촉발됐다.

무용계에서는 또다시 예술원 회원과 전·현직 교수들이 비상대책위원회를 구성해 지난 4월1일 문화재청의 무형문화재 보유자 선정 강행을 규탄하는 성명서도 발표했다.

문화재청장이 바뀌고 개혁을 하겠다고 해도 달라지는 게 없다는 데는 그만큼 이권으로 뭉친 문화 카르텔이 공고하기 때문이다.

무형문화재 제도의 기본 취지를 망각한 문화재청 관계자의 인식도 큰 문제로 지적되고 있다.

이갑배 무형문화재과장은 석전 일무 원형 논란이 일자 검증위원회에서 "지금이 어느 때인데 중국 것인 명·청 시대의 의식을 왜 고집하는가"라며 망언을 해 지탄을 받은 바 있다. 자기 스승이 일제의 잔재라고 했던 것까지 부정하며 일제의 잔재를 오히려 우리의 전통이라고 왜곡하는 특정인사를 옹호하면서 나온 말이었다.

이번 승무·살풀이춤·태평무 사건에서 이갑배 무형문화재과장의 부적절한 발언은 또 다시 되풀이됐다.

이 같은 발언이 전해지자 전문가들은 "원형보존 및 정통성 계승이라는 무형문화재 제도의 기본 취지를 망각한 매우 위험한 인식이다"라고 비판했다.

올해는 3.1운동 100주년이 되는 해이다. 100주년을 맞아 대통령을 비롯해 많은 사람들이 미래 100년으로 나아가자고 한다. 그런데 미래 100년으로 나아가기 위해서는 두 가지가 전제되어야 한다.

첫째는 일제의 잔재를 제대로 청산하고, 둘째는 일제에 의해 왜곡된 민족정신의 정수를 회복하고 보존하는 것이다.

태평무 사태와 관련해 전문가들은 문화의 혼과 얼이 망실됐다고 탄식하고 있다. 석전 일무도 마찬가지다. 문화재청은 오히려 일제 잔재의 청산을 가로막고 원형 복원을 방해하고 있다.

태평무 사태와 석전 일무 원형 복원 논란의 본질은 다를 게 없다. 무지에서 비롯된 야만이 자행하는 무형문화재 행정에서 비롯됐는 점이다. 적폐 청산, 적폐 청산 하지만 실제로는 말로만 그치고 있다. 이상호 / 발행인

2019년 4월 15일 유교신문

유교신문 창간 50주년 기념식 개최

'2019 국제석전학술대회'도 함께 열려
성균관 일무와 곡부공묘 일무 동시 시연

한국 성균관의 문묘일무(2006년 임학선 복원/성균관대 문행석좌교수)　　중국 곡부공묘의 문묘일무(2009년 이문광 복원/산동성 제공대전 전승자)　　(사진=강일권 기자)

유교신문사(대표 이상호)는 지난 4월27일 오전 11시 성균관대 경영관 지하 1층 대강의실에서 유교신문 창간 50주년 기념식을 거행했다.

이와 함께 유교신문 창간 50주년, 성균관대 유가예술문화콘텐츠연구소 창설 7주년을 기념하는 '2019 국제석전학술대회'도 열렸다.

2019 국제석전학술대회'는 유교신문사와 성균관대 유가예술문화콘텐츠연구소(소장 임학선), 국제석전학회(이사장 하연순)가 공동 주최하는 대회로 26일부터 27일까지 이틀 간 한국을 비롯해 중국과 대만의 석전과 일무에 대해 다양한 내용의 학술발표와 토론이 이어졌다.

26일 오후 5시 서울 방배동 두리춤터에서 열린 '2019 국제석전학술대회' 전야제 행사에서는 박자은 성균관대 유가예술문화콘텐츠연구소 수석연구원의 사회와 임학선 교수의 설명으로 한국 성균관의 문묘일무(2006년 임학선 복원/성균관대 문행석좌교수)와 중국 곡부공묘의 문묘일무(2009년 이문광 복원/산동성 제공대전 전승자)를 차례로 시연해 양국 일무의 특징과 차이점을 직접 느낄 수 있는 기회를 제공했다.

1부 일무 공연에 이어 2부에서는 '동아시아 일무의 현황과 과제'를 주제로 좌담회가 진행됐다.

좌담회는 이상호 유교신문사 대표가 좌장을 맡고 임학선 성균관대 문행석좌교수, 공상림(孔祥林) 중국공자연구원 부원장, 이가상(李家相) 대만 불광대 교수, 이작

연(李學蓮) 싱가폴국립대 교수, 이상은 상지대 중국학과 교수, 윤덕경 서원대 명예교수, 임태승 성대 동아시아학술원 교수와 유혜진·이보름·박지선·정향숙·이성결·백로성대 문묘일무전공 박사가 참가했다.

이상호 대표의 일무의 원형 복원과 일제 잔재 청산의 문제에 관한 모두 발언으로 시작된 좌담회에서는 한국·중국·대만의 문묘일무 시행 현황, 원형성의 근거·문헌과 무보, 삼국 문묘일무의 특징·공통점과 차이점, 문묘일무 교육 및 전승, 지금까지 문묘일무 연구의 주제와 진행 상황 등에 대해 의견을 나눴다.

좌담회 참가자들은 물론 청중들도 한국과 중국의 문묘일무를 한자리에서 볼 수 있는 흔치않은 기회를 얻게 된 것에 대

해 임학선 교수에게 감사를 표하며 질의응답의 시간도 가졌다.

27일에는 오전 11시 성균관대학교 경영관 지하 1층 대강의실에서 유교신문 창간 50주년 기념식을 거행했다.

박자숙 연구원이 진행을 맡은 이날 행사에는 손진우 성균관 수석부관장을 비롯해 박철수 성균관 원임 부관장, 조남철 원임 경기도향교재단 이사장과 정경진 경기도전교협의회 회장, 박창훈 천안향교 전교 및 유림, 임학선 성균관대 문행석좌교수, 최영good (재)성균관 상무이사, 공자문화센터 전춘화 교수, 유교신문 전국 주재기자협의회 심동섭 회장과 기자단, 성균관대 유가예술문화콘텐츠연구소 연구원 등 120여 명이 참석했다. 〈3면에 계속〉

'석전 일무 원형 복원'은 일제 잔재 청산의 역사적 과제

이성호 / 유교신문사 대표

I

올해는 3.1운동 100주년이 되는 해입니다. 1919년 3월 1일부터 수개월에 걸쳐 벌어진 3.1운동은 우리 민족뿐만 아니라 세계사적으로도 커다란 의의를 갖는 사건이었습니다.

3.1운동 100주년을 맞아 미래 100년으로 나가자며 국가·사회적으로 다양한 사업들이 추진되고 있습니다. 사회 각계에서는 앞으로 100년의 미래까지 3.1운동의 정신을 온전히 잇는 것이 우리의 사명이라고 선언했습니다.

그런데 미래 100년으로 나아가기 위해서는 두 가지가 전제되어야 합니다. 첫째는 일제의 잔재를 제대로 청산하고, 둘째는 일제에 의해 왜곡된 민족정신의 정수를 회복하고 보존하는 것입니다.

여전히 우리 사회에 어두운 그림자를 드리우고 있는 일제 잔재의 청산은 우리 역사를 바로잡는 것일 뿐만 아니라 한국유교사를 바로잡는 일이기도 합니다.

한국유교사에서 근대와유교사는 반칸으로 남겨져 있습니다. 3.1운동 이후 유교인의 시대사적 역할에 대해서는 그다지 언급이 없습니다. 해방 정국과 제1공화국의 여러 정치 파동, 4.19혁명 등에서 유교인 역할은 제대로 조명을 받지 못하고 있습니다.

여기에는 여러 이유가 있겠지만 그 중에서도 해방 이후 제1공화국 기간 동안 유교 종단을 장악한 친일 유림이 오히려 득세를 하고 일제 잔재의 청산이 제대로 이루어지지 않은 데도 원인이 있습니다.

일제에 의한 유교 왜곡은 유교의 사상내용에서부터 각종 의례에까지 광범위하게 자행되었습니다. 유교 의례는 그 행위 하나하나에 의미가 있습니다. 그리고 그 의례의 행위들은 수천년 문헌으로 통해 면면히 이어져 내려왔습니다.

일제는 이러한 유교 의례를 무너뜨리기 위한 교묘한 정책을 치밀하게 했습니다. 예를 들어 일제는 성균관의 문묘를 일본의 신사처럼 만들었고, 학생들이 공부하던 공간을 정원으로 만들어버렸습니다.

일제가 성균관 문묘에 설치한 배전(拜殿)과 명륜당 마당에 심어놓은 정원수들이 철거된 것은 광복 후 50년이 훨씬 넘어서였습니다. 하지만 이 같은 사실을 알고 있는 사람들은 별로 많지 않습니다.

문묘의 신로가 제 이름을 찾은 것도 얼마 되지 않습니다. 신로는 신성한 곳이 아니었음에도 신도라고 부르면서 신사에서처럼 신성시하고 절까지 하는 행위가 얼마는 최근까지도 얼마 전입니다.

최근 벌어진 석전 일무 논란도 마찬가지입니다. 유교 최대 행사이자 무형문화재인 석전의 일무에 남아 있는 일제의 잔재를 밝혀낸 것도 얼마 되지 않습니다.

하지만 일제의 세례를 받은 이들은 오히려 일제의 잔재를 우리 전통이라고 우기고 심지어는 국가권력을 동원해 자신들의 과오를 은폐하려고까지 하고 있습니다.

일제의 잔재를 제대로 청산하고 유교의 본래 모습을 회복하는 것은 3.1운동 미래 100년을 준비하는 유교인뿐만 아니라 우리 모두에게 주어진 어려운 과제이기도 합니다.

II

국가무형문화재 제85호 석전대제의 일무는 민가가 아니라 국가에서 관리하던 춤으로서 모든 절차가 나라의 법으로 정해졌고 춤사위는 예법에 따라 만든 것이기 때문에 문헌·기록으로 남겨져 있음은 물론 개인이 임의로 바꿀 수 없는 것입니다.

고대로부터 이어진 일무는 주나라 시대에 이르러 줄을 지어서 추는 춤의 형식체계를 갖추게 된 이래 송나라를 거쳐 고려 예종 11년(1116)에 우리나라로 전래졌습니다. 그러므로 우리나라의 일무는 1116년에 송나라로부터 들어온 것에서 유래합니다.

고려와 조선 왕조를 거치는 동안에 일무의 위치, 춤사위의 진퇴법 등에 관한 문제는 끊임없이 논란이 됐고, 이에 원형을 복원하고자 하는 논의가 지속적으로 이어져, 태종, 세종, 정조는 하·은·주 삼대의 고악(古樂)에 준해 일무의 원형을 복원하고 그 전통의 맥을 지켜왔음이 『조선왕조실록』에서 확인됩니다.

우리나라의 일무 춤사위는 일제 강점 시기에 대부분 망실됐습니다. 일무를 담당하던 예악인들이 모두 흩어지게 됨에 따라 일무의 올바른 전승이 어려워지게 됐습니다.

이에 성균관에서는 한·중 문헌을 비교 연구하는 고증을 거쳐 2006년 문묘 일무의 춤사위를 원형으로 복원해 석전에서 실행하게 됩니다.

문묘일무의 원형 복원은 성균관대 동아시아 특성화 사업단, 유교문화연구소의 지원과 (사)국가무형문화재 제85호 석전대제보존회, 석전교육원, 한국석전학회의 후원으로 2003년부터 2006년까지 5차에 걸친 '문묘일무 원형복원을 위한 학술시연을 거쳐 2006년 9월 『춘관통고』와 『악률전서』에 근거해 문무와 무무의 춤사위를 복원했습니다.

그리고 석전학 관계 전문가로 구성된 심사위원회의 공식심의를 거쳐 2006년 다시 복원한 문묘 일무가 채택됐습니다.

이는 한국유교뿐만 아니라 문화계, 무용계에서 유례를 찾아볼 수 없는 쾌거였습니다.

III

유교의례는 어느 개인이 함부로 만들 수 있는 것도 아니고 임의로 바꿀 수도 없습니다. 모든 절차가 나라의 법으로 정해 전해져 왔습니다. 유교의례인 석전대제에 포함된 '석전 일무' 역시 마찬가지입니다.

'석전 일무'의 원형은 유교의례의 원칙에 의거 복원되고 전승되어야 합니다. 이 원칙은 크게 세 가지로 나눠 말할 수 있습니다.

첫째, 전거 없는 유교의례는 없습니다. 유교의례에는 모두 전거가 있으며, 여기에는 중국이나 우리나라의 구분이 없습니다. 이는 공자 이래 변함없이 지켜져 온 유교의례의 원칙입니다.

둘째, 석전대제의 원형 복원은 석전대제 봉행 주체인 성균관의 역사와 의의를 기록한 『태학지(太學志)』에서 출발해야 합니다.

『태학지』는 성균관의 제도, 교과, 학생 생활 등에 관한 내용을 기록한 책으로 정조 9년(1785) 성균관 대사성 민종현(閔鍾顯)이 왕명에 의해 편찬했습니다.

석전대제는 성현들에 의해 갖추어진 예법이며 기록으로 전수되었습니다. 따라서 『태학지』를 비롯한 예서(禮書)와 전거(典據)에 의거해 원형을 찾고 복원해야 합니다.

셋째, 실주중화지제(悉遵中華之制) 혹은 실준전대지제(悉遵前代之制)입니다. 즉 "모두 중화의 제도를 따른다" 혹은 "모두 전대의 제도를 따른다"는 것입니다.

석전대제는 고려 때 전래된 이후 여러 번 유실되었으며, 그때마다 중국으로부터 예법을 가져왔습니다.

『태학지』에서는 조선의 문묘에서 제사하는 전거는 모두 중화를 따랐다고 밝히고 있습니다. 물론 일무도 여기에 포함됩니다.

또한 『태학지』에서는 비록 그 이어받고 개략하고, 보태고 덜어내는 사이에 할 말이 없지는 않으나 중요한 것은 모두 묻고 의논해 다 같이 동의한 것이니 취한 근거들이 있다고 말하고 있습니다.

이러한 유교 의례의 전승 원칙은 '석전 일무 원형' 복원의 첫 번째 원칙이 되어야 합니다.

IV

석전대제는 1986년 11월 1일 대한민국 중요무형문화재 제85호로 지정됐습니다. 당시 제출된 지정보고서의 지정조사자인 성경린 선생은 이보다 앞선 1972년 유교신문(당시 제호는 '유림월보')에 기고한 글에서 다음과 같이 말했습니다.

"내가 佾舞壇에 처음 들어선 五十年前에도 文舞는 左方 中央 右方 中央 規則인 三方拜로 始終이오 武舞는 五戱은 선 자리에서 그리고 終獻은 舞具로 도 켜로 방패(干)를 소리내어 치는 춤사위로 固定되어 있었다. 확실히 原形 古形은 아닌 매우 單調롭고 雅雄한 佾舞로 轉承하였던 印象이다. 종묘의 佾舞는 종묘제악의 창제와 더불어 너무 어울리는 文舞 武舞가 새로 안무되고 그 舞譜가 「時用舞譜」(一本國立國樂院所藏)로 전해오고 있다. 그러나 정작 아악 佾舞의 정확한 舞容에 대해서는 전혀 막막하다. (중략) 佾舞의 舞容은 바로잡는 일이 어느 것도 미루지 말고 바삐 서둘러야 하겠다. 전날의 文廟의 석전이든 宗廟의 祭享에는 雅樂署의 定職 雅樂手만으론 不足되어 雅樂生과 外部에서 임시로 무원을 고용하여 세우고 있었다. 그러나 自然 雅樂의 춤을 익히고 춘들 수가 없다. 그래서 獻爵之序로 그린 三方拜와 干戱을 뚝딱거리는 簡易한 舞例가 案出된 게 아닌가. 이것은 정말 하루 빨리 바로止揚되어야 할 것이다."

이 글은 지난해 유교신문의 과거 기사를 정리하던 중 우연히 발견된 것입니다. 비록 47년 전의 글이지만 석전 일무 원형 논란의 핵심을 잘 지적하고 있습니다. 아마도 이 글은 석전 일무를 왜곡시킨 인사들에게 적지 않은 곤혹함을 안겨주었을 것이라고 여겨집니다.

성경린 선생의 뒤를 잇고 있는 인사들이 오히려 자기 스승의 뜻과는 반대로 '삼방배'가 석전 일무의 원형이라고 주장해 왔기 때문입니다.

'삼방배'는 석전 일무를 왜곡시킨 일제 잔재의 대표적 사례라는 것이 이미 잘 알려져 있는 사실입니다.

그럼에도 석전 일무의 원형을 훼손시킨 인사들은 정권이 바뀌어도 세력을 굳건하게 유지해 온 문화 카르텔의 힘을 빌려 '삼방배'가 석전 일무의 원형이라는 억지 주장을 관철시키려 하고 있습니다.

하지만 더 이상 그들의 뜻은 관철될 수 없을 것입니다. 그만큼 지금까지 이뤄온 연구 성과들이 그것을 용납하지 못하기 때문입니다.

지난해 성균관과 석전대제보존회는 일무검증위원회를 마치고 「석전대제 일무 검증 보고서에 대한 성균관의 입장」을 발표하고 문화재청에 송부한 바 있습니다.

이 입장문에서는 무형문화재 지정 당시 여러 가지 한계로 인해 일부 어그러진 석전대제의 원형을 바로잡고 우리 민족의 대표적 문화로서, 세계인이 함께 공유할 수 있는 문화로서 만세에 전하기 위해 '석전대제 전형 연구위원회'를 구성할 것을 제안하고 있습니다.

이 '석전 일무 원형 복원'은 성균관과 성균관대에 주어진 역사적 시대적 의무가 될 것입니다. 그리고 실제 그러한 역할을 할 수 있는 곳은 이 두 꼭밖에 없습니다. 2006년 성균관과 성균관대가 공동으로 이뤄낸 성과들이 다시 한 번재현될 수 있기를 바랍니다.

3장

문묘일무의
역사적 원형·왜곡·검증

1

석전대제 일무의
역사적 원형과 왜곡

이 논문은 2018년 석전학 국제학술대회에서 「국가무형문화재 제85호 석전대제 일무의 역사적 원형과 왜곡」으로 발표, 한국무용연구 36권 4호에 게재(임학선·박자은)된 것이다. 본 연구는 성균관대학교 유가예술문화콘텐츠연구소 지원 수행되었다.(SKKU-ICACC-2018-04)

Ⅰ. 서론

춤은 제례에서 비롯된다. 제례는 인류의 예술을 태동시킨 고대 예법으로 의식이자 하나의 제도에 포함된다. 제례는 한 국가의 사회·문화를 반영, 이를 약속하고 규정한 제도이므로 전승 원칙 또한 전거(典據)[1]에 입각한 것이어야 한다. 그런 측면에서 문묘일무는 역사적 기록인 무보에 춤사위 원형이 고스란히 남아 있으므로 그 원형은 바로 '무보'가 된다.

세종대에 창제된 종묘일무가 조선조 역대 왕들을 추모하고 흠향하기 위함이라면, 문묘일무로 일컬어지는 석전대제의 일무는 성인 공자를 몸짓으로 추모하고 기리는 유교제례무이다. "유교의 정체성을 유지하는 가장 중요한 요소인 유교 의례는 삼례(三禮 : 주례, 의례, 예기)에 의거해 성인과 천자만이 만들 수 있다"고 했다.[2] 따라서 고대로부터 이어진 석전대제의 일무는 한 개인이 임의로 변경하거나 만들 수 없었기에 오래도록 이어온 춤사위의 전통을 기록해놓은 무보가 일관되게 존재해왔다. 그 춤사위가 바로 석전대제 일무의 '원형'이다. 그런데 1986년 국가무형문화재 제85호로 지정된 석전대제 일무는 일제 강점기를 거치며 춤사위가 모두 없어지고 진퇴없이 북동서로 절만을 행하는 삼방배(三方拜) 춤으로 왜곡되었다.

본 연구자에 의해 발굴된 무보 분석으로 석전대제 지정 당시 일무인 1980년 김영숙의 일무가 왜곡되었음이 2003년 처음 밝혀졌으며, 이를 시초로 2006년 문묘일무 춤사위가 임학선에 의해 원형으로 복원되었다. 그것은 5차에 걸친 "문묘일무

---

1) 말이나 문장의 근거가 되는 문헌상의 출처. 규칙이나 원칙으로 삼는 근거.
2) 「유교신문」, 2018. 8. 15.

의 원형 복원을 위한 학술시연"(2003~2006)과 『악률전서』를 포함하여 18종의 무보와 문헌 고증에 의해 이루어졌으며, 그 결과는 다수의 논문과 저서로 발표되었다.

2006년 원형 복원 이후, 석전대제 일무의 원형성을 밝히는 두 번의 검증위원회가 개최되었다. 2007년 성균관 주최로 진행된 첫 번째 검증위원회는, 원형 복원 일무의 채택안 심의를 문화재청에 공식 요청한 바 있으나 문화재청은 답이 없었다. 11년이 지난 2018년에 이르러 두 번째 검증위원회가 성균관·문화재청 공동 주최로 열리게 되었다. 문화재청은 검증회의 결과를 문화재위원회 회의(2018. 10. 19)에 안건으로 상정하여 석전대제 지정 당시 일무의 왜곡을 확인하고, 원형으로 복원됨이 마땅하다는 결론을 내렸다. 그리고 소위원회를 구성하여 이를 논의하기로 결정하였다.

따라서 본 논문은 국가무형문화재 원형 보존의 필요성에 입각하여 논란이 되고 있는 두 종류의 일무 중 어느 일무가 「석전대제 지정조사보고서 제144호」와 일치하는지를 확인하는 것이 관건이다. 지정조사보고서에는 「반궁예악서」(실제 「반궁예악전서」)에 근거하여 문묘일무를 원형으로 복원하였음을 언급하고 있다. 이에 본 연구자는 문묘일무의 역사적 원형을 무보로 제시하고, 제지리 춤으로 변모된 지정 당시 김영숙 일무와 2006년 임학선 원형 복원 일무를 비교·분석하여 왜곡된 부분을 명확히 밝혀 한국 문묘일무의 기틀을 바로잡아 문묘일무의 원형을 올바르게 계승·보존하고자 한다.

문묘일무의 역사적 원형을 밝히는 이 연구는, 더 이상의 혼란을 종식시킴은 물론 문묘일무 역사의 바람직하고 안정적인 전승을 위한 모범적 전거를 마련하기 위함이라는 점에서 큰 의의가 있다. 또한 향후 인접예술의 역사적 원형을 밝히는 토대 연구에도 근간이 될 것으로 기대한다.

Ⅱ. 석전대제 일무의 역사적 원형

1. 석전대제 일무의 유래

조선조 최고의 교육기관인 성균관에서 거행되는 석전대제는 공자를 비롯한 스승을 추모하는 제사이다. 여기서 행하는 문묘일무는 고대 중국 여섯 황제의 춤인 육대대무, 즉 황제의 〈운문〉, 요임금의 〈함지〉, 순임금의 〈대소〉, 우왕의 〈대하〉, 탕왕의 〈대호〉, 그리고 무왕의 〈대무〉로부터 기원한다. 여섯 황제의 춤은 당시 각종 제례는 물론 교육 목적으로 널리 사용된 춤으로 주대에 정립되었고, 공자 사후에 그를 제사하는 춤으로 행해지기 시작했으며, 송대에 이르러 문무와 무무의 체계를 이루어 고려 예종 11년(1116) 우리나라로 유입되었다.

일무의 시원이 되는 육대대무는 긴 세월 동안 각 왕조별로 춤의 이름을 달리하며 후대로 이어졌다. 송대에 이르러 흐트러진 제도를 주대의 것으로 복원하여 공자제사무 '술어'를 만들고, 명대에는 이를 '무보'로 만들어 춤동작과 술어를 공고히 하였다. 청대에 이르러서는 춤사위 술어를 몸동작과 무구동작으로 체계화하여 '용어 개념'을 정리하였다. 예를 상징하는 몸동작은 입지용(入之容), 무지용(舞之容), 수지용(首之容), 신지용(身之容), 수지용(手之容), 족지용(足之容), 보지용(步之容), 예지용(禮之容)으로 나뉘며, 약적(籥翟)의 무구동작은 집(執), 거(擧), 형(衡), 락(落), 공(拱), 정(呈), 개(開), 합(合), 양(揚), 상(相), 수(垂), 교(交)로 구분하고 있다.

이와 같이 문묘일무는 단시간에 이룩된 것도, 개인에 의해 창작된 춤도 아닌 제도로 전해진 춤이며, 수천 년의 오랜 세월 동안 대를 이어서 완성된 춤인 것이다.

2. 석전대제 일무의 역사적 원형

1) 석전대제 일무의 원형 '무보'

「문화재 교육헌장」에 제시하고 있듯이 문화재는 어떤 경우에라도 원형이 파괴되거나 훼손되어서는 안 된다. 또한 2006년 문화재청의『중요무형문화재 원형 보존과 재창조 가이드라인』보고서에서도 민속춤 기능보유자들의 경우는 "스승들이 가르친 것을 그대로 전수하는 것이 원형 보존의 기본 원칙"이라 하였다. 반면 정재(呈才)의 기능보유자들은 "『고려사 악지』,『악학궤범』,『의궤』등 현재 남아 있는 전승 자료를 기준으로 삼아야 한다"는 견해가 대부분이었다. 이는 석전대제 일무의 원형성 검증과 전승 자료 채택의 결정적 기준을 제시한다고 하겠다.

때문에 문묘일무의 원형 복원을 위해서는 원전술어의 충실한 해석과 무보의 춤사위를 원래의 모습으로 재현하는 것이 핵심이 된다. 17종의 문무 춤사위 2000여 개를 비교·분석하여 동일한 춤사위가 일관되게 이어지고 있음을 알 수 있었다. 이는 오로지 하나의 원형만이 존재한다는 의미로 매우 중요한 사안이 아닐 수 없다.

2) 무보가 원형이 되는 이유

일무는 '무보가 곧 원형'이다. 제례의 모든 절차가 나라의 법으로 징해졌고 예법에 따라 춤사위를 만든 것이기 때문에 개인이 임의로 바꿀 수 없다. 일무는 개인적 사승이 아니라 제도로서 오랜 세월 이어진 춤인 것이다.

문묘일무는 유교 제례인 석전대제 안에서 하나의 의례로서 존재하는 것으로 이 또한 추도와 찬양의 형식이다. 또한 민속무나 창작무용처럼 사승으로 전수될 춤이 아니라 공적으로 전수되어야 하는 제도[3]인 것이다. 따라서 제도는 규정이 중요하며, 일무에는 그것이 무보[4]이다. 문묘일무의 무보는 '일자 일음 일무(一字一音一舞)'의 규칙성을 지니는 것으로, 이는 한 글자에 한 동작을 춤추는 하나의 형식으로 오랫동안 존재해왔음을 알게 한다. 따라서 문묘일무는 역사성을 지니고 문헌의 기록으로 전해진 원형을 규정대로 시연하는 것이 관건이므로 "근본을 흔드는 변형은 원형 복원이나 전승이 아니라 파괴임을 명확히 인식할 필요가 있는 것"[5]이다.

'제도'라는 것은 근거이며, 일무에서의 근거는 바로 '무보'이므로 무보가 곧 원형인 것이다. 그러므로 석전대제의 일무 춤사위가 무보로 남겨졌다는 것은 곧 일무가 긴 세월 동안 제도라는 역사성을 지니고 무보와 술어 등의 기록으로 이어져왔다는 명백한 증거가 된다.

Ⅲ. 김영숙과 임학선의 일무 비교

석전대제 지정 당시 김영숙의 기존 일무와 2006년 임학선의 원형 복원 일무를 비교해보면 기존 일무의 왜곡을 한눈에 살필 수 있다.

아래 비교표에 제시된 김영숙과 임학선의 한자 술어는 모두 같다. 그러나 두 사람의 해석이 서로 다르고 춤사위도 다르다. 김영숙의 한자술어 해석은 글자의 의

---

3) 석전대제위원회 엮음(2018), 이상은, 『석전대제 일무 검증위 보고서』, 1쪽.
4) 석전대제위원회 엮음(2018), 임태승, 『석전대제 일무 검증위 보고서』, 2~5쪽.
5) 석전대제위원회 엮음(2018), 이상은, 『석전대제 일무 검증위 보고서』, 1쪽.

미와 다르게 해석되었고 춤사위 또한 확연히 다르다. 김영숙은 『반궁예악서』(실제 『반궁예악전서』) 술어만 제시하고 무보는 제시하지 못했다. 이에 반해 임학선은 문묘일무 용어를 풀이하여 한자술어 해석의 근거로 제시하고, 술어를 글자의 의미대로 해석하였다. 춤동작은 앞에서도 언급한 바와 같이 『춘관통고』의 무보는 명대 최고형의 무보인 『궐리지』의 것과 동일계열이고, 석전대제 지정 당시 제시된 『반궁예악서』(『반궁예악전서』)의 춤사위와 같은 것으로써 송대의 일무를 이은 것임을 명백히 하고자 한다. 근거문헌으로 제시한 『춘관통고』의 무보와 동일함을 엿볼 수 있다.

1. 문무 춤사위와 원전술어해석

악장	석전대제 지정 당시 기존 일무		2006년 원형 복원 일무		
	김영숙 술어해석	김영숙 춤사위	임학선 근거문헌 춘관통고	임학선 춤사위	임학선 술어해석
自	稍前向外開籥舞 약을 앞으로 펴서 왼쪽(서향)을 향한다. 적은 가슴에 둔다.				稍前向外開舞 조금 앞으로 걸어 나아가 밖을 향하여 약을 연다. 稍前 : 出足 발을 앞으로 내민다.
生	蹈向裏開籥舞 약을 앞으로 펴든 채 오른쪽(동향)을 향한다.				蹈向裏開籥舞 안을 향하여 발을 디디며 약을 연다. 開 : 籥翟縱橫兩分 약적을 종횡으로 놓아 양쪽으로 나눈다.
民	合手蹲朝上舞 약적을 머리 위에 모아서 들고 무릎을 굽힌다.				合手蹲朝上舞 손을 모으고 좌우 무릎을 벌려 내려앉으며 조상(북)을 향한다. 合 : 籥翟縱橫相加 약적을 종횡으로 놓아 서로 합한다. 蹲 : 開左右膝直身座下 좌우 무릎을 열고 몸을 곧게 세워 아래로 내려앉는다.

來	**起辭身向外 高擧籥而朝** 무릎을 펴고 왼쪽 사선 위쪽을 향하며 약을 비스듬히 위로 세운다. 적은 가슴에 둔다.		來 起辭身向外高擧籥而朝	**起辭身向外 高擧籥而朝** 몸을 세우고 손을 맞잡아 뒤로 물러서며 밖을 향하고 약을 높이 들어 북을 향한다. **起** 몸을 일으켜 세운다. **辭：拱手後退** 손을 맞잡아 뒤로 물러선다.
誰	**兩兩相對 蹲東西相向** 2열씩 서로 마주하며(동서향) 가슴 앞에 적은 세워 들고 약은 가로 뉘어 십자로 모아서 들고 무릎을 굽힌다.		誰 兩兩相對蹲東西相向	**兩兩相對蹲東西相向** 두 사람이 서로 마주보고 무릎(왼쪽)을 꿇고 내려앉으며 동서가 서로 향한다. **兩兩** 한 사람 한 사람을 가리키는 것으로 두 사람을 의미한다. **蹲：開左右膝直身座下** 좌우 무릎을 벌리고 몸을 곧게 세워 아래로 내려앉는다. **兩兩相對와 東西相向** 두 줄씩 마주 본 구성으로 방향이 동일하다.
底	**合籥轉身向外 拱手出左足** 몸을 돌려 왼쪽 (서향)을 향하고 약적을 얼굴 앞에 모아서 들고 왼발을 앞에 내딛는다.		底 合籥轉身向外拱手出左足	**合籥轉身向外 拱手出左足** 약을 합하여 몸을 돌려 밖을 향하고, 두 손을 맞잡아 왼발을 앞으로 내민다.

其	正揖 앞쪽(북향)을 향하고 약적을 가슴에 모아 절한다.		其 正揖 		正揖 바르게 읍한다. 揖：平手齊心 두 손을 가지런히 모아서 가슴 앞에 둔다.
盛	起平身出左手立 몸을 바로 펴며 약을 앞으로 내밀어 가로로 든다. 적은 가슴에 둔다.		盛 起平身出左手立 		起平身出左立 몸을 일으켜 세워 바르게 하고 왼손을 내밀어 선다. 平身：起身正立 구부리고 있던 몸을 펴서 바르게 선다.
維	兩兩相對 自下而上 東西相向 2열씩 서로 마주하며(동서향) 허리를 굽혔다가 펴면서 적을 위로 들어 올린다. 약은 아래쪽을 향한다.		維 兩兩相對向下而上東西相向 		兩兩相對自下而上 東西相向 두 사람이 서로 마주 보고 앉았다가 일어서며 동서가 서로 향한다. 兩兩相對와 東西相向 두 줄씩 마주 본 구성으로 방향이 동일하다.
師	稍前舞擧籥垂翟 앞쪽을 향하여 약은 가슴 앞으로 가로로 들어 올리고 적은 아래쪽으로 내린다.		師 稍前舞擧籥垂翟 		稍前舞擧籥翟 조금 앞으로 걸어 나아가 움직이며 약은 들어 올리고 적은 드리운다.

神	**合籥惟兩中班十二人** **轉身俱俱東西相向** 약적을 머리 위에 모아서 든다. 이때 중앙의 2행은 동서로 마주 본다.			**合籥惟兩中班十二人** **轉身俱俱東西相向** 약을 합하고 신도를 중심으로 나눈 양쪽(동서)의 가운데 12명은 몸을 돌려 동서가 서로 향한다. **兩中班** 춤 구성을 지시하는 술어로 신도를 중심으로 동서의 중간 열의 무원 12명을 의미한다. **具東西相向** 신도를 중심으로 동쪽 무원과 서쪽 무원이 서로 마주 본 구성이다.
明	**擧翟三合籥** 적을 머리 위로 펴든다. 약은 가슴에 둔다.			**擧翟三合籥** 적을 들어 올리고 약을 세 번 합한다.
度	**稍前向外垂手舞** 왼쪽을 향하여 약적을 각각 어깨 위로 들어 무릎을 굽혔다 펴고 약적을 아래로 내리며 허리를 굽힌다.			**稍前向外垂舞** 조금 앞으로 걸어 나아가 밖을 향하여 손을 아래로 드리운다. **垂手：下垂 또는 順下** 손을 아래로 드리운다.

越	蹈向裏垂手 오른쪽을 향하여 수수무를 한다.			蹈向裏垂手 발을 안으로 향하여 디디며 손을 아래로 드리운다.
前	向前合手 謙進步雙手合籥 앞쪽을 향하고 한 발짝 나아가며 약적을 머리 위로 모아서 든다.			向前合手 謙步雙手合籥 앞을 향하여 손을 모으며 공손히 걸어 나아가 양손으로 약을 합한다.
聖	回身再謙退步 側身向外高止衡 面朝上 한 발짝 뒤로 물러나고 몸을 돌려 왼쪽 사선을 향하고 얼굴은 들어 위를 바라본다.			回身再謙退步 側身向外高止衡面朝上 몸을 돌려 다시 공손 하게 물러나며 몸을 옆으로 하여 밖을 향하고 얼굴은 옆으로 누이며 조상(북)을 향한다. 回身 : 轉過 몸을 지나서 도는 동작으로 몸을 돌려 회전한다. 側身 : 正立左右轉 바로 서서 좌우로 돈다. 朝上 : 俱面正北 얼굴이 북을 향한다.

栥	正蹲朝上 약적을 가슴에 모으고 무릎을 구부린다.			正蹲朝上 좌우 무릎을 벌려 내려앉으며 조상(북)을 향한다.
帛	稍舞躬身 挽手側身面外 呈籥耳邊面朝上 몸을 비스듬히 구부리며 약을 귀 옆으로 들어 올리고, 적은 비껴 아래로 내린다.			稍舞躬身挽手側身 面外呈籥耳邊面朝上 조금 움직여 등을 구부리고, 손을 몸 쪽으로 당기며 몸을 옆으로 기울여 얼굴은 밖을 향하며, 귓가에 약을 드리우고 얼굴은 북을 향한다. 躬身：曲其背 등을 구부린다. 挽手：相持 손을 몸 쪽으로 당긴다.
具	正揖 약적을 가슴에 모으며 절한다.			正揖 바르게 읍한다.
成	起辭身挽手 復舉籥正立 허리를 펴며 약을 사선 위쪽으로 들어 올린다.			起辭身挽手復舉籥正立 몸을 일으켜 손을 맞잡아 뒤로 물러서며 손을 몸 쪽으로 당겨 다시 약을 들어 올리고 바르게 선다.

禮	兩兩相對 交籥兩班 俱東西平執籥 2열씩 서로 마주하며 약을 일자로 주고받는다. 적은 위로 들어 올린다.			兩兩相對交籥兩班 俱東西平執籥 두 사람이 서로 마주 보며 약을 엇갈리게 잡고, 동서의 무원 모두가 약을 옆으로 뉘어 잡는다. 交 : 兩執相接 양손이 서로 엇갈리게 잡는다. 執 : 翟縱籥橫薺肩執之 적은 세우고 약은 옆으로 뉘여 나란히 잡는다.
容	正蹲朝上 약적을 가슴에 모으고 무릎을 구부린다.			正蹲朝上 좌우 무릎을 벌려 내려앉으며 조상(북)을 향한다.
斯	向外退 挽手向擧籥 外面朝上 약을 가슴 앞에 들고 왼쪽을 향한다.			向外退挽手向擧籥 外面朝上 밖을 향하여 물러나며 손을 몸 쪽으로 당기고, 약을 들어 밖을 향하며 얼굴은 조상(북) 을 향한다.
稱	回身正立 몸을 돌려 바로 선다.			回身正立 몸을 돌려서 바르게 선다.

黍	**稍前舞** 약적을 십자로 모아 가슴 앞에 든다.			**稍前舞** 조금 앞으로 나아가 움직인다.
稷	**正蹲朝上** 약적을 가슴에 모으고 무릎을 구부린다.			**正蹲朝上** 좌우 무릎을 벌려 내려앉으며 조상(북)을 향한다.
非	**左右垂手兩班上下 俱雙手東西相向** 약적을 머리 위에 모아서 든다. 이때 중앙의 2행은 동서로 마주 본다.			**左右垂手兩班上下 俱雙手東西相向** 좌우 무원은 양손을 아래로 드리우고, 동서 양쪽 상하의 무원(1항. 6항)은 양손을 서로 향한다. **兩班上下** 춤사위 술어에서 육일무로 1항과 6항이나, 우리나라는 팔일무로 1항과 8항이 된다.
馨	**起合手相向立** 약적을 머리 위에 모아서 들고 동서로 마주한다.			**起合手相向立** 몸을 일으켜 손을 모아서 들고 서로 마주 보며 선다.

維	左右側身 垂手向外 開籥垂手舞 왼쪽 사선 방향으로 수수무를 한다.				左右側身垂手向外 開籥垂手舞 좌우 무원은 몸을 돌려 손을 아래로 드리워 밖을 향하며, 약을 열어 손을 아래로 드리운다.
神	右側身垂手 向裏垂手舞 오른쪽 사선 방향으로 수수무를 한다.				右側身垂手 向裏垂手舞 우방향 무원은 몸을 돌려 손을 아래로 드리워 안을 향하며 손을 아래로 드리운다.
之	正揖朝上 약적을 가슴에 모아 절한다.				正揖朝上 바르게 읍하며 조상(북)을 향한다.
聽	躬而受之躬身 朝上 拱籥而受之三鼓 畢起 고개를 숙이고 약적을 위로 들어 올려 무릎을 굽혔다 펴며 약적을 가슴에 모으고 바로 선다.				躬而受之躬身朝上 拱籥而受之三鼓畢起 몸을 숙여 받는 자세를 하되, 등을 구부리고 조상(북)을 향하여 약을 앞으로 바르게 들어 올리고, 북을 세 번 치면 일어난다. 三鼓畢 북을 세 번 친다. 拱:向前正擧 의물을 앞을 향하여 바르게 들어 올린다.

2. 무무 춤사위와 원전술어해석 비교

석전대제 지정 당시 기존 일무는 무무의 근거가 없다. 지정 당시 제시된 춤사위 술어는 무무가 아니라 문무의 술어로 약적을 들고 춤추는 문무를 간척으로 해석하는 오류가 확인된다. 반면 임학선의 무무는 『악률전서』의 무보를 근거로 하여 무무의 춤사위를 복원하였다. 아래 비교표에서 지정 당시 제시된 김영숙 무무의 술어를 확인할 수 있다. 그 술어를 분석해보면 약적을 들고 추는 문무의 술어로 공경·사양·겸양을 나타낸다. 하지만 김영숙은 그것을 간척을 들고 추는 춤으로 임의로 바꾸었기 때문에 공격과 방어를 나타내는 무무와는 거리가 먼 춤동작으로 변모되었다. 반면 임학선은 『악률전서』의 무보에 기록되어 있는 한자술어를 가감 없이 해석하고, 그것에 근거하여 무무를 삼진삼퇴를 행하며 공격과 방어를 나타내는 춤동작으로 복원하였다.

악장	석전대제 지정 당시 기존 일무		2006년 원형 복원 일무		
	김영숙 술어해석	김영숙 춤사위	임학선 근거문헌 악률전서	임학선 춤사위	임학선 술어해석
大	**左右進步向外垂手舞** 왼손에는 간(干)을, 오른손에는 척(戚)을 들어 가슴 가운데에 모은다. 한 걸음 나아가며 왼쪽(서향)을 향하여 수수무를 한다.		勢 初 轉 轉 上		**上轉轉初勢** 상전을 위한 시작 자세 **非字第一春** 비자 형태로 대칭을 이루어 행하는 첫 번째 동작

哉	**右向裏垂手舞** 오른쪽(동쪽)을 향하여 수수무를 한다.			**上轉轉半勢** 반 바퀴 도는 자세 **非字第二春** 비자 형태로 대칭을 이루어 행하는 두 번째 동작
聖	**向外落籥面朝上** 왼손(간. 干)을 옆 비껴 아래로 내리며 얼굴은 위를 향한다.			**上轉轉周勢** 반 바퀴를 돌아오는 자세 **非字第三春** 비자 형태로 대칭을 이루어 행하는 세 번째 동작
神	**退回身正立** 한 걸음 물러서며 두 손을 가슴에 모아 바로 선다.			**上轉轉過勢** 앞서 갔던 곳으로 다시 가는 자세 **非字第四春** 비자 형태로 대칭을 이루어 행하는 네 번째 동작
實	**正蹲合籥** (두 손을 가슴에 모은 채로) 무릎을 굽힌다.			**上轉轉留勢** 머무르는 자세 **非字第五春** 비자 형태로 대칭을 이루는 다섯 번째 동작

天	**起身向前舞向外舞** 몸을 펴며 왼손을 앞으로 펴서 왼쪽을 향한다.		上轉伏睨勢 非字第六春	**上轉伏睨勢** 엎드려 보는 자세 **非字第六春** 비자 형태로 대칭을 이루어 행하는 여섯 번째 동작
生	**向裏舞** 오른손(척, 戚)을 앞으로 펴며 오른쪽으로 향한다.		上轉仰瞻勢 非字第七春	**上轉仰瞻勢** 우러러보는 자세 **非字第七春** 비자 형태로 대칭을 이루어 행하는 일곱 번째 동작
德	**合手謙進步** **向前雙手合籥存謙** 앞으로 한 걸음 나가며 두 손을 머리 위에서 마주 친다.		上轉回顧勢 非字第八春	**上轉回顧勢** 한 바퀴 돌며 둘러보는 자세 **非字第八春** 비자 형태로 대칭을 이루어 행하는 여덟 번째 동작
作	**兩兩相對自下而上** **兩班相對舉籥東西立** 2열씩 서로 마주하고 허리를 굽혔다가 펴며 간을 아래로부터 앞 비껴 위로 들어 올린다. (척은 가슴 가운데 둔다.)		下轉轉初勢 非字第一春	**下轉轉初勢** 상전을 위한 시작 자세 **非字第一春** 비자 형태로 대칭을 이루어 행하는 첫 번째 동작

樂	上下俱垂手 惟兩中班上下十二人俱 垂手轉身東西相向 중간의 2행은 동서로 마주하고 수수무(垂手舞)를 주며, 나머지는 앞으로 수수무를 한다.		勢半轉轉下	下轉轉半勢 반 바퀴 도는 자세 非字第二春 비자 형태로 대칭을 이루어 행하는 두 번째 동작
以	轉身東西相向立 모두 몸을 돌려 동서로 마주한다. 간척은 가슴에 모은다.		勢周轉轉下	下轉轉周勢 반 바퀴 도는 자세 非字第三春 비자 형태로 대칭을 이루어 행하는 세 번째 동작
崇	相向立 兩班上下以翟相簫 첫 행과 끝 행은 간척을 마주 친다.		勢過轉轉下	下轉轉過勢 앞서 갔던 곳으로 다시 가는 자세 非字第四春 비자 형태로 대칭을 이루어 행하는 네 번째 동작
淸	稍前舞向外開簫舞 간을 앞으로 펴서 왼쪽(서쪽)으로 향한다.		勢初轉轉下	外轉轉初勢 상전을 위한 시작 자세 非字第一春 비자 형태로 대칭을 이루어 행하는 첫 번째 동작

酢	**向裏舞** 척을 앞으로 펴며 오른쪽 (동쪽)으로 향한다.		轉伏觀勢 下 佾字第六左	 **外轉轉半勢** 반 바퀴 도는 자세 **非字第二春** 비자 형태로 대칭을 이루어 행하는 두 번째 동작
惟	**雙手平執籥翟開籥翟** 간과 척을 각각 평평하게 펴든다.		轉仰瞻勢 下 佾字第七左	 **外轉轉周勢** 반 바퀴를 돌아오는 자세 **非字第三春** 비자 형태로 대칭을 이루어 행하는 세 번째 동작
馨	**合籥翟朝上正立** 간척을 머리 위에서 마주치고 가슴 앞에 모아 내린다.		轉回銷勢 下 佾字第八左	 **外轉轉過勢** 앞서 갔던 곳으로 다시 가는 자세 **非字第四春** 비자 형태로 대칭을 이루어 행하는 네 번째 동작
時	**稍前舞** **蹈兩班上下** **俱垂手向外舞** 첫 행과 끝 행은 왼쪽 (서쪽)으로 수수하고 나머지는 간척을 십자로 모아 가슴 앞쪽으로 든다.		外轉轉初朝勢 佾字第五	 **下轉轉留勢** 머무르는 자세 **非字第五春** 비자 형태로 대칭을 이루어 행하는 다섯 번째 동작

祀	向裏垂手舞 다 같이 오른쪽(동쪽)으로 수수무를 한다.			下轉伏睹勢 엎드려 보는 자세 非字第六春 비자 형태로 대칭을 이루어 행하는 여섯 번째 동작
無	合手謙進步 向前雙手合籥翟 앞(북쪽)으로 한 걸음 나가며 간척을 마주 친다.			下轉仰瞻勢 우러러보는 자세 非字第七春 비자 형태로 대칭을 이루어 행하는 일곱 번째 동작
戵	回身再謙兩班上下 東西相向合籥立 (간척을 가슴 앞에 모아 내리고), 첫 행과 끝 행은 몸을 돌려 동서로 마주 본다.			下轉回顧勢 한 바퀴 돌며 둘러보는 자세 非字第八春 비자 형태로 대칭을 이루어 행하는 여덟 번째 동작
嘉	側身垂左手 兩班俱垂左手向外舞 왼쪽 사선 아래 방향으로 간을 내린다.			外轉轉留勢 머무르는 자세 非字第五春 비자 형태로 대칭을 이루어 행하는 다섯 번째 동작

牲	**躬身正揖** (간척을 들어 가슴 앞에 모으며) 몸을 둥글게 하고 절한다.		外轉伏睹勢	**外轉伏睹勢** 엎드려 보는 자세 **非字第六春** 비자 형태로 대칭을 이루어 행하는 여섯 번째 동작
孔	**雙手擧籥翟躬身** 몸을 둥글게 한 채로 간척을 이마 위로 들어 올린다.		外轉仰瞻勢	**外轉仰瞻勢** 우러러보는 자세 **非字第七春** 비자 형태로 대칭을 이루어 행하는 일곱 번째 동작
碩	**躬而受之** 간척을 이마 위에 든 채로 무릎을 굽혔다 펴고, 간척을 가슴에 모아 바로 선다.		外轉回顧勢	**外轉回顧勢** 한 바퀴 돌며 둘러보는 자세 **非字第八春** 비자 형태로 대칭을 이루어 행하는 여덟 번째 동작
薦	**合籥鞠躬向上揖于右** (오른발을 옆으로 딛고) 간척을 모아 허리를 굽혔다 펴며 오른쪽 어깨 위로 들어 올린다.		內轉轉初勢	**內轉轉初勢** 상전을 위한 시작 자세 **非字第一春** 비자 형태로 대칭을 이루어 행하는 첫 번째 동작

羞	**合籥鞠躬向上揖于左** 모은 간척을 허리를 굽혔다 펴며 왼쪽 어깨 위로 들어 올린다.			**內轉轉半勢** 반 바퀴 도는 자세 **非字第二春** 비자 형태로 대칭을 이루어 행하는 두 번째 동작
神	**合籥鞠躬** **向上復揖于左** 허리를 굽혔다 펴며 간은 왼쪽 허리 옆으로, 척은 다시 오른쪽 위로 펴들어 올린다.			**內轉轉周勢** 반 바퀴 돌아오는 자세 **非字第三春** 비자 형태로 대칭을 이루어 행하는 세 번째 동작
明	**合籥復舉手** **中隨鞠躬拱手向上** 왼쪽 허리 옆에 있는 간을 척으로 내리치며 허리를 굽힌다.			**內轉轉過勢** 앞서 갔던 곳으로 다시 가는 자세 **非字第四春** 비자 형태로 대칭을 이루어 행하는 네 번째 동작
庶	**三舞蹈舉籥向左** **躬身舞** 허리를 둥글게 굽히고 간을 앞으로 펴들어 왼쪽(서쪽)을 향한다.			**內轉轉留勢** 머무르는 자세 **非字第五春** 비자 형태로 대칭을 이루어 행하는 다섯 번째 동작

幾	**舉籥向右躬身舞** 허리를 둥글게 굽히고 간을 앞으로 펴든 채로 오른쪽(동쪽)을 향한다.	勢觀伏轉內		**內轉伏睹勢** 엎드려 보는 자세 **非字第六春** 비자 형태로 대칭을 이루어 행하는 여섯 번째 동작
昭	**舉籥復向左躬身舞** 허리를 둥글게 굽히고 간을 앞으로 펴든 채로 다시 왼쪽을 향한다.	勢隨仰轉內		**內轉仰瞻勢** 우러러보는 자세 **非字第七春** 비자 형태로 대칭을 이루어 행하는 일곱 번째 동작
格	**拱籥躬身而受之** 앞쪽으로 허리를 굽힌 채로 두 손을 이마 앞에 모아서 들고, 무릎을 굽혔다 펴면서 간척을 가슴 앞에 모아 바로 선다.	勢朝回轉內		**內轉回顧勢** 한 바퀴 돌며 둘러보는 자세 **非字第八春** 비자 형태로 대칭을 이루어 행하는 여덟 번째 동작

3. 김영숙 일무와 임학선 일무 비교 분석 결과

석전대제 지정 당시 김영숙 일무와 임학선의 원형 복원 일무를 비교해보았다. 그 결과 지정 당시 일무는 무보와 다르게 춤사위가 왜곡되었고, 원전술어해석 또한 의미와 다르게 해석되었음을 알 수 있다. 반면 임학선 일무는 무보의 춤사위와 동일하게 복원되었으며, 원전술어해석 또한 글자의 의미를 가감 없이 해석함으로써 춤사위에 담긴 의미와 상징성 등을 두루 파악할 수 있다. 더욱이 춤사위 용어를 풀이하여 술어해석의 근거를 마련한 점은 춤사위 복원에 설득력을 갖게 한다.

비교분석결과를 세 가지로 정리하면 다음과 같다.

첫째, 지정 당시 김영숙의 기존 일무는 「석전대제 지정조사보고서 제144호」와 다르다.

석전대제 지정 당시 기존 일무는 근거문헌『반궁예악서』라는 책이 불분명하고 무보 없이 스승 성경린의 구술과 조언만으로 춤사위를 만들었다고 한다. 김영숙은 자신이 만든 춤사위를 설명해놓았을 뿐 원전술어 해석을 왜곡하였다. 무무의 경우는 더욱 심각하다. 근거문헌 없이 약적의 문무를 간척의 무무로 만든 것이다. 이 같은 춤이 20여 년 동안 석전대제에서 추어졌다.

그런데 성경린은 제자리에서 추는 '삼방배 춤'이 원형이 아님을 "일무금석(佾舞今昔)"이라는 1972년 「유림월보」 기사에서 언급하였다. 그럼에도 불구하고 김영숙은 진퇴 없이 제자리에서 추는 형식을 그대로 따르고 있는 심각성이 드러난다.

내가 일무판에 처음 들어선 50년 전(1920년경)에도 삼방배 형식의 춤이 석전대제에서 행해지고 있었는데, 이 춤은 확실히 원형 고형은 아닌 매우 단조롭고 아졸한 일무로 전락하였다는 인상이다. 종묘의 일무는……그 무보가『시용무보』(단 일본, 국립국악원 소장)로 전해오고 있다. 그러나 정작 아악 일무의 정확한 무용(舞容)에 대해서는 전혀 막막하다.……일무의 무용(舞容)을 바로잡는 일, 이것을 더는 미루지 말고 바삐 서둘러야 하겠다. 전날의 문묘의 석전이든 종묘의 제향에는 아악부의 정직 아악 수만으론 부족하여 아악생과 외부에서 임시로 무원을 고용하여……궁여지책으로 그런 삼방배와 간척을 뚝딱거리는 안이한 무작이 안출(案出)된 게 아닌가. 이것은 정말 하루 속히 지양되어야 할 것이다.[6]

삼방배 춤은 우리 고유의 일무가 아니다. 문묘일무는 본시 삼진삼퇴 하는 춤이다. 삼진삼퇴를 재현하려면 원전술어에 대한 정확한 해석이 따라야 한다.

김영숙은 『세종실록』의 예를 들어 삼진삼퇴 없이 제자리에서 추는 일무가 바로 우리의 독자성, 고유성이라고 주장한다. 그러나 『세종실록』에 따르면, 박연은 오히려 삼진삼퇴를 삼아야 함이 마땅하다 하였고 세종은 이를 허락하였음을 확인할 수 있다. 아래의 사료는 김영숙의 주장이 사실과 다름을 확인할 수 있는 내용이다.

"일무의 자리는 옛날 현인의 도설을 상고해보니 묘정의 가운데 있고 악현의 북쪽에는 있지 않았사온데, 우리나라에서는 이것을 악현의 북쪽 섬돌의 남쪽에 설치하니 이미 옛날 제도를 잃었고, 또 땅이 협잡하고 자리가 좁아서 앞으로 나아가고 뒤로 물러나면서 변화를 지을 도리가 없사오니 진실로 불편합니다"라고 했고, "일무를 추는 위치가 악현의 북쪽 언덕 사이에 있게 되면 나아가고 물러가는 절차를 할 수 없으니, 옛 제도에 의거하여 일무를 추는 것은 뜰 가운데 위치를 정하여 여섯 번 변하고, 아홉 번 변하는 절차를 다하게 하시기 바라옵니다"라고 했다. 세종 14년 임자(1432) 3월 4일 예조에서는 박연의 말을 빌려 세종에게 아뢰었고 세종은 이를 허락했다.

또한 김영숙은 한국의 일무가 "송·원대의 것으로 명·청대의 것과는 다르다"[7]고 하였다. 그럼에도 청대의 문헌 『반궁예악서』를 고증문헌으로 채택했고, 아직까지 송·원대의 일무 근거를 제시하지 못하고 있다.

둘째, 2006년 임학선의 원형 복원 일무는 「석전대제 지정조사보고서 제144호」에 제시된 것과 동일하다.

임학선은 최고형에 속하는 명대의 『궐리지』와 『남옹지』 그리고 청대의 『반궁예악전서』(지정조사보고서에 제시된 『반궁예악서』)와 조선 정조대의 『춘관통고』 등 17종의 문무보와 무무보인 『악률전서』를 비교·분석함으로써 오로지 하나의 일관된 춤사위로 전해지는 일무의 특징을 연구하여 춤사위를 복원하였다. 원전술어의 충실한 해석을 통해 '삼진삼퇴'의 의미를 밝혀내고 춤사위의 옛 모습을 제대로 복원한 것이다.

춤을 출 때 진퇴를 행하는 것은 아무 의미 없이 앞으로 나아가고 뒤로 물러나는 것이 아니라 삼진삼퇴를 반드시 행해야만 예를 표할 수 있기 때문이다. 앞으로 세 걸음 나아가 '공경'의 예를 표하고, 뒤로 세 걸음 물러나 '사양'의 미덕을, 그리고 앞뒤의 진퇴로써 '겸양'의 미덕을 표현하게 된다. 한 악장에서 공경·사양·겸양을

---

7) 김영숙(2008), 「한국 문묘제례일무의 고유성과 이에 따른 재연 및 전승」, 『무용역사기록학』, 무용역사기록학회, 68쪽.

각각 세 번씩 행해야만 '예'가 완성되는 것이기에 삼진삼퇴로써 삼읍(三揖)·삼사(三謝)·삼겸(三謙) 하는 것이 곧 문무의 특징이다. 이러한 일무의 춤사위는 고대로부터 몸가짐을 바로 하고 인격을 수양하는 '수신(修身)'과 '수수지례(授受之禮)'의 춤 철학을 배경으로 하고 있다. 무무 또한 『악률전서』의 무보에 근거하여 방패로 막고 도끼로 내려치는 공격과 방어의 춤으로 복원하였다.

한편 임학선은 『송사』에 기록되어 있는 송대의 일무 술어를 찾고 그것을 분석하여 "명대의 무보가 송대의 일무를 수용하여 만든 것"[8]임을 밝혔다. 이에 대한 근거를 저서와 논문으로 발표하고, 2006년 문묘일무를 원형으로 복원하였다.

셋째, 1980년 기존 일무와 2006년 원형 복원 일무를 비교하여 정리하면 〈표 1〉과 같다.

〈표 1〉 김영숙의 기존 일무와 임학선의 원형 복원 일무 종합 비교

	김영숙의 기존 일무	임학선의 원형 복원 일무
송대의 일무 근거	• 제시하지 못함	• 송대의 일무 술어를 제시함 (『문묘일무의 이해』 참조)
고증문헌	• 분무 : 『반궁예악서』 (실제 책명 『반궁예악전서』) • 무무 : 없음	• 문무 : 『춘관통고』(1788) (조·선시대의 유일한 무보로 『반궁예악전서』 무보와 동일함) • 무무 : 『악률전서』(1600년경) (명대의 문헌으로 현재까지 유일함)

---

8) 임학선(2006), 『문묘일무의 이해』, 성균관대학교 출판부, 126~140쪽.

복원 시 무보의 유무	• 문무 : 무보는 없고 술어만 있음 • 무무 : 무보·술어 모두 없음	• 문무 : 『춘관통고』의 무보 • 무무 : 『악률전서』의 무보
일무의 복원 내용	• 무보 없는 '임의 복원' 일제 강점기 '제자리 춤'으로 왜곡	• 무보에 준한 '고증 복원' 무보를 비교·분석하여 '삼진삼퇴의 춤'으로 복원
일무의 예악사상	• 밝히지 못함	• '수수지례'의 철학적 배경과 음양과 천지인 합일을 상징한 춤임을 밝힘
술어해석	• 원전술어를 해석하지 못하고 자신이 만든 춤사위를 설명	• 원전술어의 가감 없는 충실한 해석
문무의 춤사위 복원	• 무보 없이 임의 복원 진퇴 없이 '제자리'에서 추는 제자리 춤으로 복원	• 무보와 동일한 춤사위로 복원 술어해석에 따라 삼진삼퇴의 춤으로 '공경·사양·겸양'의 의미를 나타냄
무무의 춤사위 복원	• 무무의 근거자료 없이 임의 창작 약적의 문무를 간척의 무무로 바꾸어서 만듦	• 무보와 동일한 춤사위로 복원 방패로 막고 도끼로 치는 '공격과 방어'의 의미를 나타냄
일무의 위치 복원	• 무원 64명을 모두 서쪽에 배치	• 무원을 동서 음양 배치로 복원(2010)

Ⅳ. 석전대제의 일무 원형성 검증 검토

1. 일무 원형성 검증

1) 2007년 성균관 주최 검증

석전대제 일무의 원형성 논란이 2003년 처음 제기된 이후 임학선의 "문묘일무 개선안에 대한 심사 청구"(2007. 2. 12)가 있었다. 성균관은 개선안에 대한 심의를 한국 석전학회(회장 최병철)에 공식 요청, 석전학회는 심사위원 5인(최병철, 이상은, 이장열, 송수남, 정승희)을 위촉하고 심사위원회를 구성하여 심의하였다. 52일간의 검증 과정에서 일무 복원의 당사자인 김영숙과 임학선이 각각 출석하여 증언하였고, 이를 종합하여 「최종 종합보고서」(2007. 7)가 작성되었다. 이는 "종래의 기존 일무가 고래의 원형과 상당한 괴리가 있어 개선해야 한다는 사안에 대한 심사 청구"로부터의 결과를 적시한 기록물이다. 보고서는 "임학선의 문묘일무 개선안은 종래의 일무보다 원형 복원을 위함에 있어 상당한 접근을 이루고 있으며, 일제 강점기가 남긴 정신적 잔재를 청산하는 의미마저 있다"라고 그 결과를 밝혔다. 또한 "석전의례의 원형이 완전 복원될 수 있도록 지속적인 노력이 요구됨을 심사위원 전원이 공감"하여 주최 측인 성균관은 이를 채택하였다.

2) 2018년 성균관·문화재청 공동주최 검증

문화재청과 성균관 공동주최로 일무의 원형성을 검증하는 검증위원회(2017. 12. 20 ~ 2018. 2. 13)가 개최되었다. 성균관과 문화재청이 공동으로 주관한 이번 위원회는 성균관 추천 3인(이상은, 임태승, 윤덕경)과 문화재청 추천 3인(이숙희, 이종숙, 심숙경)의 심사위원으로 구성되었다. 검증의 과정은 어느 쪽이 기록으로 남아 있는 원전 술어해석이 올바른지 검토하고, 누가 춤사위를 원래대로 실연하고 있는지에 초점을 두고 실시되었다. 세 차례에 걸친 회의 과정 중 제1차와 제3차 검증회의에 김영숙과 임학선이 출석하여 각각 변론하였다. 매 회의에는 성균관과 문화재청 주무가 입회하여 회의 내용을 기록, 녹취하였다. 2018년 검증위원회의 핵심은 "어느 복원자의 술어해석이 올바른지 검토하고, 어느 쪽이 무보대로 춤사위를 실연하고 있는지 살피는 것"이 관건이었다.

김영숙은 제3차 회의에 출석하여 일무의 춤사위 복원에 대해 사실과 다르게 증언하는 심각성을 드러냈다. 이는 문화재 훼손 방지를 위해 반드시 지양되어야 할 일로, 그 내용은 다음과 같다.

2. 사실에 반하는 김영숙 주장

1) 1980년 일무 복원 당시 무보가 있었는가?

"복원 당시 무보가 있었는가?" 또 "무보를 보았다면 왜 춤사위가 무보와 다른가?"라는 성균관 추천 검증위원들의 질문에 김영숙은 우리나라 제도와 다르기 때문에 그대로 따르지 않고 성경린의 지도로 춤사위를 만든 것이라고 증언하였다.

그러나 이 같은 증언은 사실과 다름으로 드러났다. 김영숙은 자신의 석사학위 논문에서 "일무보는 없고 악장만이 『송사』 「악지」와 『반궁예악서』 등에 전한다"[9]라고 분명히 밝혔고, 국립국악원에서 발행한 『국악전집 9』에도 악장과 술어만 있을 뿐 국립국악원도 춤사위를 그림으로 그린 무보는 현재까지 제시한 바 없다. 문화재청 추천 검증위원 또한 1980년 일무 복원 당시 무보가 없었음을 인정하였다. 그러나 무보에 대한 김영숙의 주장이 2007년부터 달라졌다. 그 내용은 〈표 2〉에서 확인된다.

---

9) 김영숙(1981), 「現行佾舞考」, 이화여자대학교 대학원 석사학위논문. 16쪽.

〈표 2〉 무보의 유무에 대한 김영숙의 왜곡된 주장

연도	무보의 유무에 대한 김영숙 증언	김영숙의 왜곡 내용	출처
1981	송에서는 문무와 무무를 행했다는 기록은 있으나 일무보는 없고 악장만이 『송사』 「악지」와 『반궁예악서』 등에 전한다.	무보를 보지 못했음을 인정함	김영숙(1981), 「현행일무고(現行佾舞考)」, 이화여자대학교 대학원 석사학위논문
1981	세종조에 그 옛 법도에 의한 복원을 하지만 역시 일무에 대하여 언급한 문헌이나 문묘일무보가 발견되고 있지 않다.	무보를 보지 못했음을 인정함	김영숙(1981), 「현행일무고」, 이화여자대학교 대학원 석사학위논문
2007	『반궁예악서』에는 동작에 대한 그림이 그려져 있고 그 동작에 대한 설명이 되어 있다.	무보가 있었다고 말을 바꿈	김영숙(2007), 「문묘제례일무의 전승과 재현」, 정재연구회 학술심포지엄
2007	『반궁예악서』를 참고하라고 하셨는데 『반궁예악서』에는 동작에 대한 그림이 그려져 있고 그 동작에 대한 설명이 되어 있었습니다.	무보가 있었다고 말을 바꿈	문화재청(2007), 「현행 문묘제례일무에 대한 일고」, 문화재청 보고자료 목록 18
2018	"일무 복원 당시 '무보'를 보았는가?"라는 검증위원의 질문에 "네"라고 답하였다.	무보가 있었다고 말을 바꿈	2018 성균관·문화재청 공동주최 일무 원형성 검증 제3차 회의

2) 석전대제 지정 당시 근거문헌 『반궁예악서』는 실제로 존재하는가?

김영숙은 『반궁예악서』를 복원의 근거문헌으로 제시했다. 그러나 『반궁예악서』라는 책은 존재하지 않고, 실제 책명은 『반궁예악전서』임이 확인되었다. 2003년 원형성 문제가 제기된 이후 김영숙은 『반궁예악서』는 우리 제도와 맞지 않아 스승 성경린의 이론과 구술에 전적으로 의존해서 완성하였다고 하는 등, 자신이 제시한 근거문헌을 스스로 부정하는 상황이 벌어졌다. 『반궁예악서』와 관련한 김영숙의 왜곡된 주장은 〈표3〉과 같다.

〈표 3〉 지정 당시 근거 문헌 『반궁예악서』에 대한 김영숙의 왜곡된 주장

연도	반궁예악서에 대한 김영숙 증언	김영숙의 왜곡 내용	출처
1981	1980년부터 국악고등학교에서 『반궁예악서』 등 옛 문헌에 빙거하여 원형을 정비(김영숙 교사 담당) 제정하고 재현·발표함으로써 본격적으로 석전에 실용하여오니 악·가·무 본래가 다시 완벽하게 정제되었다고 할 수 있다.	지정 당시의 근거문헌 『반궁예악서』를 인정함	김기수(1981), 『국악전집』 제9집(10쪽), 국립국악원
1981	문묘의 일무는 그 제도가 퍽 오래이나 우리나라에 유입되어 전승된 제도와 악장은 송대와 명대의 것이며……1981년에 재현된 『반궁예악서』에 준한 일무가 고제에 가장 가까운 것으로 그 역사적 의의가 크다고 하겠다.	『반궁예악서』를 인정함	김영숙(1981), 「현행일무고」(91~92쪽), 이화여자대학교 대학원 석사학위논문
1982	『반궁예악서』에 빙거하여 문묘일무의 옛 모습을 돌이킨 것은 가히 획기적인 개선이요 장거라고 이를 것이다.	『반궁예악서』를 인정함	문화재관리국(1982), "석전의례", 『무형문화재 지정조사보고서 제144호』(11쪽)
2005	『반궁예악서』의 일무와 악장은 명 세종 9년(1530)의 제도에 준한 것으로 『대성악보』에 의거하여 전승된 문묘제례악의 제도와는 상치하는 부분이 있어서 『반궁예악서』를 참고하되 석전대제의 의례 절차와 문묘제례악의 주악 절차를 따랐다.	『반궁예악서』를 부정함	이선주·김영숙(2005), 「문묘제례일무의 이해」, 『석전학논총』 1호(201쪽), 한국석전학회
2007	성경린이 『반궁예악서』를 참고하라 했으나……그대로 따르지 않고 성경린의 이론과 구술에 전적으로 의존해 완성하였다고 하였다.	『반궁예악서』를 부정함	성균관(2007), 「임학선의 '문묘일무 개선안'에 대한 심사 결과 최종 종합보고서」(201쪽)

2007	『반궁예악서』의 내용은 우리나라의 제도와는 다른 점이 많았기 때문에……『반궁예악전서』를 그대로 복원한 것이 아니라 성경린 선생의 이론과 구술 및 실기 시연 지도로 재현하였던 것이다. 따라서 명·청대의 자료인 『반궁예악전서』는 우리나라의 춤으로 재현하는 데 있어서는 무보 그대로 복원할 수 없는 자료인 것이다.	『반궁예악서』를 부정함	김영숙(2007), 「문묘제례일무의 전승과 재현」, 정재연구회(64쪽, 68쪽) 학술심포지엄
2007	『반궁예악서』는 성경린 선생님의 잊혀진 기억을 되살리기 위해 참고한 것이지 그것을 복원한 것은 아니었다.	『반궁예악서』를 부정함	이송·김영숙(2007), "정재에 대한 인식을 대중화시킨 데 보람 있다" 인터뷰, 『댄스포럼』 2007년 1월호(78~79쪽)
2007	『반궁예악서』의 내용은 우리나라의 제도와는 다른 점이 많았기 때문에……성경린 선생께 춤동작, 춤의 대형 모두를 하나하나 실연해 보여드리면서 조언을 받아 재현하였습니다. 『반궁예악서』를 그대로 따르지 않고 성경린 선생님의 이론과 구술에 전적으로 의존하여 완성하였음을 밝히는 바입니다.	『반궁예악서』를 부정함	문화재청(2007), 「현행 문묘제례일무에 대한 일고」, 문화재청 보고자료 목록 18(2쪽)
2007	기존 일무가 우리 문헌에 충실한 복원이었으며……저는 그분에게 배우며 『춘관통고』, 『반궁예악전서』 등의 문헌을 함께 공부했는데 분명 일치했습니다.	『춘관통고』는 임학선이 2006년 제시한 근거문헌임. 김영숙은 『춘관통고』를 제시한 적이 없음	고석림(2007), "영조 탄신 50년 잔치 영조연례 재연" 인터뷰, 『춤과 사람들』 2007년 10월호(40쪽)

| 2007 | 성경린 선생님께서 윗대 선생님들께 배우기는 했으나 실제로 추지는 않은 관계로 잊은 것을 재현하는 작업의 전술자 역할을 맡게 되었다. 문묘일무에 관한 여러 자료가 있었으며 그 중 하나가 명나라 때의 『반궁예악서』이다. | 『반궁예악서』를 부정함 | 이송·김영숙(2007), "정재에 대한 인식을 대중화시킨 데 보람 있다" 인터뷰. 『댄스포럼』 2007년 1월호(78쪽) |
| 2007 | 석전이란……저의 스승이신 관재 성경린 선생이 청나라 무보 『반궁예악서』를 기본으로 원전에 가깝게 복원한 것입니다. | 『반궁예악서』를 인정함 | 고석림(2007), "영조 탄신 50년 잔치 영조연례 재연" 인터뷰. 『춤과 사람들』 2007년 10월호(40쪽) |

3) 검증위원 모두가 인정한 김영숙의 왜곡

문화재청이 추천한 검증위원도 "기존 일무는 무보가 없었고 춤사위가 틀린 것임을 인정"(2018. 2. 2.)하였다. 과거 기존 일무가 학술적인 부분이 부족했음을 인정하면서도 김영숙은 "무보의 마지막 동작을 맞추지 못한 것"이 문제일 뿐이라는 이상한 주장을 하였다. 문묘일무는 '일자 일음 일무(一字一音一舞)'의 구조이기 때문에 한 글자에 한 동작만이 존재한다. 무보의 그 한 동작이 바로 원형이다. 마지막 동작만이 틀린 것이라고 한 것은 곧 춤사위 전체가 변모되었음을 의미하는 것으로, 이를 이해하지 못한 것에서 비롯된 말이다. 이는 무보의 춤사위 분석 연구와 복원의 관계를 깊이 있게 이해하지 못하여 초래된 결과이다.

Ⅴ. 결론 및 제언

본 논문은 국가무형문화재 제85호 석전대제 일무의 역사적 원형을 밝히고 전승 근거를 마련하기 위함이다. 이를 위해 「석전대제 지정조사보고서 제144호」를 중심으로, 그동안 혼란을 거듭해온 김영숙과 임학선의 일무를 비교·분석하였다.

그 결과 김영숙의 일무는 근거문헌을 무시한 채 성경린의 조언으로 만들게 된 춤이라고 하는 바, 처음부터 지정조사보고서의 원칙을 벗어나 왜곡한 것임을 스스로 인정하였다. 반면 무보 고증을 거친 임학선의 일무는 문무와 무무의 근거문헌을 분명히 제시하고 그것의 면밀한 분석을 통해 복원하였다. 이에 제자리 춤으로 왜곡되었던 것을 '삼진삼퇴'의 춤으로 바로잡고, 문무는 공경·사양·겸양, 무무는 공격과 방어를 표상하는 춤으로 되찾았다. 나아가 송사에 전해지는 문무와 무무의 술어를 제시하고 그것이 명대의 무보로 전이된 것임을 춤사위 분석을 통해 밝힘에 따라, 한국의 문묘일무가 송대로부터 전해 내려온 것임을 분명히 하였다.

문묘일무의 역사적 원형은 '무보'로 남겨지게 되고 그것은 긴 세월 동안 오로지 '하나의 원형'으로만 존재해왔기에 춤사위의 원형을 찾는 것이 가능했다. 또한 원전술어의 충실한 해석을 통해 춤사위가 갖는 내밀한 의미와 상징을 고스란히 찾게 되었다. 그것은 온전히 복원자의 몫으로 춤 현장과 이론적 연구가 병행된 결과이다.

옛사람들은 "춤에는 덕이 있고 가르침이 있다"라고 하였다. 스승을 공경의 마음으로 섬기는 것을 제일의 목표로 하는 이 춤은 자신을 갈고닦는 수신(修身)의 춤이다. 문묘일무의 전승자는 정직(正直)을 가르치고 지켜가야 하는 소임을 다해야 한다.

성인 공자는 "허물이 있으면 고치기를 꺼리지 말라"[10]고 하였다. 때문에 명확한 출처도 없이 행해진 잘못된 관행을 바로잡아 올바른 계승으로 이어가고자 하는 것은 후손들을 위한 우리 모두의 책무이다. 그런 의미에서 부디 본 연구가 한국 유교문화의 정수인 '문묘 석전대제 일무 연구'의 교두보가 되어, 바람직한 원형 정립의 한 지표로 피어나길 기대해본다.

---

10) 『논어』「학이」, 子曰 君子不重則不威 學則不固, 主忠信 無友不如己者 過則勿憚改.

2

석전대제의 일무
원형성 검증

국가무형문화재 제85호 석전대제의 일무는 2003년 "제1차 문묘일무의 원형복원을 위한 학술시연"에서 기존 일무의 원형성 문제가 처음 제기 되었고, 2006년 원형복원 이후 두 번의 "문묘일무 원형성" 검증이 있었다.

다음의 글은 2007년 성균관 주최 검증 "청구인 임학선의 '문묘일무 개선안'에 대한 심사결과 최종 종합보고서(한국석전학회)"와 2018년 성균관·문화재청 공동주최 검증에 대한 성균관 추천 검증위원의 "검증보고서", 문묘일무 원형성 논란의 전말·검토·과제에 대한 글이다.

Ⅰ. 2007년 성균관 주최
일무원형성 검증 한국석전학회 심사결과

본 한국석전학회(회장 최병철)는 지난 2007년 2월 28일 성균관 석전보존회(회장 최근덕 성균관장)와 중요무형문화재 제85호 예능보유자(권오흥)로부터 임학선(성균관대 교수)의 "석전일무 개선안에 대한 심사 청구"에 따른 그 원형적 타당성 여부의 심사 의뢰를 공식적으로 접수받고, 3월 2일 회장단 회의를 개최하여 본회 회장을 심사위원장으로 하는 5인의 심사위원회를 구성하였다. 심사위원회는 3월 16일부터 5월 7일까지 52일간에 걸쳐 청구안을 심사 계획에 따라 면밀히 분석·검토하여 그 결과에 대한 제1차 종합의견서를 지난 3월 9일 제1차로 개괄하여 중간 심사 결과를 석전보존회에 통지하였고, 이어 상호 문안 검토 후 금일 그 최종 종합 결과를 발표, 보고한다.

1. 심사위원회

1) 심사위원의 선정

한국석전학회 회장단 회의에서는 석전보전회가 의뢰한 '문묘일무 개선안'을 안건으로 토의, ① 심사위원회의 구성은 5인 및 행정간사 1인을 두기로 하고, ② 심사위원은 전통무용의 공적 대표성을 가진 사람, 유교의 의례를 전공한 교수, 석전일무에 대한 객관적 입장을 지닌 학자를 선정키로 하며, ③ 심사위원장은 석전학회 회장이 담당하되 성균관 석전보존회의 추천, 석전 관련 무형문화재 제85호 기능보유자의 추천, 석전학회 회장단 등의 추천을 받아 회장이 위촉키로 하였다.

2) 심사위원의 구성

본 심사위원회는 한국석전학회의 심사위원 구성 원칙에 따라 지난 3월 9일 심사위원장에 최병철 본 회 회장, 심사위원에 송수남 예술원 회원, 정승희 한국무용사학회 회장, 이장열 서울시 문화재위원, 이상은 상지대 교수를 위촉하였고, 행정간사에는 박만길 석전교육원 기획실장을 위촉하였다.

3) 심사의 목적과 범위

심사 청구자가 제출한 석전일무 개선안에 대하여 심사위원회는 심사의 목적과 범위를 '고증자료에 입각한 원형적 타당성 여부의 평가와 그 심사 의견을 개진하는 것'으로 심사 범위를 설정하였다. 심사 평가의 내용은 기본 평가와 더불어 주로 문헌의 사료적 판단의 정확성, 이론 전개의 역사성, 춤사위 술어의 객관적 타당성, 청구자가 주장하는 일무체계의 한국적 정통성을 각각 평가하고 마지막 종합 판정을 내리는 형식을 취하였다.

4) 심사의 방법과 절차

심사의 방법은 청구자가 청구한 내용에 대해, 일차 서류 심사를 통해 청구사가 주장하는 바를 확인한 다음, 심사 청구자의 일무 개선안에 대한 관련 자료와 참고문헌을 제출받았다. 참고문헌은 청구자가 개선안을 만들기 위하여 연구하였던 중국 문헌 13종과 한국 문헌 4종 등 17종의 무보가 망라된 문헌『문묘일무보 도해』와 관련 저서『문묘일무의 이해』및 다수의 논문을 제출받고, 이어 청구자가 주장하는 개선안의 논지를 두 차례에 걸쳐 구술과 영상자료를 통해 비공개 형식으로 시청 또는 설명을 청취하였다. 마지막으로 청구자의 중요한 논증자료에 해당하는 『악률전서』(주재육 저)의 무보를 별도로 제시하여 살필 수 있었다.

그 후 청구자의 상대측인 '1980년에 복원시킨 기존 일무'(이하 '기존 일무')의 당사자 김영숙(종묘제례일무 전수조교)으로부터 1980년 복원 당시의 문헌적 근거와 그 정황 및 경위 그리고 자신의 논지를 자료로 제출받고, 구체적인 구술을 직접 청취하였다. 그리고 심사위원 각자가 주어진 평가서에 따라 5등급으로 평가한 다음 종합의견서를 자유로이 작성키로 하였다.

2. 심사 청구의 내용

1) 문제의 제기

문묘의 석전의례는 성균관 및 향교에서 공부자(孔夫子)의 학덕을 비롯한 역대 성현의 뜻을 본받고자 스승을 받드는 제사의례로서 유교의 예악사상을 표현한 대학의례의 절차와 행위이다. 또한 석전일무는 문묘에서 행해지는 석전의례 속에 포함된 집단적(64명 혹은 36명) 춤의 형태이다. 한국의 석전은 고구려 소수림왕 2년(372)에 국립대학인 태학을 건립하면서 시작된 것으로 추정한다. 그러나 문묘석전의 음악과 춤의 경우는 고려 예종 11년(1116)에 대성아악이 우리나라에 유입된 후, 오늘날까지 석전의례와 함께 이어진 성균관의 전통문화 가운데 하나이다.

그러나 석전일무는 일제 강점기 36년 동안 상당 부분이 왜곡 또는 훼손되었던 것으로 알려졌다. 8·15 광복 이후로 성균관에서는 일무의 원형을 제대로 복원코자 하였으나 그 결과는 미미하였다. 그 후 1980년에 비로소 국립국악원 소속 음악가 성경린과 김영숙이 옛 문헌(『반궁예악전서』)[1]을 참고로 복원하여 최근(2006)까지 공연해왔다. 그러나 1980년에 복원된 춤사위 또한 상당 부분 확실한 문헌적 고증 없이 원래의 모습과 의미를 상실한 채 잘못 재연되어왔다고 심사 청구자에 의하여 문제가 제기된 것이다.

2) 청구자가 제기한 1980년 복원된 일무(이하 '기존 일무')의 문제점

가. 문무(文舞)의 문제점

무엇보다 성경린의 고증(『반궁예악전서』)과 김영숙의 지도로 만들었다(『석전학논총』, 202쪽)는 기존 일무 가운데 문덕을 상징하는 문무의 춤사위가 그 원전과 상당 부분 다른 점이다. 그것은 원전의 술어를 잘못 해석한 결과이다. 특히 『반궁예악전서』에 대한 해석이, 국립국악원에서 발행한 『국악전집 9』에 수록된 술어해석과 청구자의 해석은 원전의 내용과 상호 일치하고 있으나, 유독 김영숙의 술어해석만이 대부분 원전과 일치하지 않는다는 점이다. 그리고 삼진삼퇴의 보법에서 공경과 사양과 겸손을 나타내는 읍(揖)·사(辭)·겸(謙)의 의미가 없고, 약적이 반드시 십자형(+)으로 합하여 천·지·인 삼재의 합일을 상징하는 춤동작이 결여되어 있다는 지적이었다.

---

1) 1980년 복원된 기존 일무의 근거문헌은 『반궁예악서』이다. 그러나 이 책은 『반궁예악서』가 아니라 실제 책명은 『반궁예악전서』임이 2003년 "제1차 문묘일무의 원형 복원을 위한 학술시연"에서 처음 밝혀졌다. 따라서 본 글에서는 『반궁예악서』를 『반궁예악전서』로 바로잡아 쓰고 있음을 밝힌다.

나. 무무(武舞)의 문제점

『반궁예악전서』에는 초헌무, 아헌무, 종헌무의 각 32동작(계 96동작) 모두가 약과 적을 들고 추는 문무의 춤사위 96동작만이 수록되어 있으나, 간과 척을 들고 추는 무무의 춤사위는 존재하지 않는다. 그러나 1980년에 복원한 기존 일무는 아헌무와 종헌무에서 약과 적을 들고 추는 문무의 춤사위 64동작을 무무의 춤사위 동작으로 재구성하였는데, 이는 무구를 간과 척으로 바꿔 들었을 뿐 원형과는 거리가 멀다는 점이다. 따라서 무무의 특징인 보벌(步伐, 공격)과 지제(止薺, 수비)의 용맹성을 반드시 표현했어야 함에도 기존 일무에는 이 특징을 춤사위에 반영하지 않았다는 점이다. 또한 방패를 세우고 도끼를 옆으로 뉘여 합(+)을 이루어야 함에도 문무와 동일한 동작으로 바꾸어 원형과는 다르다는 것이다. 이는 무무의 술어나 춤사위가 수록된 무보를 확인하지 못한 채, 임의로 문무의 춤사위를 무무의 춤으로 연출한 것인바, 이는 문묘석전의 일무체계를 뿌리째 흔든 심각한 문제점이라는 지적이었다.

3) 기존 일무와 청구자가 주장하는 내용과의 공통점

가. 중국과 달리 문무·무무를 갖춘 팔일무의 구조적인 틀은 동일했다.

나. 석전제향악을 그대로 수용하고 있다.

다. '일자 일음 일무'의 춤사위 구성 원칙을 그대로 유지한다.

라. 양손에 들고 추는 약적과 간척을 사용하되, 간척의 크기는 보완이 요구된다.

마. 의상 역시 그대로 사용한다.

4) 청구자가 원형 복원을 위해 참고한 문헌

가. 문무는 조선의 유의양에 의해 편찬된『춘관통고』(1788)의 무보.

나. 무무는 중국 명대의 주재육이 편찬한『악률전서』(17세기)의 무보와 송대 신종 때의 무무(1079)와 철종 때 섭방이 만든 무보(1089)의 술어.

다. 『반궁예악전서』(1656), 『궐리지』(1504), 『남옹지』(1544), 『황명태학지』(1557) 등 모두 중국 문헌 13종과 한국 문헌 4종.

3. 개선안에 대한 평가

1) 평가의 개요

석전일무 개선안에 대한 평가는 양면으로 채점하였다. 하나는 각 심사위원별로 정해진 항목마다 백분율에 의거하여 등급을 선택하는 판정식 평가였고, 다른 하나는 심사위원 각자가 작성한 심사 결과에 대한 종합의견서를 작성토록 함이었다. 판정식 평가서는 각 심사위원이 기본 평가 25%와 내용 평가 75%를 합하여 종합 판정(최고 100%)을 내리도록 하였다. 기본 평가(5개) 각 항목에는 문제 제기의 타당성 5%, 주장하는 내용의 독창성 5%, 개념 사용의 명료성 5%, 석전제례악과의 조화 가능성 5%, 시대적 기준의 적절성 5%로 최고 계 25%로 설정하였다. 또한 내용 평가(5개)의 각 항목에는 사료적 판단의 명확성 15%, 이론 전개의 역사적 부합성 15%, 춤사위 체계의 객관적 타당성 15%, 일무체계와 춤사위 서술의 정확성 15%, 일무체계의 한국적 정통성 15%로 최고 계 75%로 설정하였다. 모든 항목에는 선택지로 매우 높음, 높음, 보통, 낮음, 매우 낮음의 계 5등급을 마련하여 선택토록 하였다. 그리고 기본 평가와 내용 평가에서 나온 백분율 점수의 합계를 종합 판정에 반영하되 100%~75%는 '채택 가'(A)로, 74%~50%는 '보완 후 채택'(B)으로, 49%~25%는 '보완 후 재심'(C)으로, 24%~0%는 '채택 불가'(D)로 판정토록 하였다.

평가를 위한 채점 결과 심사위원 전원은 '채택 가'(A)로 종합 판정하였고, 평균 득표 비율은 92.6%에 달했으며, 단 한 사람은 '보완 후 관련 기관에서 결정'이라는 의견을 첨언하였다. 결국 심사위원 전원은 청구자가 내놓은 석전일무 개선안은 충분히 채택할 수 있는 연구 결과로 판정한 것이다. 단 심사위원회는 심사 의뢰 기관인 성균관 석전보존회에 심사 결과를 통보함으로써 종결됨을 확인하였다.

2) 기본 평가

가. 문제 제기의 타당성

1980년에 복원된 석전일무에 대한 임학선의 문제 제기는 다음과 같다. 첫째, 1980년 성경린과 김영숙의 고증문헌인 『반궁예악전서』에 대한 입장이 불분명한 점이었다. 이런 입장은 원형 복원의 커다란 걸림돌이 된다. 김영숙이 오랫동안 석전문화 계승에 끼친 공로는 인정하나, 어디까지가 창작이고 어디까지가 고증인지 학술적인 객관성이나 논리성이 결여되었다는 점이다. 둘째, 원전술어의 해석이 임의적이다. 술어해석을 비교해보면, 『국악전집 9』에 나타난 국립국악원의 해석과 청구자 임학선의 일무술어해석은 거의 원문에 충실했으나, 김영숙의 술어해석은 원전의 내용과 전혀 다른 의미로 해석되었다. 그러면서도 자의적으로 잘못 해석된 점을 인정하지 않는 등 자신의 임의 창작을 드러내었다. 또한 술어해석의 오류로 인해 일무의 춤사위가 변모되어 춤의 원전(해석)과 실제 동작이 크게 다르

것이다. 셋째, 김영숙은 1980년 복원 당시 고증문헌인 『반궁예악전서』의 무보를 직접 확인하지 못한 것이다. 왜냐하면 김영숙은 그의 석사학위논문인 「현행일무고」(1981)에서 "일무에 대하여 언급한 문헌이나 문묘일무가 발견되고 있지 않다"고 하여, 문헌적 자료에 관한 정보가 전혀 없었음을 스스로 진술했기 때문이다. 넷째, 무무의 고증문헌을 확보하지 못한 채 문무를 가지고 무리하게 무무로 임의 변경시켰기 때문에 무무가 가지는 본래의 특징을 살려내지 못했다 할 것이다. 다섯째, 옛날 민가에서는 음악이나 무용이 구전 또는 몸과 몸으로 전해 내려왔지만, 문묘석전과 같은 국가적 의례나 궁중무용은 고증되는 문헌이 있어왔다. 따라서 현대는 고증에 입각한 과학적 분석과 문헌적 체계 없는 학술이나 예술, 문화 등은 인정받지 못한다는 점을 알아야 한다. 임학선의 일무 개선과 관련한 문제 제기는 이러한 점에서 석전일무 발전을 위한 적절한 연구 성과로 평가되어야 할 것이다.

나. 주장하는 내용의 독창성

청구자 임학선은 심사위원회에 출석하여 "문헌에 근거하여 복원한다 하더라도……중요한 것은 전통 춤사위의 핵심을 파악하고 그 내용과 일치하는 옛것을 표현하고자 함에서 현대적 복원의 의미를 갖는다. 박제화된 춤이 아니라 옛것을 통해 오늘의 것으로 이어감을 의미한다"고 했다. 이는 '전통문화의 현대적 계승'이라는 측면에서 매우 바람직한 발전 방향이다. 임학선은 18여 종의 일무보에 대한 다각적인 비교 연구를 통해 일무의 유래와 역사, 철학적 배경과 의미, 춤사위의 내용과 상징성 및 변이 양상 등을 체계적으로 분석하고 있다. 춤의 내용과 형식이 원형에 가깝도록 적극적인 연구·발표를 통해 전통 일무의 정확한 원형 복원과 석전문화의 올바른 계승을 위한 많은 노력은 높이 평가되어야 한다. 특히 석전일무의 원형 복원을 위한 획기적 내용은 바로 주재육의 『악률전서』(17세기) 내의 무무보의 발견이었다. 이제까지 문무보는 『반궁예악전서』를 기반으로 원형을 재현할 수 있었으나 무무보는 발견되지 않았던 것이다. 1980년 일무 복원 시 성경린과 김영숙은 문무보를 기초로 간척의 도구만을 사용하여 무무를 임의로 창작하였으나, 임학선은 여기서 한 걸음 나아가 무무보를 찾아 그 원형을 재현했던 점에서 그 독창성이 인정된다 하겠다.

다. 개념 사용의 명료성

석전일무는 문무와 무무 모두 무보에 수록된 하나하나의 동작을 개념적으로 명료하게 명명하고 있는바, 춤사위 구성에 있어 '일자 일음 일무'의 원칙을 말한다. 이는 『논어』의 정명사상과 일맥상통하는 것으로, 유교에서는 그 명칭에 걸맞는 올바른 행위를 요구한다. 임금은 임금답고 신하는 신하답고 부모는 부모답고 자식은 자식다운 행동을 해야 한다. 개념의 사용은 지시하는 개념의 실제성과 일치될 때 비로소 현상으로서의 사물을 올바른 개념으로 파악한다. 따라서 춤에 있어 '일자 일음 일무'의 춤사위 구성 원칙은 중요한 의미가 아닐 수 없다. 그러나 김영숙은 이러한 춤사위 구성의 기본 원칙을 지키지 않았고, 임학선은 이를 지킴으로써 유교의 철학적 전통과 사상을 계승하고 있다는 점에서 차이가 있다.

석전일무라는 춤의 형태에서 기존 일무의 김영숙은 고증자료에 나타난 대로 약과 적을 십자형(+) 모양을 갖추어 얼굴 정면에 위치해야 함에도, 이를 엑스자형(X)과 십일자형(11)으로 동작을 변화시킴으로 인해, 유교에서 스승에게 공경과 사양과 겸손을 나타내는 읍·사·겸의 동작을 춤사위에 담아내지 못하였다. 그러나 임학선의 연구 성과에서는 개념 사용을 명료하게 밝히는 한편 고증문헌에 따라 십자형(+) 모양의 동작을 통해 천·지·인 삼재의 유가사상을 반영하였고, 약과 적을 사용하여 삼진삼퇴가 가지는 일무의 특징을 살려 유교의 음양원리에 결합시킨 것으로 평가되었다.

라. 문묘제례악과의 조화 가능성

석전의례에서 연주되고 있는 문묘제례악은 춤사위를 이끄는 중요한 가치를 지닌다. 춤동작이 시각적이며 동적인 가치를 지닌다면, 제례악은 청각적이며 정적인 가치를 지닌다. 춤사위가 하나하나 절도 있는 동작으로 이루어지려면 연주되는 음악을 따르게 된다. 이러한 음악과 춤과의 관계에 있어, 춤동작에 따라 멜로디나 박자가 따르는 것이 아니라 음악의 멜로디에 따라 춤동작의 완급이 조절되며 악무가 조화를 이루게 된다. 따라서 개선안의 일무가 문묘제례악과 얼마든지 조화 가능하다는 임학선의 주장은 타당하다 할 것이다.

마. 1980년 복원 당시의 복원 주체와 기준의 문제점

1980년 석전일무의 복원 당사자인 김영숙은 『석전학논총』(2005)에서 "(음악가) 성경린의 고증과 김영숙의 지도로 만들었다"고 하며 청대의 문헌인 『반궁예악전서』(1656)의 일무술어를 번역·해설하였다. 그러면서도 김영숙은 청구자의 여러 참고문헌을 우리나라 전통인 송대의 기준에 맞지 않는 "명·청대의 문헌을 중심으로 연구해 재현한 것"이라고 비판하였다. 또한 본 심사위원회에 출석한 김영숙은 성경린의 일무 복원을 '절대적'으로 평가하며 존숭하였다. 그러나 성경린은 「무형문화재 지정조사보고서 제144호」(1981. 9. 23) "석전의례"에서 "『반궁예악서』에 빙거하여 문묘일무의 옛 모습을 돌이킨 획기적 개선이요 장거"라고 자찬하며 『반궁

예악전서』가 1980년 일무 복원의 근거자료임을 명백히 하였다. 이는 『반궁예악
전서』가 원형 복원과 관련한 사료적 가치의 기준임을 입증한다. 그런데 기존 일
무 복원자인 김영숙은 성경린을 절대적으로 따랐다고 하면서도, 한편으론 성경
린이 빙거한 청대의 『반궁예악전서』를 고증자료로 인정하지 않는 이율배반의 오
류를 범하고 있다.

바. 시대적 기준의 적절성

오늘날 중국은 명대, 대만은 청대를 기준하여 공자의 위패를 '지성선사공자지
신위(至聖先師孔子之神位)'로 표기하며 제후의 예로서 재현하고 있다. 반면에 우리나
라는 시대적 기준을 송대에 두고 공자의 위패를 '대성지성문선왕(大成至聖文宣王)'
으로 표기하며 천자의 예로 계승하고 있다. 다만 우리나라의 석전악무는 고려 예
종 11년(1116) 6월에 송나라 휘종이 보내준 대성아악에 기원한다. 물론 석전일무
도 이때부터 시작된 것으로 추정된다. 본 심사와 관련한 기존 일무나 청구자 양
측 모두는 오늘날 공자를 천자의 예로 대우하는 성균관과 향교의 전통을 그대로
수용하고 있다.

다만 기존 일무 측의 김영숙은 명·청대의 문헌들이 송대와 다른 시대적 차이라
는 이유로 임의 창작을 통해 재현해왔던 것이고, 개선안을 제기한 임학선은 송대
의 섭방이 술어로 편찬한 〈화성천하지무〉가 문무이고 〈위가사해지무〉가 무무임
을 확인하여 명·청대에 편찬된 무보들을 수집하고 비교·분석한 다음, 마침내 일
무의 형식과 내용이 거의 일관되게 이어진 사실을 발견했던 것이다. 다만 무무는
명·청대에 행해지지 않아 그동안 무무보가 잘 알려져 있지 않았고, 무무보가 수록
된 문헌도 찾기 어려워 잘 알려지지 않았다. 그러나 임학선은 아무도 찾지 못했던

무무의 무보를 발굴하여 섭방의 무무술어와 주재육의『악률전서』에 나타난 무무보가 그 역사적 서술까지 상호 일치됨을 발견하였고, 석전일무가 송·명·청과 천자·제후의 예우와 관계없이 일관된 형식을 유지하고 있음을 확인할 수 있었던바, 심사위원들은 청구자의 이 점을 높이 평가한 것이다.

다만 조선시대에는 공자를 '대성지성문선왕' 위패로 봉안했으나 중국과의 관계로 말미암아 완전한 천자의 예를 행하지는 못했다. 이유는 당시의 조선이 천자국이 아니었기 때문이다. 그러나 고종이 대한제국을 선포하고 천자로 등극하면서부터 명실상부하게 모든 예우를 천자의 예로 할 수 있었다. 석전악무 역시 천자의 예로 행함은 지극히 당연한 것이었다. 따라서 청구자 임학선의 시대적 적용은 명·청대의 문헌이나 동시대의 조선조 문헌일지라도 일무보와 관련한 시대적 기준에 전혀 오류가 없음을 알 수 있었다.

3) 내용 평가

가. 사료적 판단의 명확성

청구자 임학선이 석전일무의 원형을 찾기 위한 참고문헌은 그의 저서인『문묘일무보 도해』에 나타나 있는 명대의『궐리지』(1504),『남옹지』(1544),『황명태학지』(1557),『삼재도회』(1597),『반궁예악소』(1573~1615)와 청대의『반궁예악전서』(1656),『대성통지』(1669),『궐리광지』(1673),『문묘예악고』(1674),『국학예악록』(1719),『문묘정제보』(1845),『청읍반궁악무도설』(1851),『성문악지』(1887) 그리고 조선시대의『춘관통고』(1788),『궐리지』(1900년경),『속수성적도후학록』(1917),『공부자성적도성학유림록』(1926) 등이다. 앞의『악률전서』를 통한 최초의 무무보 발견은 한국 석전역사의 쾌거라 할 것이다. 따라서 문무는 조선의 유의양에 의해 편찬된『춘관통고』의 무보와도 같은 것이었고, 무무는 중국 명대의 주재육이 편찬한 『악률전서』
(17세기)의 무보와 송대 신종 때의 무무술어(1079)와 철종 때 섭방이 만든 무보(1089)
의 술어를 기반으로 하였다는 임학선의 주장은 옳다고 할 것이다. 또한 문무의 경
우 국립국악원의 『반궁예악전서』가 춤사위 술어해석과 더불어 서로 일맥상통하고
있는바, 임학선은 사료적 판단에 있어 최소한 문헌적 오류가 없다는 점을 심사위
원 전원이 공감하였다.

나. 이론 전개의 역사적 부합성

우리나라의 석전일무는 1116년에 송대로부터 유입된 것이다. 송대는 신종 때
(1079) 고대의 옛 제도를 찾아 문무와 무무를 만들었으며, 철종 때(1089) 대악정 섭
방이 문무인 〈화성천하지무〉와 무무인 〈위가사해지무〉를 만들었다. 이 두 종류
의 춤은 『송사』에 전해지며 춤사위의 술어가 상세하게 남아 있음을 임학선이 인지
한 것 같다. 송대는 이때 문무와 무무 모두를 만들었지만 〈화성천하지무〉만이 널
리 추어지게 되었고, 훗날 공자의 제례에도 사용하게 되었다. 그리고 송대 이후
로는 공자의 문덕만을 섬겨 〈화성천하지무〉만을 사용, 무무는 중국에서 역사 속
으로 사라졌던 것이다.

우리나라는 송나라 섭방이 만든 〈화성천하지무〉와 〈위가사해지무〉가 유입되
었을 가능성이 많은 것으로 추정된다. 그것은 우리나라의 유입 시기와 섭방이 춤
을 만든 시기가 불과 27년 정도의 차이를 보이기 때문이다. 또 다른 중요한 이유
는 송대에 만든 〈화성천하지무〉의 춤사위가 명나라 최초의 무보로 알려진 『궐리
지』의 일무보에 그대로 스며 있다는 점이다. 이 『궐리지』의 춤사위가 『반궁예악전
서』는 물론 『춘관통고』를 거쳐 오늘날까지 이어진 춤사위이다. 그러므로 오늘날의

문묘일무가 송나라 섭방의 춤(술어)으로부터 비롯되었음을 알 수 있다. 바로 이 춤 사위 술어가 문무인 〈화성천하지무〉와 무무인 〈위가사해지무〉에 이르기까지도 그 핵심적 춤사위와 『악률전서』의 무보와 거의 일치하고 있어, 결국 시대적 구분 과 관계없이 석전일무가 송대, 명대, 청대 그리고 조선에 이르기까지 거의 변함없 이 계승된 것임을 뜻하는바, 임학선의 개선안은 역사적으로 하자 없다 할 것이다.

다. 춤사위 체계의 객관적 타당성

오늘날 문묘일무의 춤사위는 송나라 섭방의 춤이 근원이 된다. 임학선의 개선 안에서 제기되는 문무와 무무의 춤사위 체계도 역시 송대 섭방이 만든 춤에 근원 을 두고 있다. 1980년 복원된 기존 일무는 김영숙이 진술한 내용에서 "『반궁예악 서』를 그대로 따르지 않고 성경린의 이론과 구술에 전적으로 의존해 완성하였다" 고 하였는데, 이는 입으로만 고증문헌을 참고했다고 할 뿐 실제로는 어떠한 기준 이나 근거조차 없이 임의로 창작하였음을 스스로 자인한 것으로 보인다. 이에 비 해 임학선은 역사적 고증문헌을 가능한 한 원형 그대로 복원, 객관적으로 춤사위 동작을 재현하였다. 그 이유가 첫째, 무보에는 동작 하나하나에 동작의 명칭과 춤사위 그리고 술어가 동시에 나타나 있어 임의로 창작할 수 있는 여지가 없다는 점이다. 둘째, 춤에는 춤사위 동작에 이미 유교적, 역사적, 철학적 의미가 내포되 어 있어서 이러한 철학적 의미가 결여된 춤사위 동작의 창작은 올바른 복원일 수 없다. 임학선은 춤사위 동작의 명칭과 춤사위 그리고 술어를 충실히 원문에 맞게 해석하여 재현하였고, 그 속에 담긴 유교의 역사적, 철학적 표현을 최대한 살리 고자 함으로써 춤사위 체계의 객관적 타당성을 유지하고 있음이 인정된 것이다.

라. 일무체계와 춤사위 서술의 정확성

임학선은 석전일무보의 원전술어해석에 앞서 몸동작과 무구동작의 '춤사위 용어'
에 대한 선행연구를 통해 해석의 근거를 마련한 다음, 그 틀에 맞추어 원전술어를
해석하였기 때문에 내용이 탄탄하였다. 원전술어의 명확한 해석을 통해 춤사위의
철학적 배경까지도 밝혀낸 것이다. 문묘일무의 춤사위는 문무의 경우, 수수지례(授
受之禮, 천자의 자리를 서로가 주고받는 예)를 철학적 배경으로 하여 삼진삼퇴(세 걸음 앞으
로 세 걸음 뒤로) 하며 읍(揖)·사(辭)·겸(謙)의 동작으로 공경(恭敬)과 사양(辭讓)과 겸양
(謙讓)의 미덕을 상징적으로 표현, 춤사위 서술을 요와 순 그리고 순과 우의 평화
적 왕권 교체의 역사적 과정을 문덕의 의미로 나타낸 것이다. 특히 무무의 경우,
보벌(步伐, 과감한 공격)과 지제(止薺, 굳건한 방비)를 상징하는 춤사위로 구성, 탕왕과
무왕의 혁명사를 나타낸 것으로 이해된다. 문무가 문덕에 의한 천명(민의)의 왕권
교체를 뜻한다면, 무무는 공방에 의한 혁명의 왕권 교체 이론을 상징적으로 나타
냈다 할 것이다.

마. 일무체계의 한국적 정통성

기존 일무나 개선안 모두 석전일무가 들어온 중국 송대를 기준으로 한국적 정통
성을 계승하고 있음은 공통적이다. 양측 모두 현재의 중국이나 대만과 달리 '대성
지성문선왕'이라는 공부자의 위패를 기준으로 삼고 있기 때문이다. 그러나 1980
년 복원의 주역인 김영숙은 논리적으로는 송대의 기준을 주장하면서도 송대의 일
무나 춤사위 또는 근거자료를 제시하지 못한 채 제후의 예로 행하는 명·청대와
조선조의 무보들은 무조건 모두 고증적 가치가 없는 것으로 매도, 따라서 자신의
임의 창작만이 옳다는 것이다. 문묘일무는 유교제례무로 엄격한 춤의 형식을 갖

추고 있으며 춤동작 하나하나에 상징적 의미가 담겨 있다. 문묘의 제례무는 민속춤과는 다른 것이어서 임의로 창작될 수 있는 춤이 아니다. 시대적 흐름과 더불어 어쩔 수 없는 상황이었다 하더라도 그 원형의 핵심적 내용이 있은 후에 시대의 흐름에 따라 변화, 발전되어야 나름대로 정통성을 지녔다고 말할 수 있다. 만약 한국적 정통성을 찾는다 하여 그 핵심을 무시한 채 임의적으로 만들었다면 정통성을 지녔다고 말하기 어려울 것이다.

전통적 한국의 악무는 석전제례의 일부이다. 한국의 석전제례는 고구려 소수림왕 2년에 세워진 국립대학 '태학'에 기원한다고 볼 수 있다. 왜냐하면 동양에서는 대학이 건립되면 반드시 문묘를 설치하였고, 문묘가 설치되었다면 제사가 필연적으로 뒤따르기 때문이다. 다만 석전의례의 악무는 고려 예종 11년에 송대로부터 유입되어 오늘날에 이르고 있다. 이때는 한국이나 중국 모두 석전을 천자의 예로 거행한 것으로 보인다. 그러던 중 중국에 명나라가 들어서며 석전을 제후의 예로 지내고 공자의 신위를 '지성선사'로 바꾸었다. 이 때문에 조선 중기에 이르러 공자의 위패를 명대로 따르자는 논의가 분분했으나, 결국 '대성지성문선왕'의 위패를 그대로 유지키로 결론지었다. 이에 따라 우리나라 석전의례 행사가 중국과 차별화되는 계기가 되었던 것이다.

그렇다고 송대로부터 전래된 일무 형식이 변형되었다는 아무런 증거도 없다. 다만 중국은 명대 이후 석전일무 중 무무는 버리고 문무만 추었으나, 우리나라는 문무와 무무를 모두 추어왔다는 점이 다를 뿐이다. 따라서 한국적 일무의 전통은 송대로부터 받아들인 일무를 그대로 계승한 것임을 알 수 있다. 그러나 불행히도 36년간 일제의 조선 병탄으로 말미암아 그 전통적 원형이 멸실된 바 있었다. 그렇다면 우리는 그 원형을 송대의 문헌적 자료에 의존함이 원칙일 것이다. 여기서 임학선은 송대의 섭방이 저술한 〈화성천하지무〉(문무)와 〈위가사해지무〉(무무)의 술어를 만날 수 있었고, 그 술어를 통해 명대의 『궐리지』, 『남옹지』 그리고 청대의 『반궁예악전서』와 조선의 『춘관통고』 등의 무보가 일맥상통함을 발견한 것이다. 보다 획기적인 것은 주재육의 『악률전서』를 통해 무무보까지 발굴해냈다는 점이다. 그러므로 석전일무의 무보는 적어도 우리나라에서 전통적으로 행해진 문무와 무무의 원형을 모두 찾아낸 것으로 추정된다. 그러므로 명·청대에 발행된 서적이라 하여 그 내용이 송대와 별개라는 김영숙의 주장은 지극히 주관적일뿐더러, 자신이 재현한 일무만이 옳다는 독단은 전혀 타당성이 없으며 원형과 전통을 계승 발전시킴에 있어 지극히 위험한 발상이 아닐 수 없다.

4. 김영숙의 반론에 대하여

1980년 일무 복원 당사자인 김영숙은 본 심사위원회에 출석하여 「현행 문묘제례일무에 대한 일고」라는 논문을 제출하고, 개선안 청구자 임학선의 주장에 반론을 제기하였다. 이에 아래와 같이 논평하고자 한다.

1) 총론

김영숙은 1975년부터 성균관 석전대제의 팔일무를 지도해온 무용가이다. 그러나 그것은 일제에 의해 왜곡된 '삼방배' 형식의 춤이었다. 그러던 중 1980년에 이르러 당시 국립국악원의 성경린과 더불어 석전일무의 원형 복원 작업을 시작하였다. 그로부터 26년간 성균관 문묘에서 석전일무를 복원하고 재현하여온 공로는 한국 석전사에 있어 빛나는 일이라 할 것이다. 그러나 한국의 전통은 많은 부문에서 일제의 왜곡과 파괴로 말미암아 그 원형을 하나하나 되찾아감에 많은 어려움이 뒤따르게 된다. 지금의 일무의 원형 문제도 그 입증할 만한 고증자료가 아니고는 복원이라는 말 자체가 성립될 수 없을 것이다. 때문에 1980년에 복원하였다고 하지만 누구를 막론하고 분명한 자료가 새로이 발굴 또는 입증되었다면, 그것은 다시 공론에 의해 재평가됨은 병가지상사라 할 것이다.

그럼에도 불구하고 김영숙은 그가 절대시하는 성경린이 『반궁예악전서』를 참고하라 했으나, 그것이 우리나라 제도와 달라 성경린의 구술과 조언만을 받아서 재현했다고 하였다. 즉 "『반궁예악전서』를 주로 원용한 문헌이지만 그대로 따르지 않고 성경린의 이론과 구술에 전적으로 의존해 완성하였다"고 함으로써 『반궁예악전서』를 참고했다는 것인지 안 했다는 것인지 애매하게 설명하고 있는바, 이는 결국 자신이 임의로 창작했음을 자인한 형국이다. 복원은 원형을 전제로 하는 말인데, 그렇다면 김영숙은 복원한 것이 아니라 임의 창작했다는 결론에 이르게 된다. 게다가 김영숙의 또 다른 논문(「문묘제례일무의 이해」)에서 『반궁예악전서』에 있는 춤사위의 원문술어를 해석함에 있어 원문과 전혀 다른 임의 해석으로 일관하였다. 그 해석도 국립국악원(『국악전집 9』)과 청구자 임학선의 해석은 모두 일치하나, 김영숙의 해석만이 차이가 크다는 사실을 발견하였다. 이는 국립국악원의 공식 입장에도 반한다 할 것이다.

2) 각론

가. 조선시대에 육일무(제후의 예)를 추어오다가 대한제국의 광무 이후 팔일무(천자의 예)를 추었다는 김영숙의 말은 사실이지만, 그렇다고 해서 육일무와 팔일무의 춤

동작 자체가 달라지는 것은 아니다. 육일무는 48명(6×8)으로, 팔일무는 64명(8×8)으로 신분에 따라 구성되는 일무의 규모이다. 그렇다고 규모 때문에 일무의 형식과 동작이 바뀌는 것은 아니다. 김영숙은 조선의 일무보인『춘관통고』나『악률전서』가『반궁예악전서』와 같이 육일무를 춘 명·청대에 출간된 서적이라는 이유로 팔일무를 추는 현재의 한국에는 맞지 않는다고 주장한다. 그것은 문헌에 따른 일무의 실체를 연구하지 않았음을 의미한다. 일무의 규모에 따라 춤사위가 달라진다는 이론은 근거 없는 주장이다. 이러한 논리로는 자신의 임의 창작이 정당화될 수 없다. 문헌은 내용이 중요한 것이지, 발행된 시대가 진위를 가늠하는 것은 아니다. 그렇다면 어떠한 문헌도 김영숙에게 참고할 가치 있는 책은 존재하지 않을 것이다. 게다가 임학선이 송대 섭방의 문무와 무무의 술어를 발굴하여 명·청대 일무보의 서적들과 일맥상통함을 입증하였음에도, 송대의 일무 형식을 고집한 김영숙이 송대의 문헌인 섭방의 '무보술어'조차 인정하지 않는 까닭은 무엇인가?

　　나. 석전일무 동작은 누구나 쉽게 그 동작을 이해할 수 있도록 객관화되어 있다. 그 내용이 춤 전문가만 표현할 수 있는 어려운 동작도 아니다. 석전일무 춤사위는 동작 속에 철학적 의미가 존재할 뿐이다. 따라서 석전일무의 동작과 서술에서 과거의 역사적 사실과 철학적 의미를 벗어난 기교적 표현은 금물이다. 오히려 담백 솔직해야 함을 알아야 한다. 일무가 무보 없이 몸과 몸으로 이어졌던 민속춤이나 창작춤과는 근본적으로 다르기 때문이다.

　　한편 청구자 임학선의 "춤추는 방향이 무보와 다르다"는 주장에 대하여 김영숙은 잘 이해하지 못한 것 같다. 김영숙은 신로 때문에 일무단이 중앙에서 서쪽으로 이동하여 춤추는 방향이『반궁예악전서』의 무보와 다르다고 변명하나, 이는 임학선의 주장과 무관하다. 임학선의 주장은 두 사람씩 동·서 두 줄로 짝을 이루는 서로 안과 밖을 향하거나 마주하여 음양의 상대적 방향 관계를 말한 것이어서, 신로의 유무로 해명될 사안이 아니었다.

다. 석전일무의 도구는 물론 약적과 간척이다. 김영숙과 임학선 양자 모두 이를 수용하였다. 이 역시 문헌(『국조오례의』)이 존재하기 때문이다. 그리고 그 문헌도 김영숙이 부정하는 조선시대에 출간된 문헌이다. 다만 적의 깃털 사용은 임학선이 원형 복원을 위한 시연 당시 중국의 문헌에 따라 춤의 실체를 연구하는 차원에서 사용한 바 있으나, 그렇다고 우리나라 일무체계 자체를 바꾸자는 주장은 아니었다.

라. 석전제향악과 석전일무와의 관계는 본 심사위원회의 심사 범위와 달라 재론하기 어렵다. 다만 그 동작은 음악의 장단에 따라 완급이 달라질 수는 있겠지만, 춤사위의 형식과 내용과는 무관하다는 일반론이 성립될 수 있다.

마. 김영숙은 심사 청구자 임학선의 주장대로 석전일무를 고집하면 "한국적 춤사위에서 출발한 독자성, 몸과 몸을 통한 실기 중심으로 전승한 고유한 법통을 상실하게 되고, 중국의 문헌에 충실하여 중국화시키는 것"이라고 주장하였다. 그러나 김영숙은 석전의 출발과 체계가 어디서 출발한 것이지 망각한 것 같다. 석전 의례 자체가 중국의 의례이고 그 표상이 또한 중국인 공부자(孔夫子)이다. 그렇다면 어찌하여 김영숙은 중국 송·원대가 원형이라고 주장하는 것인가? 결국 모든 문헌을 무시하고 자신이 임의 창작한 일무만이 한국적 전통이라는 독단적 아집

에 불과할 것이다. 문헌에 근거한 재현을 임의 창작이라고 주장하는 김영숙의 논리는 환영받기 어려울 것이다. 김영숙은 무엇을 근거로 원형을 복원한 것인가?

5. 임학선의 개선안과 기존 일무 김영숙과의 비교

1) 일무 복원에 대한 창작 여부

고려 예종 11년 대성아악과 더불어 한국에 유입된 석전일무는 조선왕조 전기를 거쳐 면면히 전승되었다. 임진왜란이나 병자호란 등 국가적 대란을 거치면서 일시 중단된 바도 있어 현재까지 그 전승의 실체가 뚜렷이 없는 상태에서 조선 후기에 이르러서는 전기와 달리 많은 변화가 있었을 개연성은 배제할 수 없다. 특히 일제에 의한 청일전쟁과 러일전쟁 이후, 국권을 강탈당하며 한일합병이라는 일제의 만행은 한국의 전통적인 제사제도까지 손을 대었다. 1908년에는 제사제도를 개정하는 칙령을 만들어 강제로 반포토록 하였다. 국가적 규모의 제사는 폐지 또는 축소되었고, 일제 강점 이후 1911년 2월에는 이왕직관제(李王職官制)를 반포, 이때부터 제사제도와 관련한 전통의례가 일본식으로 바뀌거나 변질되었다. 일례로 종묘대제의 음악 '보태평·정대업'을 '보태화·향만년'이라는 명칭으로 바꾸게 하였다.

이러한 국악체계의 혼돈 속에서 김기수(이왕직아악부 양성소 4기생, 1917~1986)는 1941년에 일왕을 위해 〈황화만년지곡〉을 지어 올려 일제의 환심을 사기도 하였다. 최근 연구에 의하면 종묘제례의 악장과 가사에 대한 왜곡 시기가 1917년이라는 보고도 있다. 이왕직아악부(李王職雅樂部)의 개원이 1925년이므로, 현재 국악계 원로들도 이미 왜곡된 국악의 전통을 익혀왔을 가능성은 미루어 짐작된다. 이처럼 민족의식마

저 말살하려는 일제 치하에서 문묘의례의 일무도 '삼방배(三方拜)'(약식 일무, 즉 일무의 변질된 형태) 춤으로 변형된 것이다. 이왕직아악부에서 전승되어온 '삼방배' 춤이란 "선 자세로 북·동·서·북·동·서……를 향해 머리 숙여 절하는 행위만 있을 뿐"(이왕직 아악부 양성소 2기생, 1909년생 김천흥의 회고)이라 하였으니, 이는 사실상 석전일무의 원 형 변질이요 전승 단절이었다.

중요무형문화재로 지정된 종목의 원형이 변질되는 가능성은 두 가지이다. 하나 는 지정 당시 원형에 대한 충분한 검토 없이 지정한 경우와, 다른 하나는 지정된 이후 의식적 혹은 무의식적으로 원형을 변질시킨 경우이다. 먼저 문묘일무가 변 질된 상태에서 지정되었을 개연성 여부를 확인하기 위하여 1986년 11월 1일 석 전대제가 국가중요무형문화재로 지정된 경위를 살펴보고자 한다. 이 확인을 위하 여 지정의 근거가 되는 성경린 외 1명의 "석전의례"(『무형문화재 지정조사보고서 제144 호』, 1981. 9. 23)와 석전대제 일무의 복원에 직접 관여한 성경린과 김영숙 중 김영숙 의 진술을 분석해볼 필요가 있다.

첫째, 석전일무가 일제 강점기부터 해방 후 1970년대 말까지 추어진 '삼방배'라는 형태의 춤으로 추던 것을 『반궁예악전서』를 참고하여 성경린의 구술과 김영숙의 예 시로 우리 실정에 맞게 구성하고 끊어진 전승의 맥을 복원, 지정했을 가능성이다. 둘째, 일무를 재현하는 과정에서 성경린이 건네준 중국 청대의 문헌 『반궁예악전 서』에 근거하여 복원토록 하였는데, 다만 김영숙은 "『반궁예악전서』를 그대로 따 르지 않고 성경린의 이론과 구술에 전적으로 의존하여 완성하였다"고 말한바, 이 는 '우리 식'에 따라 임의로 제작·구성했다는 뜻이 된다.

전자와 관련하여 성경린 외 1명의 "석전의례"(『무형문화재 지정조사보고서 제144호』) 에서는 "……종래 안이하고 간략하던 춤사위를 지양하고, 『반궁예악전서』에 빙거

(憑據)하여 문묘일무의 옛 모습을 돌이킨 것은 가위 획기적 개선이요 장거"라고 하며『반궁예악전서』에 근거한 사실을 뒷받침했다. 특히 이 조사보고서에서 성경린 자신은 복원된 일무를『반궁예악전서』내용과 다르게 구성하였다는 어떠한 언급도 없다. 게다가 석전대제를 중요무형문화재로 지정할 당시 문화재위원은 성경린, 유희경, 김동욱, 이두현, 임동권, 정병호, 예용해, 장주근 등인데, 성경린은 해당 문화재위원회 분과위원장으로서 직접적인 영향력을 행사한 사람이었다. 위원장이 직접 구술하여 재구성한 것이므로 문화재위원회에서의 통과는 짐작할 만하다. 성경린은 1911년생이며 일제가 만든 이왕직아악부 양성소 제3기생으로 이곳에 26년간 근무한 사람이다. 따라서 일제 강점기에 '삼방배'로 둔갑하여 전승해 온 문묘일무를 복원함에 있어서 확실한 문헌도 없이 일개인의 말만 듣고 재구성했다는 진술은 임의 창작이라는 사실 외에 납득하기 어려웠다. 조선왕조의 국가제사의식은 그 법도가 매우 엄격하여 변경함에 있어서도 많은 중신들의 검토와 토론을 거쳐서 결정한다. 그럼에도 불구하고 젊은 나이에 변형된 일무를 배운 것이 전부인 김영숙이 성경린의 구술만으로 국가중요무형문화재(제85호)의 일부를 복원했다는 사실은 처음부터 난센스가 아닐 수 없다. 따라서 복원 당시의 정황으로 미루어 성경린과 김영숙의 복원 일무는 '임의의 창작 일무'로 의심받지 않을 수 없었던 것이다. 고증된 원형으로 재복원해야 할 필연성이 여기에 있는바, 청구인이 개선을 주장하는 내용 또한 정당하다 할 것이다.

2) 1980년에 복원된 일무의 변질 여부

청구인 임학선은 일무동작의 한문술어해석을 김영숙이 임의로 변형시켰다고 주장한다. 청구인은『국학예악록』과『성문악지』에서 춤사위 술어의 정확한 해석까지 있음을 발견하고 술어의 해석은 1차 해석으로 하여야 하며, 김영숙의 해석은 처음부터 2차 해석이라는 주장을 하고 있다. 이는 청구인의 주장이 옳았다고 생각된다. 모든 문헌의 해석은 정확한 1차 해석이 선행되어야 하며, 부족한 부분에 대해서는 다른 문헌 또는 현장을 참고하여 2차 해석을 내리는 것이 연구자의 기본 태도일 것이다.

『반궁예악전서』원문에 대하여 청구인 임학선의 해석과 국립국악원에서 발행한 『국악전집 9』그리고 김영숙·이선주가 해석한 내용의 세 자료를 비교한 결과, 모두 한문술어는 동일하나 김영숙·이선주가 해석한 내용만이 국립국악원의 해석과 상당한 차이가 있음을 발견할 수 있었다. 예를 들어 '擧翟三合籥(거적삼합약)'의 의미에 대해 신청인과 국립국악원 발행『국악전집』의 해석은 '적을 들어 올리고 약을 세 번 합한다'인 반면, 김영숙은 '적을 앞으로 곧게 위로 펴든다. 약은 가슴에 둔다'로 해석하는 등이었다. 이에 대해 김영숙은 "춤을 아는 사람이라면 두 내용이 모두 같다는 것을 안다"는 식으로 자기주장만을 관철시키려 했으나, 문외한이 보아도 납득되지 않는 논리였다.

뿐만 아니라 석전일무 가운데 무무의 경우는 더욱 문제가 컸다. 이제까지 우리나라에서 무무보는 발견하지 못하였다. 따라서 1980년에 복원한 기존 일무 중 무무는 김영숙 일행이 "문무의 춤사위 64동작의 술어를 간척을 들고 추는 무무의 춤사위로 구성한 것"으로 임학선은 주장하였다. 즉 무구의 사용을 약적에서 간척으로 바꾸었을 뿐 문무의 동작과 대동소이하다는 것이었다. 여기서 청구자는 유일하게 무무보가 수록되어 있는 주재육의 『악률전서』를 통해 그 무무의 원형을 복원할 수 있게 한 것이다.

3) 복원에 사용된 사료적 가치 여부

1980년 석전일무를 재현할 당시의 중요 참고문헌은 청대 세조 순치 13년에 발간된 『반궁예악전서』였다. 그리고 개선안을 낸 임학선의 문헌도 문무의 복원에 관한 한 같은 입장으로, 옳은 선택이었다고 생각된다. 그것은 『반궁예악전서』가 문묘일무 중 문무를 복원할 수 있는 타당한 사료이기 때문이다.

우리나라에 최초로 석전악무가 들어온 시기는 고려 예종 11년(1116) 송나라에 하례사로 갔던 왕자지, 문공미를 통하여 보내온 대성아악이었다. 지금은 전래 당시의 내용이 어떤 것이었는지 알 수 없다. 다만 오늘날 전하는 송대 일무는 신종 원풍 2년(1079)에 만들어진 문무와 무무의 술어, 그리고 철종 원우 4년(1089)에 섭방이 만든 〈화성천하지무〉와 〈위가사해지무〉이다. 이 중 섭방의 춤은 오늘날 문묘일무의 근원이 되는 춤으로 『송사』에 그 내용이 전해진다. 또한 신종의 춤은 "주대의 옛 제도를 따라 만든 것"이며, 섭방의 춤은 "춤사위를 더욱 구체화하여 만든 춤이었다"고 『반궁예악전서』에 그 구체적인 내용을 밝히고 있다. 또한 송대의 제도는 명대로, 명대의 제도는 청대로 그대로 수용되었다는 사실은 임학선의 「석전일무의 춤사위 비교·분석」(『문묘일무의 원형 복원을 위한 학술시연 자료집』 참조)을 통해서도 확인할 수 있었다. 다시 말해서 『반궁예악전서』는 청대에 발간되었으나, 그 속에 담긴 일무의 내용은 청대의 창작이 아니라 송대와 명대의 것을 그대로 계승하고 있음을 뜻한다.

사료적 가치가 타당하다는 또 하나의 이유는 일제 강점기에 의해 민족문화가 왜곡·말살되기 이전의 우리 고유 전통의 원형에 가장 합당한 사료이기 때문이다. 일반적으로 민속은 사료도 없고 가변적이어서 특별한 왜곡이 없는 한 구전심수(口傳心授)로 전통의 원형을 주장할 수 있다. 그러나 국가적 의례의 경우, 전통의 복원을 위해서는 그 사료를 찾아내기도 어렵겠지만, 우리의 것을 고집하는 구실로 고려나 신라시대의 사료를 찾는 것도 불가능하며 또 그래서도 아니 된다. 당시의 것이 그대로 전승되었다는 보장도 없기 때문이다. 따라서 석전일무의 복원을 위해서는 우리의 전통이 이어지면서도 조선 후기의 가장 안정된 시기였던 정조 때의 문헌을 이용하여 복원함이 가장 타당한 것으로 생각된다. 이때 발행된 우리나라의 중요한 사료가 정조 12년(1788) 유의양이 쓴『춘관통고』이다. 특히 장안무가 저술한『반궁예악전서』의 내용도『춘관통고』와 동일한 내용이었다.

　문묘의 제사는 본래 중국의 의례이다. 우리나라의 석전이 중국과 다소 다른 점이 있다고 해서 아무나 근거 없이 창작할 수 있는 것은 아니다. 따라서 석전일무 복원을 위해서는『춘관통고』와 그 내용이 같은『반궁예악전서』를 활용하여 복원함이 현재까지는 적절하다 할 것이다. 복원 당시 성경린이 김영숙에게 복원의 근거자료로 준『반궁예악전서』에 의한 복원 시도 또한 옳았다. 뿐만 아니라 일무 개선안 심사 청구자 임학선의 자료 역시 이를 참고하였으니, 사료상 문제가 없는 서적이라 할 것이다. 다만 1980년 복원 당시 참고문헌인『반궁예악전서』의 내용을 성경린이 임의로 고쳤거나, 바르게 복원된 일무가 뒷날 김영숙에 의해 임의로 변질되었을 두 가지 가능성은 상존한다. 그러나 이 점의 열쇠를 지닌 김영숙은 자신이 절대적으로 존경하는 성경린이 넘겨준『반궁예악전서』조차 명·청대의 문헌이라는 이유로 원형 복원의 사료적 가치로서 제외시켰다. 이는 스승에 대한 도리나 학자적 태도도 아닐 것이다. 아무튼 문무에 관한 한 1980년 복원 일무는『반궁예악전서』의 내용을 성경린 또는 김영숙이 임의로 고쳐 원문과는 차이가 크고, 청구자 임학선과 국립국악원『국악전집』의 번역은 거의 원전과 일치하고 있다는 점을 심사위원 전원은 공감하였다.

4) 청구자가 제기한 기존 일무에 대한 문제점과 정통성 시비

청구자는 첫째, 일무술어의 해석이 무인 두 사람이 짝(음양)을 이루는 춤으로 이해하지 못해 방향이 바뀌었다. 예를 들면 안과 밖을 의미하는 '향외'와 '향리'를 '향좌', '향우'와 동일하게 '왼쪽', '오른쪽' 또는 '앞 사선', '다 같이 오른쪽'으로 해석하였기 때문에 서로 대칭을 이루지 않았다. 둘째, 기존 일무의 약적동작은 십자형(+)으로 합을 이루어야 하나, 십자형으로 합을 이루는 것 외에도 'X자형'과 '11자형'으로 동작의 변화가 따랐기 때문에 천·지·인 합일의 의미가 성립되지 않는 부분이 있다. 셋째, 기존 일무는 'X자형'과 '11자형'의 동작 변화로 인하여 읍·사·겸의 예를 갖추는 춤동작으로 이루어지지 않는다. 넷째, 기존 일무는 삼진·삼퇴의 특징을 살리지 못하고 제자리에서 춤을 춘다. '진보'가 한 발짝 나아가는 것이라면, 한 발짝 뒤로 물러나는 '퇴보'가 되는 것으로 각각 해석하였으나, 기존 일무는 제자리에서만 춤을 춘다. 다섯째, 기존 일무는 약적을 간척으로 해석하여 문덕을 상징하는 문무를 무공을 상징하는 무무로 바꾸었기 때문에 무무로서의 위엄을 갖추지 못하였다. 여섯째, 기존 일무는 한 가지 용어를 동일한 의미로 해석하지 않고 다양한 의미로 확대 해석한 부분이 있어서 일정한 동작을 지시하는 술어가 여러 종류의 동작으로 표현되어 해석의 일관성이 없다. 일곱째, 기존 일무는 술어가 지니는 원래의 의미와 다르게 해석과 술어의 지시 없는 내용의 유추 해석 또는 해석의 누락과 가감으로 인하여 춤사위가 변질되었다는 문제를 제기하였다. 심사위원들의 분석 결과 위와 같은 청구자의 주장은 기존 일무와 비교할 때 사실임을 확인할 수 있었다.

사실상 일제에 의해 전승이 단절되었던 상태에서 복원되는 무형문화재(일무)에 대한 정통성 시비는 전통적 사료에 따른 원형을 발굴해내는 일이 가장 중요하다. 그러나 기존 일무의 김영숙은 스승이 준 고증자료조차 제대로 분석하지 않고 무조건 발간 시대만 가지고 사료적 가치의 진위를 판단하고 있는바, 이는 연구자의 올바른 태도라 할 수 없는 매우 위험한 발상이라 할 것이다. 반면에 청구자 임학선은 그동안 무관심해왔던 석전일무의 원형 복원을 위해 문헌에 나타난 '삼진·삼퇴'와 '읍·사·겸' 그리고 '천·지·인 합일' 등 철학적 가치와 실제적 의미를 부합시키는 등 연구의 독창성과 개념 사용의 명확성을 읽을 수 있었다.

5) 중국 춤, 우리 춤의 논쟁

1980년 석전일무를 복원하는 데 중추적 역할을 담당한 김영숙은『반궁예악전서』가 중국의 것이기 때문에 우리 춤이 될 수 없다고 주장한다. 그래서 그대로 하지 않고 춤사위를 고쳤다고 하였다. 그러나 오늘날 동일한 일무보에 근거하여 중국과 한국에서 각각 춤사위를 복원한다고 가정할 때, 중국은 중국의 문묘악에 맞추어 춤사위를 표현할 것이며, 한국은 한국의 문묘악에 맞추어 춤사위를 표현할 것이다. 중국의 음악구조와 한국의 음악구조가 다르기 때문에, 이에 따라 추어지는 춤사위 또한 다를 수밖에 없다. 이는 중국의 문묘악과 한국의 문묘악이 다를 뿐 아니라 그에 따른 석전일무 또한 양국이 다를 수밖에 없다는 말이다.[2] 결국 동일한 내용의 일무를 춘다 하더라도 한국의 일무와 중국의 일무는 자연스럽게 각각의 특수성을 지닐 것이다. 양국의 일무가 사뭇 다르다는 사실은 오늘날 중국 곡부의 석선이나 대반의 석전에서 추는 일무가 한국의 문묘석진에서 추는 일무와

---

[2] 본 연구자는 잘못 이해된 부분을 바로잡는다. 문묘제례악은 '일자 일음 일무(一字一音一舞)'의 구조로 한국과 중국이 모두 같다. 하지만 연주 방식과 춤추는 방법에는 차이가 있다. 중국은 역동적으로 힘차게 연주하고, 한국은 부드럽고 유장하게 연주한다. 때문에 중국의 문묘일무는 역동성을 지니고, 한국은 정적인 특성을 지니는 차이를 보인다.

다른 점에서도 쉽게 확인될 수 있다. 중국의 일무보에 근거하여 우리가 춤사위를 복원한다 해도 이는 중국 춤이 아니라 한국 춤이 된다는 의미이기도 하다. 일무의 실질적 내용이 되는 공부자를 찬양하는 악장은 예로부터 전해지는 내용 그대로이며, 그 내용에 맞추어 만든 춤사위의 의미(공경, 사양, 겸양) 또한 일치한다. 다만 오늘날의 춤사위가 중국은 중국의 리듬에, 한국은 한국의 리듬에 맞추어 추게 됨으로써 각각 다르게 나타난다는 임학선의 논리는 타당한 것으로 생각된다.

또한 복원 사료와 관련한 질문에서 김영숙은 "사료는 필요 없다"고 하고, 성경린의 구술을 '절대적'이라고까지 함으로써 심사위원들을 의아하게 하였다. 엄격히 말해서 모든 문묘제례는 공부자가 중국 사람이듯이 의식 자체도 일단은 중국 의식으로부터 출발하였다. 그러나 점차 우리나라 종묘제례가 중국과 달리 독자성을 갖는 것처럼 일무도 문묘악에 따라 판연히 다르게 됨을 알아야 한다. 공부자를 '우리 식으로 모신다'는 발상은 좋지만 그 이론적 근거가 분명해야 하며, 또한 오늘날 임의로 창작해도 된다는 주장은 어불성설이다. 창작을 위해서는 국내외 자타가 공인하는 대의명분이 분명해야 비로소 보편적 가치를 얻는다. 역대를 거치며 선인들에 의해 전통화된 의례와 출판된 무보를 내용의 진위 분석조차 없이 단순히 출판 연대의 차이만을 이유로 시비를 결정짓는 것은 학문 연구자의 태도가 아닐 것이다.

6. 문화재 복원과 관련한 미래의 과제

우리나라 문화재보호법 제2조 2항은 문화재의 원형 보존 원칙을 명시하고 있다. 그리고 현 제도상 중요무형문화재는 지정 당시의 시연 내용 전체를 원형으로 공인한다. 석전대제는 중요무형문화재 제85호로 지정되어 있다. 본 건은 1980년 복원된 기존 일무가 전통적인 석전일무의 원형과 상당 부분 차이가 있다는 이유를 들어 이를 원형에 맞게 개선해야 한다고 요구하였다. 문화재보호법 제2조 2항은 어떤 형태로든 전통의 원형을 보존한다는 것이 입법 취지일 뿐 변형된 것까지 고수하라는 것은 아니다. 따라서 한번 지정되었다고 해서 그것이 영구불변의 원형으로 둔갑될 수는 없는 것이다. 기존의 석전일무가 조선왕조 시절에 행해진 일무와 상이한지 여부와 개선안이 기존 일무보다 우리의 전통에 보다 근접한 내용인지 여부가 문제 해결의 열쇠가 될 것이다.

앞서 살펴본 바와 같이, 일제 강점기에는 전승이 단절되고 맹목적으로 절만 하는 변형된 일무인 '삼방배' 형식으로만 전승되어왔다. 또 1980년 복원 과정에서도 주요 사료인『반궁예악전서』의 내용대로 전승하지 않고, 그렇다고 확고한 한국적 전통에 기반을 둔 것도 아닌 채 성경린의 구술과 김영숙의 예시에 의해 왜곡, 복원되어 오늘(2006)에 이르렀다. 이것을 당시 문화재위원회 해당 분과위원장이었던 성경린 자신이 확실한 고증 없이 중요무형문화재로 지정한 것이다. 이런 상황을 감안할 때, 문묘일무는 지정 당시부터 문제점을 안고 있었던 것이다. 그런 의미에서 청구자 임학선이 신청한 개선안은 확실한 문헌자료인『반궁예악전서』를 비롯한 여러 고증사료를 통해 원형을 복원하고자 노력한 나머지 고래의 원형에 가장 근접한 것으로 판단하게 되었다.

현재 지정된 상당수의 무형문화재들이 단절된 전통을 복원한 종목이라는 점을 감안할 때, 처음부터 완벽한 복원이란 불가능한 일이다. 따라서 고증에 따라 점진적으로 개선해 나가면서 전통의 원형적 요소를 높여가는 길이 현실적으로 가장 바람직한 길일 것이다. 문제의 핵심은 어느 것이 보다 전통의 원형에 가까우냐의 선택이다. 석전일무가 1980년 복원 당시에 관련 문헌자료를 발견하지도 못했기 때문에(김영숙의 석사논문) 불완전한 복원을 했다면, 지금이라도 청구자가 이미 많은 문헌자료를 발굴하여 제시하였으므로 함께 연구, 검토하여 훨씬 원형에 가깝도록 복원하는 것이 학자의 올바른 도리라 생각된다. 전통의 원형을 복원하는 일에 일체의 사심이 개입되어서는 아니 된다. 김영숙의 그간의 노력은 물론 충분히 가치 있는 일이었지만, 전적으로 스승의 말에만 의지하고 사료에는 접근하지 못한 점, 그리고 지금도 내 것만이 옳다는 식의 독단을 버리지 않고 있음을 그의 발표에서 확인할 수 있었다. 이는 문묘의례의 석전일무를 비롯한 국가적 의례의 정재나 정악과 같은 문화재의 원형 등 법도가 엄격한 분야를 연구하는 사람으로서 올바른 자세가 아닐 것이며, 기대할 바도 없다는 결론에 이르게 되었다. 성경린이 문헌에 빙거해 복원한 바와 같이 문헌에 따른 석전일무의 지속적인 개선이 필요한 것이지, 일제에 의해 변형된 소위 삼방배 형식으로의 복원이나 오직 내 것만이 옳다는 강변은 지양되어야 할 것이다.

7. 맺음말

1. 석전일무의 개선안을 청구한 임학선이 제기한 내용은 종래의 기존 일무가 고래의 원형과 상당한 괴리가 있어 개선해야 한다는 논지에 대한 심사 청구였다. 이에 본 심사위원 전원은 원형 복원과 관련한 이론 전개의 타당성을 인정하며, 각자의 심사 결과를 다섯 가지 기본 평가와 내용 평가 그리고 종합 판정에서 모

두 매우 높은 점수(A)로서 평가하였다.

2. 청구자는 1980년에 음악인 성경린이 『반궁예악전서』를 참고로 구술하고 김영숙의 지도하에 원형을 복원하였다는 기존 일무가 상당한 오류가 있어 대폭 수정되어야 한다고 주장하였다. 이에 심사위원 전원은 『반궁예악전서』에 대한 일무술어가 청구자와 『국악전집 9』(국립국악원)의 해석은 원문과 서로 일치하나, 김영숙의 해석만이 원문과 상당 부분 다른 오역이 있음을 발견하였다. 한편으로 김영숙은 스승과 함께 참고했다는 『반궁예악전서』조차 "신뢰하지 않는다"고 말하는 등, 논리적 일관성과 학문적 진지성을 발견할 수 없었다. 김영숙의 논문 「문묘제례일무의 이해」(『석전학논총』, 2005) 등에서조차 석전일무에 관한 참고도서는 한 권도 없었다.

3. 기존 일무 복원 당사자인 김영숙에 의하면 "일무는 몸과 몸으로 전승되는 것"이므로 문헌보다 스승인 성경린의 구술을 절대적이라고 주장하면서도, 스승이 "복원에 빙거했다"(『무형문화재 지정조사보고서 제144호』)고 하며 건네준 『반궁예악전서』조차 원형 복원과 관련한 사료적 가치를 부정하는 등, 송·명·청대의 모든 석전일무에 관한 문헌을 일방적으로 인정하지 않는 우를 범하였다. 그것은 학문적 사세에 어긋나는 독단에 불과할 것이다. 식진일무는 몸과 몸으로 전승되는 창작무용이나 민속무용이 아니고, 춤 속에서 성현을 높이는 유교사상과 철학적 의미가 명확히 담겨야 한다. 또한 오랜 고전적 전통을 지닌 석전일무는 현대에 와서 감히 임의로 창작·변형시킬 수 없는 춤이며, 무용 전문가도 아닌 음악인 성경린의 창작을 절대시한다면 이 또한 학자의 연구 태도도 아닐 것이다.

4. 청구자 임학선은 원형 복원을 위한 문헌적 근거로 『송사』에 수록된 송대 신종 원
   풍 2년(1079)의 일무술어와 철종 원우 4년(1089) 섭방의 무보술어 그리고 명대의
   『궐리지』, 『남옹지』, 『악률전서』와 청대의 『반궁예악전서』, 조선 정조 때의 『춘관
   통고』 등 18종에 이르는 많은 관련 서적을 통해 조사·연구·검토한 결과를 상세
   히 소개하였고, 심사위원들은 석전일무가 송대로부터 명·청대 그리고 조선조에
   이르기까지 (팔일무나 육일무와 관계없이) 모두 일관된 형태로 전승되었음을 확인할
   수 있었다. 또한 김영숙이 주장하는 일무단의 위치와도 무관함을 알 수 있었다.

5. 우리나라 석전악무는 고려 예종 때(1116) 송대 휘종으로부터 유입되었으나, 당
   시의 문·무보는 1089년 송대 섭방이 만든 것으로 추정된다. 왜냐하면 그 연
   대 차이가 불과 27년 정도이기 때문이다. 섭방의 일무술어에는 문무를 〈화성
   천하지무〉로, 무무를 〈위가사해지무〉로 명명하였다. 그리고 훗날 출간된 명·
   청대의 『궐리지』, 『악률전서』, 『반궁예악전서』와 조선의 『춘관통고』 등 대부분
   의 무보는 섭방의 일무술어와 일맥상통하여 그 형태가 거의 일치하고 있다.
   그러나 김영숙은 〈화성천하지무〉와 〈위가사해지무〉가 각각 문무와 무무가 아
   니라고 주장하는바, 이는 무보의 원전들을 전혀 검증하지 못한 것으로 판단된
   다. 특히 무무의 경우는 고증된 문헌조차 왜곡하여 문무를 바탕으로 무무를
   임의 창작하는 등, 결국 무무가 가지는 특징을 살리지 못한 채 임의 창작되었
   다는 임학선의 주장은 이유 있다 할 것이다.

6. 1980년 복원 당사자인 김영숙은 명대 이후의 무보는 송대 석전(제후의 예)을 기
   준으로 하고 있는 우리나라(천자의 예우)와 다르기 때문에 명·청대의 서적을 복

원 자료로 삼는 것이 우리 춤과 맞지 않다고 하였는데, 문헌적 탐구가 없었음을 스스로 입증한 것이다. 왜냐하면 일무는 천자의 예우나 제후의 예나 그 춤의 형식과 동작은 변화가 없기 때문이다. 임학선은 이미 송대 무보(섭방)의 술어를 찾아내어 명대의『궐리지』,『남옹지』,『악률전서』와 청대의『반궁예악전서』, 조선의『춘관통고』의 무보가 춤의 형식과 내용이 일관된 형태로 유지됨을 발견하였다. 특히 주목되는 것은 임학선이『악률전서』를 통하여 이제까지 숨겨졌던 무무보를 최초로 발견, 무무의 원형을 찾았다는 사실이다. 이는 성균관 석전문화의 쾌거라 아니할 수 없다.

7. 김영숙은 우리나라 석전이 송대를 기준으로 한다고 주장하면서도 1980년 복원 당시의 청대 자료인『반궁예악전서』를 참고하였는데, 이는 자가당착이다. 왜냐하면 김영숙은 우리의 춤과 주체성을 강조하면서도 중국 송대를 기준으로 하는 한편, 1980년 복원 당시 성경린과 함께 중국 청대 자료를 참고하였기 때문이다. 석전의례 자체가 이미 중국 문화임은 천하 공지의 사실인바, 어디까지가 주체이고 어디까지가 객체인지 명백히 가릴 수 있어야 한다. 고래로 석전일무의 춤사위는 중국에서 넘어올 때 이미 개별 동작의 명칭과 형태가 술어로 풀이되어 있어 임의 창작은 있을 수 없다.

8. 김영숙은 중국과 달리 조선이 독자적으로 석전의례를 유지해야 함을 인정하면서도, 조선 정조 때 발간된『춘관통고』는 유독 중국 청대의 시기에 맞추어 주체성 없는 문헌으로 매도하고 있는바, 이는 오직 음악가 성경린과 김영숙만이 춤사위 창작의 주체가 될 수 있고 다른 조선 학자들은 모두 주체성이 없다는 독

단적 주장에 불과하다.『춘관통고』속에는 송대는 물론 송대 이전의 일무 변화를 설명하고 있는바, 김영숙의 이러한 주장은 문헌 연구를 제대로 하지 않았다는 증거이다. 오히려 김영숙이『석전학논총』에서 소개한 '삼방배' 형식의 일무야말로 어느 문헌에도 없는, 오직 일제 이왕직아악부의 영향을 받은 전형적인 국적 없는 창작무라 할 것이다.

9. 이상과 같은 이유로 신청인 임학선의 문묘일무 개선안은 종래의 일무보다 원형 복원을 위함에 있어 상당한 접근을 이루었으며, 한편 일제 강점기가 남긴 정신적 잔재를 청산하는 의미도 있다고 판단된다. 문묘석전은 우리나라에서 국가중요무형문화재 제85호로 지정된 후 유네스코 지정 세계문화유산 후보로 채택되었고, 바야흐로 중국을 비롯한 아시아 국가들을 통해 세계적 문화 콘텐츠로 발돋움하고 있는바, 문헌의 고증에 따른 객관성이 더욱 절실히 요구되는 때이다. 이런 점을 감안하여 뒷날의 가능성까지 열어놓고 석전의례의 원형이 완전 복원될 수 있도록 지속적인 노력이 요구됨을 심사위원 전원은 공감하였다.

2007년 6월 28일

석전일무 개선안 심사위원회 심사위원장
崔秉喆(한국석전학회 회장)

심사위원 宋壽男(예술원 회원)
심사위원 鄭承姬(한국무용사학회 회장)
심사위원 李長烈(서울시 문화재위원)
심사위원 李相殷(상지대 교수)

Ⅱ. 2018년 성균관·문화재청 공동주최
일무 원형성 검증위원회 보고서

2018년 성균관·문화재청 공동 주최로 "문묘일무 원형성" 검증이 실시되었다. 3차에 걸친 회의를 통해 검증위원 전원은 석전대제 지정 당시 기존일무의 왜곡을 인정하였다. 이에 대해 문화재청은 심의 결과를 문화재위원회에 안건으로 상정하여 기존일무의 왜곡을 최종 확인하게 되었다. 그것은 석전대제의 일무가 원형을 근거로 복원되어야 함이 마땅하다는 결론이었다.

다음의 글은 성균관 석전대제보존회 추천 검증위원 3인의 보고서 전문이다.

1. 문묘일무 검증의 역사적 현황과 의의

검증위원 : 임태승(성균관대 교수)

1) 검증위원회 사전 정황과 진행 경과

사전 정황에 대하여

송(宋)으로부터 고려와 조선에 전해진 한국의 문묘제례는 세종조에 새롭게 재정비, 반포되었다. 세종은 주대(周代)의 아악(雅樂)을 지표로 삼아 문묘제례악을 재정비함과 동시에, 순수 우리의 종묘제례악을 창작하였다. 문묘제례의 음악과 종묘제례의 음악이 확연히 다르듯이, 일무(佾舞) 또한 문묘일무와 종묘일무는 그 춤사위가 명확하게 다르다. 그럼에도 불구하고 1980년 복원된 일무는 우리 실정에 맞게 '한국화한 것'이라 주장하여 지금껏 논란이 되고 있다. 사료에서 확인되는 바, 궁중제례무는 왕이라 할지라도 마음대로 바꿀 수 없는 것이다. 이는 『조선왕조실록』에 기재된 바, 춤사위나 무위(舞位)의 변화가 있을 때마다 반드시 그 옳고 그름을 논하여 시정하였음에서도 확인된다.

우리나라의 일무는 조선 망국과 함께 일제 강점기에 망실됐다. 고정적인 일무 담당자들이 없게 되자 일무의 올바른 전승이 어려워지게 됐다. 1980년에 고(故) 성경린 선생이 일무의 춤사위를 재현해 2006년 춘기석전까지 성균관 석전에서 봉행하였다. 하지만 이는 원형과의 일치 논란에서 자유롭지 못했다. 이에 그동안 성균관은 국가무형문화재 제85호인 성균관 석전대제에서의 일무가 문화재 지정 당시 역사적 원형을 제대로 반영하지 못했음을 계속 지적했다. 나아가 성균관은 한·중 문헌을 비교 연구하는 고증을 거쳐 2006년 일무의 춤사위를 원형으로 복원해 석전에서 봉행하고 있다. 석전 일무의 원형 복원은 성균관대 동아시아 특성화 사업단, 유교문화연구소의 지원과 (사)중요무형문화재 제85호 석전보존회, 석전교육원, 한국석전학회의 후원으로 2003년부터 2006년까지 5차에 걸친 "문묘일무의 원형 복원을 위한 학술시연"을 거쳐 2006년 9월에 『춘관통고』와 『악률전서』에 근거해 문무와 무무의 춤사위를 복원했다. 그리고 석전학 관계 전문가로 구성된 심사위원회의 공식 심의를 거쳐 2006년 다시 복원한 일무가 채택됐다.

위원회 진행 경과에 대하여

(1) 본 위원회는 문묘석전에서 봉행되는 일무를 두고 두 가지 시행 방안이 진위를 두고 대립하는 바, 그 사실관계를 학술적으로 검증하기 위해 소집되었다.

(2) 위원회의 소집 주체는 성균관과 문화재청이다. 성균관은 문묘석전을 집행

하는 기관이고, 문화재청은 문묘석전을 문화재로 지정하여 지원하는 기관이다.

(3) 위원 6인으로 구성된 위원회는 각 3시간씩 총 3회 회의를 진행하였다.

(4) 위원회는 첫 번째 및 마지막 세 번째 회의에 검증 대상자인 임학선과 김영숙 양인을 불러 각기 입장 및 변론을 청취하였다.

(5) 매 회의에는 성균관과 문화재청 주무가 입회하여 회의 내용을 기록, 보존하였다.

2) 검증 사항 및 요지

검증의 전제에 대하여

(1) 석전대제(일무) 시행의 주체는 성균관이다.

(2) 석전대제의 일부인 일무는 사승으로 전수할 '춤'이 아니라 기록으로 전수될 '제도'이다.

(3) 제도는 규정이 중요하며, 일무에서는 그것이 무보(舞譜)이다.

(4) 석전대제는 형식(의식/禮)으로 표현하는 추모이며, 일무 역시 형식(춤사위/舞位/舞具)으로 표현하는 추념이므로 그 의미를 적시한 술어(述語) 또한 정확히 이해해야만 춤동작을 완전하게 표현할 수 있다.

(5) 기왕에 발굴된 내외의 여러 무보는 모두 동일하게 춤사위와 술어를 '일자 일음 일무(一字一音一舞)'의 단위별로 명확하게 규정하고 있기에 단일한 원형만이 존재한다.

(6) 원형의 규정대로 봉행해야만 형식과 내용의 일치를 통해 석전대제를 온전하게 시행할 수 있다.

검증의 주안점에 대하여

(1) 1986년 문화재청에서 석전대제를 주요무형문화재로 지정할 당시, 문화재청은 일무에 대해 올바르게 검증하였는가?

(2) 지정 당시 일무를 담당한 김영숙 측의 입장과 실행 내용은 정당하였는가?

(3) 김영숙 측 일무는 전통을 계승한 문화재적 가치가 있는가?

(4) 김영숙 측 일무에 대해 김영숙이 제시 및 주장하는 근거는 정당한가?

(5) 임학선 측 일무는 전통을 계승한 문화재적 가치가 있는가?

(6) 임학선 측 일무에 대해 임학선이 제시 및 주장하는 근거는 정당한가?

검증의 핵심에 대하여

(1) 임학선과 김영숙은 각기 독자적인 일무체계와 그것에 대한 근거를 갖고 있다.

(2) 임학선은 본인의 일무에 대해 옹호할 뿐 아니라 김영숙의 일무에 대해 반박과 문제 제기를 하였다. 반면 김영숙은 본인의 일무에 대해서만 옹호하고, 임학선의 일무에 대해서는 반박 혹은 문제 제기를 하지 않았다.

(3) 이에 검증의 과정은 임학선의 일무가 옳은지와 임학선의 김영숙 비판에 대한 시비 판단 문제가 되었다.

(4) 임학선은 본인의 일무체계가 명확한 사료에 기반한 무보의 춤사위 규정과 술어 규정에 근거하여 이루어진 것이라 주장하며, 김영숙은 사료에 명시된 바대로의 그러한 규정을 준수하지 않고 임의로 실행한다고 비판한다.

(5) 따라서 일무 검증의 핵심이자 관건은 첫째 어느 쪽 술어해석이 올바른지 검토하고, 둘째 어느 쪽이 무보대로 춤사위를 실연하고 있는지 살피는 것이다.

검증의 결과에 대하여

(1) 1986년 석전대제를 무형문화재 제85호로 지정할 당시 일무 부분에 대해 어떠한 방식으로 검증했는지 문화재청에 증빙 자료를 요청했으나, 간략한 지정보고서 외에 영상 등 일무에 대한 검증 자료는 없다는 회신을 받았다. 지정 당시 일무 부분에 대해서는 제대로 된 검증이 없었을 뿐 아니라 일무에 대한 검증의 의미나 필요성조차 의식하지 못했음을 알 수 있다.

(2) 국가무형문화재 제85호 「석전대제 지정조사보고서 제144호」(1982) 〈첨부 1〉에서 문묘제례의 일무는 『반궁예악전서』(1656)에 근거하여 춤사위를 완벽하게 복원한(성경린·김영숙) 것이라고 한다. 하지만 그 춤은 『반궁예악전서』에 전해지는 춤사위와 차이가 있음이 연구에 의해 2003년 밝혀졌다. 이에 성균관은 2006년 문무(文舞)는 『춘관통고』의 무보에, 무무(武舞)는 『악률전서』의 무보에 근거하여 원래의 춤사위뿐만 아니라 의미를 되찾아 복원하였다.

(3) 성경린은 「유림월보」 기사(1972. 5. 25) "일무금석(佾舞今昔)" 〈첨부 2〉에서 다음과 같은 발언을 한 바 있다. "내가 일무판(佾舞版)에 처음 들어선 50년 전에도 문무는 좌방 중앙 우방 중앙 규칙적인 삼방배로 시종(始終)이요, 무무(武舞)는 아헌은 선 자리에서, 그리고 종헌은 회신(廻身)으로 도끼로 방패(干)를 소리 내어 나려 치는 춤사위로 고정되어 있었다. 확실히 원형(原形), 고형(古形)은 아닌 매우 단조롭고 아졸(雅拙)한 일무로 전락하였다는 인상이다. 종묘의 일무는 종묘제례악의 창제와 더불어 너무 어울리는 문무, 무무가 새로 안무되고 그 무보가 『시용무보』(단일본, 국립국악원 소장)로 전해오고 있다. 그러나 정작 아악일무의 정확한 무용에 대해서는 전혀 막막하다. 『반궁예악전서』 권16 「악무집약」에 문무일무 중 문무의 무보가 보이고 있어 아악일무를 푸는 좋은 관건이 되고 있다. 다만 가석(可惜)한 것

은 여기 무무를 빠뜨리고 있는 점이다." 이 내용은 일무가 원형에 입각해야 할 것과 그가 전수한 일무가 원형과 부합하지 못하고 있음을 확인한 것이다. 이는 그로부터의 일무 전승자인 김영숙의 일무체계가 불완전하거나 거짓임을 증빙하는 내용이라 할 수 있다.

(4) 위원회 회의에 출석한 김영숙에 대한 질의응답을 통해 여러 가지 사항을 확인하였다. 그는 원형대로 하기보다는 스승으로부터 전승받은 대로 봉행하는 것이 바로 제도라고 말하였는데, 이는 제도의 본뜻을 제대로 파악하지 못하는, 이치에 맞지 않는 말이다. 또한 문묘일무를 언제, 누구로부터, 무엇에 근거하여 전수받았는지에 대해서도 분명한 답변을 하지 못했으며, 전수받을 당시 무보나 술어를 본 적이 있거나 들은 적이 있는가에 대해서도 일관된 진술을 하지 못하였다.

(5) 일무의 전통적인 춤사위는 무보로 전해진다. '춤사위의 형태'뿐만 아니라 춤사위에 내재된 '의미와 상징'을 모두 포함하고 있다. 일무 춤사위의 의미와 상징은 무보의 '원전술어'로 전해지므로 '술어의 충실한 해석'과 이를 고스란히 재현하는 것이 곧 '원형'이 된다. 본래의 모습은 훼손되어선 안 된다. 석전대제의 일무는 '유가의 정통성을 표출하는 하나의 표현 형식이자 상징'이라 할 수 있다. 그 상징을 제대로 반복·재생함으로써 일무 본연에 내재된 정신이 표현되는 것이다. 그것이 훼손되거나 소실되었을 경우, 표출되는 상징은 모두 사라져버리게 된다. 즉 일무는 춤추는 그 자체가 목적이 아니라 예(禮)를 표현하는 방법으로서 의의와 가치가 있는 것이다. 그것이 올바르게 표현되지 못하면 춤을 통해 나타내고자 하는 바를 제대로 드러낼 수 없게 되고, 결국엔 그 목적 자체도 잃어버리게 되는 것이다. 따라서 일무 춤사위는 원래의 춤사위를 준수하는 것이 매우 중요하다.

(6) 이상의 견지에서, 한·중의 여러 전적에 일관되게 보이는 무보와 술어에 입

각한 임학선의 일무체계가 원형에 충실한 것이자 앞으로 계속 유지·계승해야 할 전범으로 사료되는 바이다.

3) 소청(所請) 및 제언(提言)

(1) 문묘일무는 국가 행사의 의미를 갖는 제도이므로 개인적인 사승관계에 의해 전수될 것이 아니라 무보와 술어라는 기록 증빙에 의거하여 봉행, 전승되어야 한다. 이후 이 문제를 결정할 위원회에서는 문묘일무가 일반적 성격의 춤이 아니라 제도라는 점을 십분 이해하여 무보의 원형에 충실한 일무체계가 성균관 석전대제에서 봉행될 수 있도록 결정해주기 바란다.

(2) 문묘일무가 어떠한 체계와 형태로 봉행, 전승되어야 하는지 그리고 그러한 일무의 원형은 어떤 것인지를 주제로 성균관, 문화재청, 한국 무용계를 대표하는 학술단체의 삼자 주최로 학술회의를 개최하여 학술적 검토·검증해주기 바란다.

(3) 본 사안의 주무과장인 무형문화재과 과장이 본 위원회 회의 중 출석하여 공개적으로 "지금이 21세기인데 이 시점에서 왜 명대의 무보 같은 옛날 것을 원형으로 삼아 따라야 하느냐?"며 비아냥거린 바 있다. 이 발언은 문화재라는 전통을 관리하고 보존, 지원하는 부처의 주무과장이 전통을 무가치하고 무의미하며 진부한 것으로 인식하고 있다는 점을 보여주었다. 어떻게 그러한 무지하고 왜곡된 시각과 인식을 가지고 있는지 개탄스럽기 그지없다. 그의 견해는 문묘일무가 일반 무용과 다른 궁중의례무라는 사실을 구분·이해하지 못하고 있으며, 나아가 조선시대의 의례 자체가 중국 명대의 제도를 준수했다는 역사적 맥락을 이해하지 못하고 오직 한국 것 혹은 한국화한 것만이 의미 있고 가치 있다는 국수주의적 시각에 심히 경도되어 있는 것이다. 그의 발언의 실체는 전통을 지키고 연구하는 많

은 학자들의 노력과 존재의 의미를 무시하고 폄하하는 것일 뿐 아니라, 자신이 해야 할 일이 무엇인지 파악하지 못하고 제대로 수행하지 못하는 중대한 직무유기이자 배임 행위이다. 무형문화재 과장은 이 사태에 대해 엄중히 사과하고 응분의 책임을 지기 바란다.

2. 근본을 흔드는 변형은 원형이 아닌 파괴

검증위원 : 이상은(상지대 교수)

1) 머리말

2007년 석전대제보존회 주관으로 여러 차례의 회의와 복원 당사자들의 의견 개진을 통해 문묘일무 개선안에 대한 최종 종합보고서가 작성되어 문화재청에 전달된 이후 벌써 10년이 지난 지금에도 여전히 이 문제에 매달려 있는 것에 대해, 당시 일무 개선안 심사위원회에 참석했던 한 사람으로 매우 안타깝게 생각한다. 저간의 사정이야 어찌되었든 이 문제는 더 이상 시간을 끌지 말고 조속히 매듭지어야 한다. 이에 문화재청과 성균관 주관으로 열린, 문묘일무 원형 복원과 관련한 3차에 걸친 회의에서 검토되고 질의응답된 내용을 바탕으로 이에 대한 본인의 의견을 정리해본다.

2) 문묘일무에 대한 기본 인식의 재확인

석전대제(문묘일무)의 시행 주체는 성균관이다. 문화재청은 거기서 시행되는 의식이 문화재로 보존 가치가 있다고 여겨 이를 국가무형문화재로 지정하고 전승, 발전하는 데 도움을 주는 것이다. 특정 종교의 의례는 자신들의 고유한 전통과 제도 및 규정이 있는 법이다. 문묘일무는 춤으로서의 예술성을 가지고 있지만, 제의에서 시행되는 추도와 찬양의 형식이다. 민속무나 창작무용처럼 개인적 사승으로 전수될 춤이 아니라, 공적으로 전수되어야 하는 제도인 것이다. 따라서 전해진 문헌의 원형을 규정대로 시연하는 것이 관건이다. 외래 사상이나 종교 등의 의식에서 한국화니 주체성 운운하는 것도 본질과 원형을 손상하지 않으면서 약간의 변용을 하는 것은 인정될 수 있다. 그러나 근본을 흔드는 변형은 원형의 복원이나 전승이 아니라 파괴임을 명확히 인식할 필요가 있다.

3) 1980년 김영숙이 복원한 문묘일무에 대하여

첫째, 「석전대제 지정조사보고서 제144호」(1982, 문화재관리국)의 내용과 배치된다. 지정조사보고서에는 "석전일무는 『반궁예악서』에 빙거하여 문묘일무의 옛 모습을 돌이킨 것은 획기적인 개선이요 장거"라 하였다. 이보다 앞서 발간된 『국악전집 9』(1981)에는 "삼방배(三方俳) 형식의 간소화된 춤사위로 이어져온 일무를 1980년부터 국악고등학교에서 『반궁예악서』 등 옛 문헌에 빙거하여 원형을 정비·제정"하여 완벽하게 정제되었다고 하였다. 하지만 『반궁예악서』라는 책은 존재하지 않고 청나라의 장안무가 지은 『반궁예악전서』(1656)임을 임학선이 2003년 처음 밝혔다. 따라서 복원 당시에는 정확한 책명과 저작 연대도 모르는 상황에서 이를 언급하고 있다. 또한 1980년 김영숙이 복원한 일무는 지정조사보고서에서 복원의 근거자료로 언급한 『반궁예악서』의 원전술어에 심각한 오류가 있었고, 춤사위 복원에 가장 중요한 무보는 찾지도 못하고 임의로 춤사위를 만들었다. 또한 김영숙은 그가 절대시하는 스승 성경린이 매우 안타깝게 여긴 원형, 고형이 아닌 '삼방배' 춤으로 복원한 것이다.

둘째, 김영숙은 복원 당시 근거문헌을 묻는 질문에 대하여 우리의 것에 맞지 않아 참고하지 않았으며, 성경린 선생의 구술과 지도에 따라 몸에서 몸으로 전승된 것을 복원한 것이라고 했다. 이는 문묘일무 원형 복원의 근본 취지에서 완전히 벗어난 것이다. 앞서도 언급했듯이 일무는 의례와 제도의 하나로 민속무나 창작무용처럼 개인적으로 전승되거나 임의로 변형 또는 창작할 수 있는 춤이 아니다. 결국 스승의 권고도 따르지 않고 자의적으로 복원한 것임을 스스로 천명하고 있는 셈이다. 또 중국은 육일무를 추기 때문에 팔일무를 추는 우리와 다르다고 하는데, 육일무와 팔일무는 춤추는 사람의 수에 차이가 있을 뿐이지 춤동작이 달라지지는 않는다.

셋째, 김영숙은 자신이 복원한 일무가 중요무형문화재로 지정된 후인 1988년 국립문화재연구소에서 발행한 『석전대제』에 『반궁예악서』의 술어해석을 싣고 있는데, 실제의 원전술어를 본래의 뜻과 다르게 해석하고 있다. 이것은 한문해석상의 차이가 아니라 자신이 임의로 만든 춤사위에 맞춰 자의적으로 해석한 것이다. 이는 한문을 아는 사람이면 바로 알 수 있는 명확한 오류이다. 같은 원전술어에 대해 『국악전집 9』에 실린 김기수 선생의 해석과 임학선의 해석은 거의 일치한다.(첨부자료 참고) 김영숙은 문묘일무 복원 당시 국악원의 원전술어 해석을 보지도 않았던 것으로 보인다. 원전술어의 해석에는 미묘한 차이가 있을 수 있다. 그러나 명확한 무보가 존재하는데, 그것과 다른 춤동작이 나오는 것은 있을 수 없는 일이다. 무보도 보지 않았다는 것이다.

넷째, 김영숙은 문묘일무에서 아헌무, 종헌무에 해당하는 무무(武舞)를 문무(文舞)의 춤사위에다 약적(籥翟) 대신 간척(干戚)을 들고 그대로 추게 했다. 무무보를 발견하지 못해서라는 해명이지만 타당치 않다.

4) 2006년 임학선이 복원한 일무에 대하여

첫째, 임학선은 송대 일무의 술어를 제시하고, 청대의『반궁예악전서』의 술어와 무보를 근거로 철저한 고증을 통하여 문무(文舞)를 복원하였다.

둘째, 무무(武舞)는 주재육의『악률전서』에 나오는 무보를 근거로 복원하였다.

셋째, 우리의『춘관통고』와 중국『악률전서』의 무보 등을 비교·분석하여 한국의 역사와 근거를 밝히고 있다.

넷째, 삼방배 형식에서 벗어나지 못하고 제자리에서 춤을 추는 김영숙의 일무와 달리 삼진삼퇴의 공경·사양·겸양의 의미와 수수지례의 철학적 배경을 밝혀 춤에 반영하여 문묘일무가 음양과 천인합일을 상징하는 춤임을 밝혔다.

5) 다른 검토 위원들의 의견에 대하여

첫째, 김영숙의 일무에 문제가 있음을 인정하고 있으면서도 그것을 고쳐서 쓰면 되지 않겠냐는 주장을 한다. 하지만 나무에 비유하여 잎이나 가지에 약간의 문제가 있으면 손을 보아 쓸 수 있지만, 뿌리와 줄기가 틀어지고 전혀 다른 것은 손을 쓸 수가 없는 것이다.

둘째, 김영숙의 원전술어해석이 춤동작을 중심으로 한 것으로 다른 두 사람의 해석과 대동소이하다고 말하는 이도 있으나, 학자적 양심에 따라 객관적으로 보면 전혀 다름을 알 수 있다.(첨부자료 참고)

셋째, 임학선의 일무에도 문제가 있다면서 악장이나 복식, 무구 등을 지적하는데, 이것은 문묘일무의 원형 복원의 근본적인 부분이 아니라 보완해야 할 점이다. 앞으로 계속적인 연구를 통하여 확실한 것이 나오면, 그것을 채택하면 되는 것이다. 그런 부분은 다소의 한국적 변용도 가능하다고 본다.

6) 맺는 말

1980년 김영숙의 문묘일무는 단절되었던 것을 다시 우리의 노력으로 재건하였다는 점에서 그 공을 인정해야 한다. 그러나 당시의 상황이나 한계로 인해 원형 복원에 심각한 문제가 있다면, 그것을 솔직히 시인하고 다른 이의 연구 성과에 박수를 보내며 공을 넘기는 것이 학자로서 또 예술가로서 기본자세일 것이다. 임학선의 일무도 완벽할 수는 없다. 하지만 현재로서는 가장 확실한 근거자료를 가지고 철저한 고증에 의해 복원되었다는 것은 부인할 수 없다.

석전대제(문묘일무)의 시행 주체는 성균관이다. 문화재청은 보존할 가치가 있는 문화재를 지정하여 전승과 발전을 지원하면 된다. 이제 해묵은 논쟁을 끝낼 때이다. 작금의 논쟁은 엄밀한 의미에서 학술적 논쟁보다는 감정이 개재된 느낌을 지울 수 없다. 객관적 입장에서 보면 명약관화한 일을 문화재청이 의견 개진을 유보하고, 성균관이 주체로서의 확실한 역할을 못 하면서 일이 여기까지 이른 것이다. 1982년 「석전대제 지정조사보고서 제144호」의 지정 취지에 심각하게 위배되는 김영숙의 일무는 그동안의 역할과 임무를 다한 것이다. 바람직한 방향으로의 결정이 이루어지기를 기대해본다.

3. 문묘일무의 원형은 무보

검증위원 : 윤덕경(서원대 교수)

1) 문화유산헌장과 문화재청의 가이드라인에서 확인되는 '원형'의 기준

원형 논란이 지속되어온 석전대제의 일무 검토회의를 하고자 3차 회의 과정을 거치면서 초지일관 가졌던 생각은 "문화유산헌장"에 제시되어 있듯이 어떤 경우라도 "문화유산은 원래 모습대로 보존되어야 한다"이다.

또한 문화재청은 2006년 『중요무형문화재 원형 보존과 재창조 가이드라인』에서 "민속춤 기능보유자들의 경우는 스승들이 가르친 것을 원형의 준거로 삼았고, 이를 후진들에게 그대로 전수하는 것이 원형 보존의 기본 원칙이라고 인식하고 있었다. 반면 정재(呈才)의 기능보유자들은 『고려사악지』, 『악학궤범』, 『의궤』 등 조선 후기 연향 때 쓰여진 각종 홀기 등 현재 남아 있는 전승 자료를 기준으로 삼아야 한다는 의견이 지배적이었다. 정재의 전수교육 조교, 이수자, 전수생 역시 무보에 대한 정확한 해석과 동작 분석을 통해 원형의 보존이 중요하다고 보았기 때문에 정재가 기록된 원전 기록을 토대로 문화재 지정 당시의 영상 기록 및 현행 전승 자료를 주목해야 한다는 견해를 보였다."(임장혁, 성기숙, 이흥구)

'원형' 규명을 위해서는 자료 수집이 충분하였는지, 그 자료가 역사적, 사회적 맥락 속에서 정당하였는지가 중요한 출발점이다. 또한 그 자료의 분석 과정이 과학적이며 논리적이었는지, 분석 과정에서 원형이라고 제시된 실체가 만들어진 동기와 사상·이념에서 비롯되어 제의와 형식에 이르기까지 객관화하기엔 자료가 불충분하거나 미비한 점은 없었는지, 그리고 앞뒤를 관통하기 위해서 지정조사보고서를 작성한 사람의 상상이나 개인적 판단에 의하여 인위적 조작은 없었는지를 확인하기 위해 석전대제의 일무를 분석하려고 노력했다.

특히 한국무용을 전공한 본인은 무용이 갖는 손동작, 발동작에서 비롯되어 춤사위에 이르게 되고, 춤사위는 정서와 의식과 만나 상징의 몸짓 언어로 발전하여 제의가 갖는 사상을 표현하는 언어로써 적절한지가 관심의 대상이었다. 하나하나의 몸짓 단어들이 모여 몸짓 문장을 만들고, 몸짓 문장들이 어떻게 몸짓 문맥을 서로를 연결하여 의식의 사상을 통일되게 관통하고 있는가가 또 하나의 관심이었다.

2) '지정 당시의 석전대제 일무'에 대한 몇 가지 의문점

첫째, 「석전대제 지정조사보고서 제144호」의 내용을 재검토할 필요성이 강하게 제기된다. 『반궁예악서』에 빙거하여 일무 원형을 완벽하게 복원했다고 했지만, 당사자가 그대로 따르지 않았다는 증언은 처음부터 잘못되었다는 것을 스스로 인정하는 것이다. 원형 복원의 근거자료로 제시된 『반궁예악서』의 실제 책명은 『반궁예악전서』로 밝혀졌으며, 춤사위가 다르게 재현되었음이 지적되고 있다. 그리고 복원의 당사자인 김영숙은 '무보'를 보았다고 증언하였지만 실제로 무보를 제시한 적이 없고, 여러 가지 정황(〈첨부 1〉 "김영숙의 위증과 관련한 이상한 주장" 참조)으로 보아 무보가 없었던 것이 분명한 것으로 판단된다. 『반궁예악서』라고 제시한 책에 대한 의문점에서 원형이라고 주장할 수 있는 근거부터 잘못되었음을 의심할 수밖에 없고, 특히 지정 당시 무보의 유무 관계와 무무는 그 근거 기록조차 없는 실정이었다는 점에서 일무의 원형 복원에 문제가 있었던 것으로 드러난다.

둘째, 지정 당시 무보를 확인하지 못하고 상상으로 춤사위를 만들었다. 일무의 전통은 그 형식에서가 아닌 정신적인 내용에서 되찾아야 한다는 성경린의 주장에서 원형의 형식적인 면인 무보를 확인하지 못하고 있다. 이는 형식에서 비롯한 원형이 갖는 형식적 의도와 사상을 이해하지 못하고 있다는 말이다. 정신적 측면을 강조하여 형식이나 몸짓을 상상하여 만들었다는 의심을 하게 되는 대목이다.

셋째, 술어해석 오류와 춤사위가 무보와 다르다. 지정 당시 원전술어의 임의적 해석과 무보 없는 상상의 창작은 당연히 원형을 상실하기 마련인 것이다.

넷째, 제자리에서 춤추는 '삼방배 춤'은 원형 고형이 아닌 아졸한 일무이다. 성경린은 1972년 「유림월보」에서 "내가 일무판에 처음 들어선 50년 전에도 삼방배 형식의 춤이 석전대제에서 행해지고 있었는데, 이 춤은 확실히 원형, 고형은 아닌 매우 단조롭고 아졸한 일무로 전락하였다는 인상이다"라고 하여 일제 강점기에 변모된 춤으로 일무의 춤사위가 왜곡되고 단절되었음을 지적하고 있다. 더욱 정정되어야 할 대목이다.

다섯째, 무무는 근거 없이 만들었다. 문무의 한자술어에 바탕하여 무무를 만들었기 때문에 공격과 방어를 상징하는 무무의 특징을 살리지 못하고 왜곡·변형되었다.

여섯째, 일무의 춤추는 방향이 많이 다르다. 일무는 '음양사상'과 '천·지·인 삼재 사상'에 의해 춤추는 공간이 정해지고, 춤의 방향이 정해진다. 즉 일무는 음양의 짝을 이루는 춤이다. 1인이 춤추는 것으로 그린 무보라 하더라도 반대쪽에 또 한 사람이 있는 것으로 이해해야 춤의 방향과 의미를 알 수 있다. 춤을 출 때 두 사람 혹은 두 줄씩 서로가 마주 보고 등을 지면서 안으로 보고 밖으로 보고, 등을 굽히고 펴면서 좌로 돌고 우로 돌며 춤추는 것 등은 바로 음양사상에 의한 것이다. 이것을 이해하지 못하면 춤추는 방향이 모두 어긋나게 된다.

일곱째, 검증위원(문화재청 추천)이 무보의 "마지막 동작만이 틀린 것이다"라고 한 것은 춤사위 전부가 틀렸다는 의미이다. 석전대제의 일무는 '일자 일음 일무(一字一

音一舞)'로 춤추는 것이 특징이다. 그것은 한 글자에 한 음과 한 동작을 춤추어야
한다는 것으로, 무보에는 한 글자(악장)에 한 동작만을 그려놓았다. 한 음을 연주
하고 노래하는 동안 한 동작만을 춤추는 것이기 때문에 여러 동작이 있을 수 없
는 것이다.

3) 임학선 복원 일무에 대한 견해

첫째, 송대(宋代) 이후 한국 일무의 역사와 근거를 밝혔다.(『문묘일무의 이해』,
126~140쪽 참조)

둘째, 일무의 춤사위 용어 해설에 근거하여 원전술어를 해석, 그 의미를 파악하
고 춤사위를 무보에 근거하여 복원하였다.

예) 일무의 춤사위 용어 해설 근거

執 : 翟縱籥橫薺肩執之(적은 세우고 약을 옆으로 뉘어 어깨에 나란히 잡는다)

合 : 籥翟縱橫相加(약적을 종횡으로 놓아 서로 합한다)

開 : 籥翟縱橫兩分(약적을 종횡으로 놓아 양쪽으로 나눈다)

揖 : 平手齊心(두 손을 가지런히 모아서 가슴 앞에 둔다)

辭 : 拱手後退(손을 맞잡고 뒤로 물러선다)

謙 : 低首屈身供手爲謙(머리를 숙이고 몸을 굽혀 두 손을 맞잡는다)

蹲 : 開左右膝直身座下(좌우 무릎을 열고 몸을 곧게 세워 아래로 내려앉는다)

(이외의 용어 풀이는 『문묘일무의 이해』, 231~241쪽 참조)

셋째, 한·중 무보를 비교·분석하여 일관되게 전해지는 '춤사위의 원형'을 찾고

'삼진삼퇴'의 춤을 복원하였다. 문무는 『춘관통고』에, 무무는 『악률전서』에 근거하여 춤사위를 복원하였으며, 문무는 '공경·사양·겸양'을, 무무는 '공격과 방어'를 나타내는 춤을 복원해냈다.("삼진삼퇴의 춤", 『문묘일무의 예악사상』, 126~135쪽 참조)

4) 김영숙 일무의 변형과 왜곡의 실제

아래에는 지면 관계상 변형 왜곡된 춤사위 몇 가지만을 나열하였다.(춤사위 전체 비교는 〈첨부 2〉 "석전대제의 일무 춤사위 비교표" 참조)

'합(合)' 동작 : 籥翟縱橫相加(약적을 종횡으로 놓아 서로 합한다)

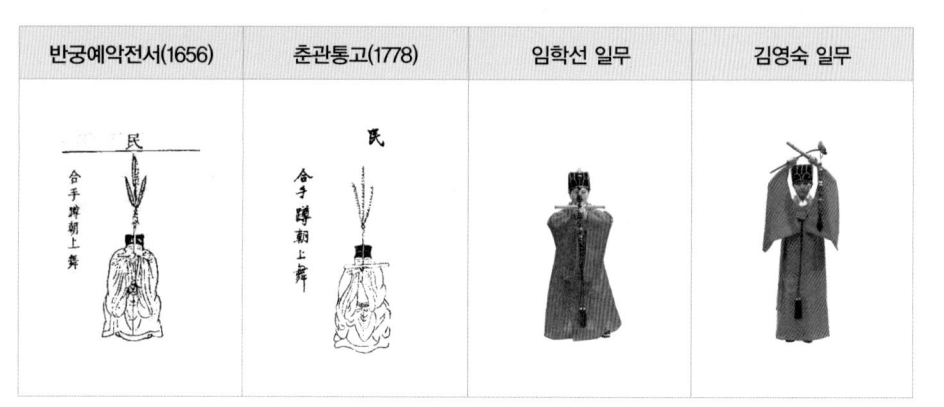

반궁예악전서(1656)	춘관통고(1778)	임학선 일무	김영숙 일무

→ '합'의 동작은 약적을 종횡으로 하여 십자형(+)으로 합하는 동작이다. 그러나 김영숙의 일무는 엑스자(X)로 하여 머리 위로 들고 있다.

'개(開)' 동작 : 籥翟縱橫兩分(약적을 종횡으로 놓아 양쪽으로 나눈다)

반궁예악전서(1656)	춘관통고(1778)	임학선 일무	김영숙 일무

→ '개'의 동작은 약을 옆으로 들고 적을 세워서 드는 동작이다. 김영숙은 약과 적을 하나로 합하지 않고 모두 세워서 나란히 들고 있다.

'읍(揖)' 동작 : 平手齊心(두 손을 가지런히 모아서 가슴 앞에 둔다)

반궁예악전서(1656)	춘관통고(1778)	임학선 일무	김영숙 일무

→ '읍'의 동작은 공경을 의미하는 동작이다. 읍은 천·지·인 합일을 나타내는 동작으로 약을 횡으로 평평하게 들고 적을 종으로 세워 두 손을 모아서 십자형(+)으로

들어야 하지만, 김영숙은 약적을 합하지 않고 세워서 나란히 들고 있기 때문에 천·
지·인 합일의 의미를 나타내지 못하고 있다.

'사(辭)' 동작 : 拱手後退(손을 맞잡고 뒤로 물러선다)

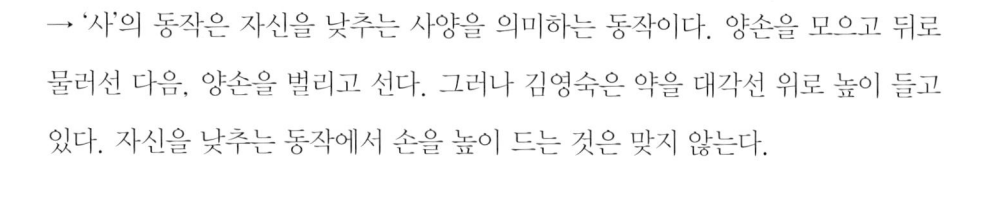

반궁예악전서(1656)	춘관통고(1778)	임학선 일무	김영숙 일무

→ '사'의 동작은 자신을 낮추는 사양을 의미하는 동작이다. 양손을 모으고 뒤로
물러선 다음, 양손을 벌리고 선다. 그러나 김영숙은 약을 대각선 위로 높이 들고
있다. 자신을 낮추는 동작에서 손을 높이 드는 것은 맞지 않는다.

'겸(謙)' 동작 : 低首屈身供手爲謙(머리를 숙이고 몸을 굽혀 두 손을 맞잡는다)

반궁예악전서(1656)	춘관통고(1778)	임학선 일무	김영숙 일무

→ '겸'의 동작은 겸양을 의미하는 동작이다. 겸양의 동작은 약적을 두 손으로 잡고 양손을 가슴 앞에 다소곳이 모으는 동작이다. 김영숙은 양팔을 머리 위로 높이 들어 엑스자(X)의 동작을 하고 있다. 상식적으로 겸양을 나타내는 동작에서 양손을 머리 위로 드는 것은 맞지 않는다.

악장 '유(維)' 동작 : 兩兩相對自下而上東西相向(두 사람이 동·서로 서로 마주 본다)

반궁예악전서(1656)	춘관통고(1778)	임학선 일무	김영숙 일무

→ '양양상대(兩兩相對)'와 '동서상향(東西相向)'은 동·서가 마주 보는 것으로 양손을 모으고 서로를 바라보는 동작이다. 무보의 그림은 서쪽 무원의 동작이다. 그러나 김영숙은 서쪽이 아니라 동쪽을 보고 있을 뿐만 아니라 양손을 이상하게 벌려서 들고 있다.

5) 결론

'석전대제'가 국가무형문화재 제85호로 지정된 것은 "문화유산헌장"에서와 같이 우리 겨레의 삶의 의지와 숨결이 깃들어 있는 소중한 보배이자 인류 문화의 자산이기에 지정 자체는 큰 의미가 있다 하겠다. 그러나 복원의 근거로 삼았던 자료 수집의 미흡과 해석의 왜곡이 있어 원형이 훼손되었다면 당연히 취소되어야 하고 원형으로 복원, 대체되어야 한다.

특히 지정된 일무가 술어해석의 오류와 상상으로 춤사위를 만든 것은 복원의 한계가 노출된 심각한 문제이다. 그동안 성균관에서 석전대제의 일무가 역사적 원형을 제대로 반영하지 못했음을 계속 지적해왔음에도 방관해왔다. 이번에 문화재청의 관심으로 검토와 검증의 자리를 마련한 것은 문제의 심각성을 이해, 해결하려는 의지가 보여 다행이라는 생각이다.

그동안 석전대제의 일무 연구가 전무한 상황에서 지난 20년 동안 무보를 수집하여 분석하고 원형을 찾은 임학선의 새로운 연구는 체계적이고 논리적으로 분석하는 성과를 거두었다. 따라서 일무가 갖는 사상적, 철학적, 역사적 맥락에서 정당성이 있다고 판단된다. 특히 지정 당시 기존 일무의 한계와 해석의 잘못을 파악하고 원형을 복원하여 제시한 연구는 논리적이고 설득력이 있다 하겠다. 따라서 이번 검증 결과를 반영하여 기존의 지정을 철회하고 새로이 대체해야 할 것으로 생각한다. 한번 지정했다는 체면과 기득권의 오만을 벗어날 때라고 판단된다.

6) 제언

유교제례무인 석전대제 일무의 원형성에 대한 문제에 무용계의 많은 관심이 집중되고 있다. 이번 검증회의의 아쉬움은 차후 유학계와 무용계를 비롯하여 학계, 문화계가 함께하는 세미나를 개최하여 일무의 원형성이 명확하게 규명되기를 기대한다. 또 한 가지 아쉬운 것은 문화재를 지켜가는 당사자들과 그것을 바라보는 주변 사람들의 진정성 문제이다. 문화재의 발전을 위해 연구는 존중되어야 하고, 뻔히 드러날 거짓을 일삼거나 막말로 그것을 비호하는 일은 지양되어야 할 것이다!!!

이번 검증회의를 기회로 보다 성숙한 문화예술계가 되기를 기대해본다.

Ⅲ. 문묘일무 원형성 논란의 전말·검토·과제

1. 석전 일무 원형 논란의 전말과 검토

이상호(성균관 부관장)

1) 들어가는 말

국가무형문화재 제85호 석전대제의 일무는 민가가 아니라 국가에서 관리하던 춤으로서 모든 절차가 나라의 법으로 정해졌고 춤사위는 예법에 따라 만든 것이 기 때문에 문헌기록으로 남겨져 있음은 물론 개인이 임의로 바꿀 수 없는 것이다.

고대로부터 이어진 일무는 주나라 시대에 이르러 줄을 지어서 추는 춤의 형식 체계를 갖추게 된 이래 송나라를 거쳐 고려 예종 11년(1116)에 우리나라로 전해 졌다. 그러므로 우리나라의 일무는 1116년에 송나라로부터 들여온 것에서 유래 한다.

고려와 조선 왕조를 거치는 동안에도 일무의 위치, 춤사위의 진퇴법 등에 관한 문제는 끊임없이 논란이 됐고, 이에 원형을 복원하고자 하는 논의가 지속적으로 이어져, 태종, 세종, 정조는 하·은·주 삼대의 고악(古樂)에 준해 일무의 원형을 복 원하고 그 전통의 맥을 지켜왔음이 『조선왕조실록』에서 확인된다.

우리나라의 일무 춤사위는 일제 강점 시기에 대부분 망실됐다. 일무를 담당하 던 예악인들이 모두 흩어지게 됨에 따라 일무의 올바른 전승이 어려워지게 됐다. 1980년 성경린이 구술하고 김영숙이 정리해 문묘일무의 춤사위를 재현하고 2006 년 춘기석전까지 성균관 석전에서 추었지만 이 역시 원형 논란에서 자유롭지 못했다.

이에 성균관에서는 한·중 문헌을 비교 연구하는 고증을 거쳐 2006년 문묘일무의 춤사위를 원형으로 복원해 석전에서 실행하게 된다.

문묘일무의 원형 복원은 성균관대 동아시아 특성화 사업단, 유교문화연구소의 지원과 (사)국가무형문화재 제85호 석전대제보존회(이하 '석전대제보존회'), 석전교육원, 한국석전학회의 후원으로 2003년부터 2006년까지 5차에 걸친 '문묘일무 원형복원을 위한 학술시연'을 거쳐 2006년 9월 『춘관통고』와 『악률전서』에 근거해 문무와 무무의 춤사위를 복원했다.

그리고 석전학 관계 전문가로 구성된 심사위원회의 공식 심의를 거쳐 2006년 다시 복원한 문묘일무가 채택됐다.

이에 석전대제보존회는 2007년 8월 개선된 일무의 심의를 문화재청에 공식 요청하고 별첨으로 21종의 심사첨부자료를 문화재청에 보냈다.

하지만 문화재청은 종전 일무와 개선된 일무가 대립되고 있는바, 일무의 원형 관련 논란이 해소되기 전까지는 종전대로 시행할 것을 통보하고, 이후 양측의 입장만 고수한 채 10년이 넘는 시간을 보냈다.

그러던 중 성균관과 문화재청은 2017년 8월 28일과 10월 24일 두 차례에 걸쳐 전통 계승에 최선을 다하기로 뜻을 모으고 일무 원형 고증에 적합한 전문가들을 초빙해 검증위원회를 개최하기로 합의했다.

이에 따라 성균관과 문화재청은 석전대제 일무 검증위원회를 구성해 2017년 12월 20일, 2018년 2월 2일과 13일 모두 3차에 걸쳐 회의를 개최했다.

석전대제보존회는 2018년 5월 이와 관련해 '석전대제 일무 검증위 보고서에 대한 성균관의 입장'을 발표하고 문화재청에 원형 복원에 따른 조속한 조치 및 입장 표명을 요구했다.

반면 문화재청은 지금까지도 검증위 보고서에 대해 어떠한 입장도 내놓지 않고 있다. 다만 문화재청은 2018년 9월14일 제9차 무형문화재위원회 회의를 열고 '석전대제 일무 관련 검증위원회' 검증 결과를 안건으로 상정해 검토한 결과 '1980년 석전 일무'가 잘못됐다며 더 늦기 전에 바꿔야 한다고 의견을 모은 것으로 알려졌다.

하지만 회의 내용은 공개되지 않았고, 잘못을 바로잡기 위한 조치는 전혀 취해진 바 없다.

이상은 지난 십수 년간 벌어졌던 '석전 일무 원형' 논란의 개략적인 전말이다. 이 글은 석전 일무에 관한 전문적인 학술논문이 아니다. 다만 이 같은 '석전 일무 원형' 논란의 진상을 좀 더 구체적으로 살펴보고 문제점과 방안에 대해 논하고자 한다.

2) 1980년 복원 일무는 원형 아닌 창작무

(1) '석전 일무 원형' 논란의 출발

우선 '석전 일무 원형' 논란의 당사자인 김영숙은 자신이 '석전 일무 원형'을 복원하게 된 과정을 다음과 같이 말한다.

"1976년부터 시작된 문묘제례일무의 재현작업은 1980년 가을에 완성하여 그해 가을 국립국악고등학교 목멱예술제[국립극장 소극장, 현 달오름극장]에서 성경린 선생 외에 김기수 원장, 김성진 악사장, 김천흥 선생, 김태섭 선생 등

국악계의 원로들이 함께 자리한 가운데 재현된 문묘제례일무를 시연하고 품평하여 완성하였으며 다음해인 1981년부터 춘기석전대제에서 국립국악고등학교 학생들에 의해 추어지게 되었다."(김영숙,「문묘제례일무의 전승과 재현」, 64-65쪽, 2007)

그리고 언론과의 인터뷰에서도 다음과 같이 말하고 있다.

"대학교 4학년 말 국립국악원 무용단원으로 활동을 시작했다. 대학졸업 후 76년 초까지 국립국악원에서 근무하다가 이후 국립국악고에서 교육활동을 시작했다. 국악고 재직 당시, 종묘대제의 팔일무와 봄·가을 성균관에서 열리는 석전 문묘제례일무 지도를 맡았다. 이것이 계기가 돼 1982년에 이화여대에서 '현행일무고(現行佾舞考)'라는 일무와 관련된 논문을 집필한 바 있다."(아시아뉴스통신 2017년 6월 6일 기사, 전통예술계의 대모 정재연구회 김영숙 예술감독)

이에 따르면 대학을 갓 졸업한 무용단원이 '석전 일무 원형'을 복원했다는 것인데 이것이 과연 가능한 일인가. '석전 일무 원형'에 대한 논란은 1980년 김영숙이 복원했다는 일무에 대한 이같이 지극히 합리적인 의심에서 출발한다.

(2) 1980년 김영숙의 일무는 무형문화재 지정조사보고서 144호에도 맞지 않는다

문화재청은 성균관에 무형문화재 지정 당시의 내용대로 석전을 봉행해 달라고 요구하고 있다.

문화재청이 지정 당시의 내용으로 제시하고 있는 것은 1981년의 '무형문화재

지정조사보고서 제144호'와 1998년 국립문화재연구소가 발간한『중요무형문화재 제85호 석전대제』에 부록으로 실린 문묘일무보이다. 이 문묘일무보가 1980년 김 영숙이 원형을 복원했다는 그것이다.

그러나 김영숙의 주장에 따르더라도 이 문묘일무보는 무형문화재 지정 당시의 것이 아니다.

결과적으로 문화재청은 지정 당시의 내용대로 석전 일무를 봉행해 달라고 요구 하고 있지만 그 대상이 존재하지 않는 것이다.

김영숙은 "문묘제례일무를 재현함에 있어서 참고한『반궁예악서』의 무보와 우 리나라 제도의 차이점을 〈표 1〉을 통해 일차 비교한 후 문헌을 바탕으로 한 우 리나라 일무의 고유성에 대하여 살펴보고자 한다"며 아래의 표를 만들어 보여주 고 있다.(김영숙, 한국 문묘제례일무의 고유성과 이에 따른 재연 및 전승,『한국무용기록학회』14 권, 2008, 74~75쪽)

이 표에서 현행 문묘제례일무란 김영숙 자신이 만든 것인데 김영숙은 엉뚱하게도 자신이 만든 일무가『반궁예악서』와 다르다고 주장하고 있다.

이는 김영숙 자신에게 구술해 줬다는 성경린의 무형문화재 지정조사보고서 제 144호의 내용을 모두 부정하는 것이다. 아래는 김영숙이 작성한 〈표 1〉이다.

〈표 1〉 현행 문묘제례일무와『반궁예악서』무보와의 차이점

	현행 문묘제례일무	반궁예악서 무보
시대배경	송·원대	명·청대
공자 존호	대성지성문선왕	지성선사
일무 제도	팔일무(64명)	육일무(36명)
일무 내용	문무와 무무	문무

의물	문무에는 약적을 들고, 무무에는 간척을 든다. 적의 깃이 아래로 드리워져 있다.	약적을 든다. 적의 깃이 위로 솟아 있다.
행례와 일무	영신·전폐·초헌에 문무를 추고, 아·종헌에 무무를 춘다.	초헌·아헌·종헌에 문무를 춘다.
무위	정로의 서쪽에 선다.	정로를 중심으로 좌우(동서) 3열씩 나뉘어 선다.
준비동작	가슴에 ㅣㅣ자로 모은다.	약을 안으로 하고 적을 바깥으로 한다.
약적	문무는 양을 상징하며, 왼손에 들은 약은 양의 기운이 강한 것을 취하며, 약은 세워 들거나 양손을 모을 때는 약을 앞으로 모은다. 오른손에 들은 적은 음을 상징하여 음양의 조화를 이룬다.	약은 땅을 상징하여 수평으로 들고, 적은 하늘을 상징하여 종으로 든다. (약은 땅을 상징하므로 음을 나타내고, 적은 하늘을 상징하므로 양을 나타낸다.)
간척	무무는 음을 상징하며, 오른손에 들은 척을 강조하여 척으로 간을 내려치는 동작을 한다. 양손을 모을 때는 간을 횡(橫)으로 하고 척을 종(縱)으로 한다.	
춤사위	팔풍을 상징하여 팔방으로 움직인다.	어깨 높이 위로 올리지 않는다.
삼진삼퇴	제자리에서 춘다.	삼진삼퇴(三進三退)한다.
악곡	주례의 음양합성에 따라 등가의 연주에는 문무를 추고, 헌가의 연주에는 무무를 춘다. (응안지곡·명안지곡·성안지곡 등)	등가·헌가가 없이 하나의 월대 위에서 연주한다. 명 세종 가정 때에 악곡이 바뀌었다.(영화지곡, 안화지곡, 경화지곡 등)
악장	전폐에 '自生民來', 초헌에 '大哉聖王', 아·종헌에 '百王宗師'를 부른다	초헌에 '自生民來', 아헌에 '大哉聖師', 종헌에 '百王宗師'를 부른다.
재현	한국적 제도에 따른 한국화된 춤사위로 재현한 것으로 우리의 고유성과 독자성을 전승할 수 있다.	대만·중국이 일무를 재현할 때 근거가 된 명대 문헌의 무보를 충실하게 재현하여 또 하나의 동북공정이 될 수 있다.

전승	장악원→이왕직아악부·아악부원 양성소→국립국악원·국립국악고 등학교로 이어져 왕가의 법통으로 계승.	명대문헌을 바탕으로 연구 발표한 실적물로서 전승계보가 없음.
인증	국립국악원, 국립국악고등학교 등 악무관련 기관의 인증을 거침. 성균관에서 추인. 문화재청에서 중요무형문화재로 인정.	석전대제보존회의 요청으로 한국석전학회의 심사를 거쳐 성균관에서 인증.

김영숙은 자신의 주장과 관련해 어떤 전거도 제시하지 않고 있다. 예를 들어 자신이 복원한 일무의 배경이 송·원대 것이라고 주장하지만 이는 선언에 불과할 뿐 어떤 전거도 없다. 아이러니하게도 이 표는 김영숙의 의도와 달리 주장 모두가 무형문화재 지정조사보고서 제144호와 배치되고 있음을 알려주고 있다.

(3) 무형문화재 지정조사보고서 제144호의 일무 관련 핵심 내용은 '삼방배' 지양과 '반궁예악서' 빙거다.

석전대제는 1986년 11월 1일 대한민국 중요무형문화재 제85호로 지정됐다. 이에 앞서 국가무형문화재 지정을 위해 열린 문화재위원회는 1986년 10월 8일 문화재관리국 회의실에서 성경린, 예용해, 유희경, 이두현, 정병호 등 5명의 위원이 참석한 가운데 개최되었다. 석전대제를 중요무형문화재로 지정함과 동시 보유단체를 인정할지의 여부를 의결하는 회의였다. 이때 제안 사항과 제인 내용은 다음과 같았다.

• 제안사항 : 석전대제를 중요무형문화재로 지정하고, 그 보유단체를 다음과 같이 인정하고자 부의하오니 심의하여 주시기 바랍니다.

• 제안사유 : 석전대제는 신라 이래 고려 조선조를 이어 전해 내려오는 우리 민족의 정중한 예속으로 그 전통음악인 문묘악과 팔일무 및 고전적인 의식절차가 화려하고 장중하여 예술적 가치고 크므로 이를 중묘무형문화재로 지정하여 전승 보존하고자 함.

• 보유단체 인정 :

   – 보유단체 명칭 : 중요무형문화재 석전대제보존회

   – 소재지 : 서울 종로구 명륜동 3가 53

   – 대표자 : 박중훈(남, 71세, 성균관장)

   – 보유자 신청대상자 : 박중훈(남, 71세), 최성환(남, 42세)

   – 지정조사자 : 성경린(문화재위원), 유승국(전 성균관대 유학대학장)

   – 참고사항 : 조사보고서 별첨

이 회의에서는 원안대로 의결하되 보유자 인정은 하지 않기로 하였다. 이때 별첨된 조사보고서가 무형문화재 지정보고서 제144호이다.

이 지정보고서에서 지정조사자인 성경린은 다음과 같이 기록하고 있다.

"四. 其他(81年 秋祭 參觀) 〈중략〉 8.15 이전까지 석전행례에 여자는 전무하였는데 제관에 여집사가 등장하고 일무판에 남자의 문무, 무무이던 8일무가 현재는 국악고등학교 여학생으로 대체된 것들이 석일과는 크게 변한 것이라고 볼 수 있다. 그러나 그 일무의 내용은 종래 안이하고 간략하던 춤사위를 지양하고 '반궁예악서'에 빙거하여 문묘일무의 옛 모습을 돌이킨 것은 가위 획일적인 개선이오 장거라고 이를 것이다. 다만 춘추 석전에 성균관에 보관되고 있는 악기와 의상으로는 부족해서 국립국악원에서 그 부족분을 매양 보충하여 주악에 당하고 있는데 이의 보완 제작도 바삐 서둘러야 할 것으로 보았다. 1981. 9. 23."

여기서 '석전 일무 원형' 문제와 관련해 주목해야 할 점은 '그 일무의 내용은 종래 안이하고 간략하던 춤사위를 지양했다'는 부분과 '반궁예악서에 빙거하여 문묘일무의 옛 모습을 돌이킨 것은 가위 획일적인 개선이오 장거라고 이를 것이다'라고 한 부분이다.

이보다 앞서 성경린은 1972년 5월25일자 「유림월보」에 기고한 '일무금석(佾舞今昔)'이라는 글에서 다음과 같이 말했다.

"내가 佾舞版에 처음 들어선 五十年前에도 文舞는 左方 中央 右方 中央 規則的인 三方拜로 始終이오 武舞는 亞獻은 선 자리에서 그리고 終獻은 廻身으로 도끼로 방패(干)을 소리내어 치는 춤사위로 固定되어 있었다. 확실히 原形 古形은 아닌 매우 單調롭고 雅拙한 佾舞로 轉落하였다는 印象이다. 종묘의 佾舞는 종묘제예악의 창제와 더불어 너무 어울리는 文舞 武舞가 새로 안무되고 그 舞譜가 「時用舞譜」(單一本國立國樂院所藏)로 전해오고 있다. 그러나 정작 아악 佾舞의 정확한 舞容에 대해서는 전혀 막막하다. 〈중략〉 佾舞의 舞容을 바로잡는 일 이것을 더는 미루지 말고 바삐 서둘러야 하겠다. 전날의 文廟의 석전이든 宗廟의 祭享에는 雅樂部의 定職 雅樂手만으론 不足되어 雅樂生과 외부에서 임시로 무원을 고용하여 세우고 있었다. 그러니 自然 제대로의 춤을 익히고 춘달 수가 없다. 그래서 窮餘之策으로 그런 三方拜와 干戚을 뚝딱거리는 簡易한 舞作이 案出된 게 아닌가. 이것은 정말 하루 速히 止揚되어야 할 것이다."

이로 보면 지정보고서에서 '종래 안이하고 간략하던 춤사위를 지양했다'는 것은 '삼방배'를 지양했다는 것임을 알 수 있다.

이제 지정조사보고서의 기준은 두 가지 점으로 요약할 수 있다. 첫째는 '삼방배'를 지양하고, 둘째는 『반궁예악서』를 빙거했다는 것이다.

그런데 앞의 〈표1〉을 보면 김영숙은 일제의 잔재인 '삼방배'가 우리나라 고유의 일무라고 주장하는 한편, 자신이 만든 일무는 『반궁예악서』와 다르다고 설명하고 있다.

그렇다면 '무형문화재 지정보고서 제144호'에 맞지 않는 김영숙의 '석전 일무'는 석전에서 춰서는 안 된다.

3) 중요무형문화재 원형보존과 재창조 가이드라인

문화재청은 2006년 11월 「중요무형문화재 원형보존과 재창조 가이드라인」(이하 '가이드라인')을 발표했다.

공교롭게도 성균관이 한·중 문헌을 비교 연구하는 고증을 거쳐 문묘 일무의 춤사위를 원형으로 복원해 석전에서 실행한 때와 같은 해이다.

가이드라인은 '중요무형문화재에 있어 원형', '중요무형문화재 예능종목 음악분야 원형기준과 재창조', '무형문화재 춤의 원형과 보존계승 방안' 세 부분으로 구성돼 있다.

문화재청은 이 가이드라인에서 원형의 정의와 기준 등을 제시하고 있어 원형 논란의 해결에 여전히 유의미한 내용들을 담고 있다.

가이드라인에서는 문화재보호법 그 어디에도 무형문화재의 원형 개념에 대한 설명이 언급되어 있지 않다고 밝히고 있다. 또한 정재의 경우 원형의 개념은 보다 특수하게 적용되어야 하고, '본디 모습'으로서의 원형 전승에 보다 초점을 두어야 한다고 지적하고 있다.

그러면서 새로운 원형의 기준이 필요하다며 다음과 같이 말하고 있다.(11쪽)

> "무형문화재를 관리하는 공무원은 무형문화재 지정 당시의 조사보고서를 기준으로 원형보호를 말하고 있다. 원형 훼손의 문제가 생기면 지정당시의 보고서를 통해 시정을 권고하기도 한다. 첫 지정 당시 당해 문화재가 원형을 갖춘 것으로 인정하였기 때문에 이것이 원형의 기준이 된다는 논리이다. 〈중략〉 이러한 논리는 문화재위원들의 의견이 결합하여 무형문화재 정책의 기본근간이 되는 원형보존의 기본적인 논리로 오랫동안 지지를 받아왔다. 그러나 이제 변화를 인정하는 무형문화재라는 공감대가 형성이 되면서 새로운 원형의 기준이 필요하다."

한편, 가이드라인에서는 당시 원형 논란이 제기된 '종묘제례 일무'와 관련해 다음과 같이 기술하고 있다.(82쪽)

> "현행 일무는 재현 당시 김기수 선생이 「시용무보」를 중심으로 복원한 것이다. 오늘날 일무의 원형 훼손 문제를 제기하고 있는 쪽에서도 이 문제는 잘 알고 있다. 거듭 말하지만 원형문제는 무형문화재 모든 지정 종목이 일무와 같은 문제를 가지고 있기 때문에 모든 지정 종목은 지정 당시의 것을 원형으로 보아야 한다고 생각한다.

다만 무형문화재의 원형문제를 심층적으로 연구하는 것은 학자들의 몫이다. 일부 연구자들이 연구한 단편적인 몇 개의 논문을 바탕으로 원형의 시점과 기준이 달라지는 것은 바람직스럽지 않다. 앞으로 이에 대한 연구가 보다 심층적으로 이루어지고 학계와 관련분야 전문가들에 의해 검증이 되어 인정될 때 그 시점에 이르러 종묘일무의 전승주체인 종묘제례악보존회에서 이를 참작하여 수용하면 되는 것이다."

이 가이드라인에서 제시하고 있는 기준은 여러 면에서 타당하다. 그렇다면 문화재청은 이 같은 가이드라인을 일관성 있게 지켜야 하고, 이는 '석전 일무 원형 논란'에도 동일하게 적용되어야 한다.

이미 잘 알고 있듯이 '석전 일무 원형'에 관한 연구는 오랫동안 여러 부문에서 심층적으로 이루어졌고, '석전 일무'의 전승주체인 석전대제보존회가 그 같은 연구 결과들을 참작해 수용하면 된다.

'석전대제'가 무형문화재로 지정된 1986년 보유단체로 성균관의 '석전대제보존회'가 지정됐다. 이 석전대제보존회는 2008년 '사단법인 중요무형문화재 제86호 석전대제보존회'로 법인화됐고, 지난해에는 지침에 따라 '사단법인 국가무형문화재 석전대제보존회'로 명칭을 변경했다.

문화재청이 자신들이 정한 가이드라인을 지키지 않고 오히려 전승주체를 무시하고 있는 것이다.

4) 유교의례는 언제나 전거가 있다

유교의례는 어느 개인이 함부로 만들 수 있는 것도 아니고 임의로 바꿀 수도 없다. 모든 절차가 나라의 법으로 정해 전해져 왔다. 유교의례인 석전대제에 포함된

'석전 일무' 역시 마찬가지다.

'석전 일무'의 원형은 유교의례의 전승 원칙에 의거 복원되고 전승되어야 한다. 이 원칙은 크게 세 가지로 나눠 말할 수 있다.

첫째, 전거 없는 유교의례는 없다. 유교의례에는 모두 전거가 있으며, 여기에는 중국이나 우리나라의 구분이 없다. 이는 공자 이래 변함없이 지켜져 온 유교의례의 원칙이다.

이는 유교의 경서인 『논어』에서 비롯한다.

> "선생님께서 말씀하셨다. '은나라는 하나라의 예를 따랐으니 그 빼고 더한 것을 알 수 있고, 주나라는 은나라의 예를 따랐으니 그 빼고 더한 것을 알 수 있다. 혹시 주나라를 계승하는 나라가 있다면 비록 백세의 뒤라도 알 수 있다.'"(子曰 殷因於夏禮 所損益 可知也 周因於殷禮 所損益 可知也 其或繼周者 雖百世 可知也『논어』「위정」)

> "자공이 초하루에 고유하면서 희생으로 바치는 양을 없애고자 하자, 선생님께서 말씀하셨다. '사야, 너는 그 양을 아까워하지만 나는 그 예를 아까워한다.'"(子貢 欲去告朔之餼羊 子曰 賜也 爾愛其羊 我愛其禮『논어』「팔일」)

둘째, 석전대제의 원형 복원은 석전대제 봉행 주체인 성균관의 역사와 의식을 기록한 『태학지(太學志)』에서 출발해야 한다.

『태학지』는 성균관의 제도, 교과, 학생 생활 등에 관한 내용을 기록한 책으로 정조 9년(1785) 성균관 대사성 민종현(閔鍾顯)이 왕명에 의해 편찬했다.

정조는 『태학지』 저술을 명하면서 다음과 같이 글을 내렸다.

"이전에는 태학(太學)에 장고(掌故)를 다룬 책이 없어서 고증해야 할 일이 있을 때마다 그저 전문(傳聞)에 의할 뿐이었다. 태학은 예악(禮樂)이 일어나는 곳이고 풍화(風化)의 바탕이 되는 곳이며 마땅히 행해야 할 도(道)를 연구하고 재능 있는 이를 가려내는 일이 이루어지는 곳인데도 이에 관한 한 부의 문헌이 없는 것은 너무도 엉성한 것이 아닌가. 그리하여 서둘러 대사성(大司成) 민종현(閔鍾顯)에게 지시하여 널리 자료를 수집하여 전지(全志)를 편찬하도록 하였다."(太學舊無掌故之 書 每有考稽 徒憑傳聞 夫以禮樂之所由興也 風化之所由本也 考道辨材之所由作也 而尙 闕一部文獻者 不亦 陋之甚者乎 亟命大司成閔鍾顯廣蒐博采 編成全志)

석전대제는 성현들에 의해 갖추어진 예법이며 기록으로 전수되었다. 따라서 『태학 지』를 비롯한 예서(禮書)와 전거(典據)에 의거해 원형을 찾고 복원해야 한다.

셋째, 실준중화지제(悉遵中華之制) 혹은 실준전대지제(悉遵前代之制)이다. 즉 "모 두 중화의 제도를 따른다" 혹은 "모두 전대의 제도를 따른다"는 것이다. 석전대 제는 고려 때 전래된 이후 여러 번 유실되었으며, 그때마다 중국으로부터 예법 을 가져왔다.

"처음 태학에 들어온 사람은 반드시 선성선사에게 석전을 올렸으니 이것이 향사의 시작이다. 옛날에는 요, 순, 우, 탕, 문왕을 선성으로 삼고 예악시서를 가르친 사람을 선사로 삼아 유관들이 각각 그 시기에 제사를 지냈다.

한나라 명제 때인 영평 연간(58~75) 이후부터 비로소 공자에게 제사를 지냈 다. 그러나 오직 노나라 궐리에서만 제사를 지냈다. 위진시대에 비로서 공자를 태학에서 제사지내고 당나라 건국 후에는 주공을 아울러 제사지냈다. 당 태종

정관 연간(627~649)에 이르러 여러 신하의 건의로 선성과 선사의 위차를 바로잡았다. 이때부터 송나라와 명나라에 이르기까지 배유(配侑)의 예와 이증(貤贈)의 전범이 왕조를 거듭하면서 점차 갖추어졌다. 그 다스려짐과 피폐함을 관찰하면 왕조의 교화가 잘되고 못됨을 징험할 수 있을 것이다.

우리 조선조의 문묘에서 제사하는 전거(典據)는 모두 중화를 따랐다. 덕을 높이고 공에 보답하는 예가 그러했다. 비록 그 이어받고 개혁하고, 보태고 덜어내는 사이에 할 말이 없지는 않으나 중요한 것은 모두 묻고 의논하여 다 같이 동의한 것이니 취한 근거들이 있는 것이다. 유신들의 의논을 채택하여 송나라 현인들을 대성전으로 올려 종향한 것은 가정(명나라 세종, 1522~1567)의 제도에 근거한 것이다. 제유(諸儒)의 남측(濫廁:뒤섞여 낌침)을 출향(黜享:향사에서 뺌)한 것과 우리나라 여러 현인들을 앞뒤로 배향한 것은 덕풍을 교화해서 우러러보고 들도록 함이다. 성인의 도를 지키고 바른 학문을 숭상하여 선비들로 하여금 추창하여 미혹되지 않게 함이다. 아! 기록해 두지 않으면 그 어디에서 예법을 볼 것인가? 이에 향사 제2를 지었다."(始入學者 必釋奠于先聖先師 此享祀之始也 古者 以舜禹湯文王爲先聖 以禮樂詩書之所受敎爲先師 儒官各以其時祭之 自漢永平以後 始專祀孔子 然獨於魯之闕里祭焉 魏晉之間 始祀孔子於太學 唐興 又并祀周公 至貞觀中 諸臣 建議乃正先聖先師之位 自玆以逮乎宋明 配侑之禮 貤贈之典 以代寢備 觀乎其修廢而徵 王化之升降焉 本朝文廟祀典 悉遵中華 崇德報功 禮則然矣 雖其因革損益之間 不無可言 而要皆詢謀咸同 援據有自 至若探儒臣之議 而陞宋賢於殿內 倣嘉靖之制 而黜諸儒之濫 廁 以及我東群賢 後先躋配 樹之風聲 以聳觀聽 所以衛聖道 崇正學 俾士趨弗迷也 於乎不 有述焉 其何以觀禮 作享祀第二『태학지』향사)

5) 2007년 개선 일무

석전대제보존회는 2007년 8월 3일 개선된 일무의 심의를 문화재청에 공식 요청하고, 별첨으로 21종의 심사 첨부자료를 보냈다. 하지만 문화재청은 십수년이 지난 지금까지도 이에 대해서는 답변하지 않고 있다.

한국석전학회에서는 2007년 '문묘일무개선안'에 대한 심사결과 최종종합보고서를 제출했다. 이 보고서에서는 1980년 김영숙의 일무와 임학선의 일무를 검토해 다음과 같은 결론을 내렸다.

임학선은 1980년에 음악인 성경린이 『반궁예악전서(頖宮禮樂全書)』를 참고로 구술하고 김영숙의 지도하에 원형을 복원하였다는 기존일무가 상당한 오류가 있어 대폭 수정돼야 한다고 주장하였다. 이에 심사위원 전원은 『반궁예악전서』에 대한 일무 술어가 청구자와 국립국악원 발행 『국악전집 9』의 해석은 원문과 서로 일치하나 김영숙의 해석만이 원문과 상당부분 오역이 있음을 발견하였다. 한편으로 김영숙은 스승과 함께 참고했다는 『반궁예악전서』조차 '신뢰하지 않는다'고 말하는 등, 논리적 일관성과 학문적 진지성을 발견할 수 없었다. 김영숙의 논문 "문묘제례일무"(『釋奠學論叢』, 2005) 등에서조차 석전일무에 관한 참고도서는 한 권도 없었다.

기존일무 복원당사자인 김영숙에 의하면 '일무는 몸과 몸으로 전승되는 것'이므로 문헌보다 스승인 성경린의 구술을 절대적이라고 주장하면서도, 스승이 '복원에 빙거했다'(문화재지정조사보고서 144호)고 하며 건네준 『반궁예악전서』조차 원형복원과 관련한 사료적 가치를 부정하는 등, 송·명·청대의 모든 석전일무에 관한 문헌을 일방적으로 인정하지 않는 우를 범하였다. 그것은 학문적 자세에 어긋나는 독단에 불과할 것이다. 석전일무는 몸과 몸으로 전승되는 창작무용이나 민속무용이 아니고, 춤 속에서 성현을 높이는 유교사상과 철학적 의미가 명확히 담겨야 한다. 또한 오랜 고전적 전통을 지닌 석전일무는 현대에 와서 감히 임의로 창작·변형시킬 수 없는 춤이며, 무용전문가도 아닌 음악인 성경린의 창작을 절대시한다면 이 또한 학자의 연구태도도 아닐 것이다.

임학선은 원형복원을 위한 문헌적 근거로『송사(宋史)』에 수록된 송대 신종 원풍 2년(1079)의 일무술어와 철종 원우4년(1089) 섭방(葉防)의 무보의 술어 그리고 명대의『궐리지』·『남옹지』·『악률전서』와 청대의『반궁예악전서』, 조선 정조 때의『춘관통고』(1788) 등 18종에 이르는 많은 관련 서적을 통해 조사·연구·검토한 결과를 상세히 소개하였고, 심사위원들은 석전일무가 송대로부터 명·청대 그리고 조선조에 이르기까지 (八佾舞나 六佾舞와 관계없이) 모두 일관된 형태로 전승되었음을 확인할 수 있었다. 또한 김영숙이 주장하는 일무단의 위치와도 무관함을 알 수 있었다.

우리나라 석전악무는 고려 예종 때(1116년) 송대 휘종으로부터 유입되었으나, 당시의 문·무보는 1089년 송대 섭방이 만든 것으로 추정된다. 왜냐하면 그 연대 차이가 불과 27년 정도이기 때문이다. 섭방의 일무술어에는 문무(文舞)를 '화성천하지무(和成天下之舞)'로, 무무(武舞)를 '위가사해지무(威加四海之舞)'로 명명하였다. 그리고 훗날 출간된 명·청대의『궐리지』『악률전서』『반궁예악전서』와 조선의『춘관통고』등 대부분의 무보는 섭방의 일무술어와 일맥상통하여 그 형태가 거의 일치되고 있다. 그러나 김영숙은 '화성천하지무'와 '위가사해지무'가 각각 문무와 무무가 아니라고 주장하는바, 이는 무보의 원전들을 전혀 검증하지 못한 것으로 판단된다. 특히 무무의 경우는 고증된 문헌조차 왜곡하여 문무를 바탕으로 하여 무무를 임의 창작하는 등, 결국 무무가 가지는 특징을 살리지 못한 채 임의창작 되었다는 임학선의 주장은 이유 있다 할 것이다.

80년 복원 당사자인 김영숙은 명대 이후의 무보는 송대 석전(제후의 례)을 기준으로 하고 있는 우리나라(천자의 예우)와 다르기 때문에 명·청대의 서적을 복원자료로 삼는 것이 우리 춤과 맞지 않다고 하였는데, 문헌적 탐구가 없었음을 스스로 입증한 것이다. 왜냐하면 일무는 천자의 예우나 제후의 예나 그 춤의 형식과 동작이 변화가 없기 때문이다. 임학선은 이미 송대 무보(섭방)의 술어를 찾아내어 명대의 『궐리지』 『남옹지』 『악률전서』, 청대의 『반궁예악전서』, 조선의 『춘관통고』의 무보가 춤의 형식과 내용이 일관된 형태로 유지됨을 발견하였다. 특히 주목되는 것은 임학선이 『악률전서』를 통하여 이제까지 숨겨졌던 무무보(武舞譜)를 최초로 발견, 무무의 원형을 찾았다는 사실이다. 이는 성균관 석전문화의 쾌거라 아니할 수 없다.

김영숙은 우리나라 석전이 송대를 기준 한다고 주장하면서도, 80년 복원 당시의 청대 자료인 『반궁예악전서』를 참고하였는데, 이는 자가당착이다. 왜냐하면 김영숙은 우리의 춤과 주체성을 강조하면서도 중국 송대를 기준하는 한편 80년 복원 당시 성경린과 함께 중국 청대 자료를 참고하였기 때문이다. 석전의례 자체가 이미 중국문화임은 천하공지의 사실인 바 어디까지 주체이고, 어디까지 객체인지를 명백히 가릴 수 있어야 한다. 고래로 석전 일무의 춤사위는 중국에서 넘어올 때 이미 개별동작의 명칭과 형태가 술어로 풀이되어 있어 임의창작은 있을 수 없다.

김영숙은 중국과 달리 조선이 독자적으로 석전의례를 유지해야 함을 인정하면서도, 조선 정조 때 발간된 『춘관통고』는 유독 중국 청대의 시기에 맞추어 주체성 없는 문헌으로 매도하고 있는 바, 이는 오직 음악가 성경린과 김영숙만이 춤사위 창작의 주체가 될 수 있고, 다른 조선 학자들은 모두 주체성이 없다는 주장은 독단에 불과하다. 『춘관통고』 속에는 송대는 물론 송대 이전의 일무변화를 설

명하고 있는 바, 김영숙의 이러한 주장은 문헌연구를 제대로 하지 않았다는 증거
다. 오히려 김영숙이 『석전학논총』에서 소개한 '삼방배' 형식의 일무야말로 어느
문헌에도 없는 오직 일제(日帝) 이왕직아악부의 영향을 받은 전형적인 국적 없는
창작무라 할 것이다.

이상과 같은 이유로 임학선의 문묘일무 개선안은 종래의 일무보다 원형복원을
위함에 있어 상당한 접근을 이루었으며, 한편 일제 강점기가 남긴 정신적 잔재를
청산하는 의미도 있다고 판단된다. 문묘석전은 우리나라에서 국가중요무형문화
재 85호로 지정된 후 유네스코 지정 세계문화유산 후보로 채택되었고, 바야흐로
중국을 비롯한 아시아 국가들을 통해 세계적 문화콘텐츠로 발돋움하고 있는바 문
헌의 고증에 따른 객관성이 더욱 절실히 요구되는 때이다. 이런 점을 감안하여 뒷
날의 가능성까지 열어놓고 석전의례의 원형이 완전 복원될 수 있도록 지속적인
노력이 요구됨을 심사위원 전원은 공감하였다.

6) 나가는 말

성균관 석전대제보존회는 문화재청과 석전대제 일무 검증위원회를 구성해
2017년 12월 20일, 2018년 2월 2일과 13일 회의를 개최했다. 석전대제보존회가
2007년 8월 개선된 일무의 심의를 문화재청에 공식 요청하고 별첨으로 21종의 심
사첨부자료를 보낸 지 11년만이다.

세 차례의 검증위원회 회의에서 양측의 전문가들은 큰 시작의 차이를 보였지만
김영숙의 술어 해석 오류에 대해서는 모두 인정하고 있었다. 김영숙의 술어 해석
은 이제 더 이상 그 정당성을 얻기 힘들게 된 것이다.

검증위원회에서는 참석자들의 어이없는 발언으로 소란이 일기도 했다. 문화재

청이 추천한 한 전문가는 "문묘제례는 유교의례가 아니었으며 궁중의례였다"고 발언했다. 유림들이 들으면 기가 막힐 얘기지만 실제 전문가라는 인사가 한 말이다.

이 인사는 '문묘제례 일무 검토 의견서'에서도 "문묘제례 일무를 포함한 문묘제례(석전대제)는 본래 궁중제례의 하나였다. 유교의례가 아니었다. 일무는 궁중제례에 수반되는 궁중무용이다", "현재 석전대제보존회는 문묘제례를 유교의례로 생각하고 있는 것이 문제이다. 문묘제례가 유교의례라면 문묘제례악과 일무가 포함되어 있는 이유를 설명할 수 없다"라고 주장했다.

유교제사를 궁중의례라고 주장하다니 상상을 초월하는 발언이다. 성균관과 전국 234개 향교에서 행하는 석전이 궁중의례라니? 그렇다면 유림들은 궁중관리인인가? 향교에서 궁중의례를 하나? 조선의 궁중예법이 유교식이라는 말은 가능해도 공자를 비롯한 성현을 모시는 유교제사를 궁중의례라고 할 수는 없다.

게다가 참관인으로 참석한 문화재청 무형문화재과장은 "지금이 어느 때인데 현대를 살아가면서 중국 것인 명청시대의 의식을 왜 고집하는가"라고 망언을 쏟아내 검증위원들의 지탄을 받고 회의가 중단되기도 했다.

유교 의례의 전거는 다수가 중국의 고전이다. 석전대제의 원형을 찾기 위해 근거를 찾다보면 당연히 조선의 예서뿐만 아니라 중국의 예서들을 살피게 된다. 이는 당연한 일이다. 이런 노력을 격려하지는 못할망정 중국 운운하며 격하하는 것은 유교를 조롱하는 행위다.

한편, 검증위원회에 참여했던 이종숙은 검증위원회를 마치고 「한국 석전대제 – 문묘일무의 쟁점과 전형(典型) 검토」라는 글을 발표했다.

이종숙은 이 글에서 "『국조오례의』에 의하면, 문묘 제향 중 임금과 왕세자가 친사하는 향문선왕시학의(享文宣王視學儀)에는 3헌(獻)을 올리면서 문무인 〈열문지무〉와 무무인 〈소무지무〉를 연행했다. 왕세자가 올리는 석전문선왕의(釋奠文宣王儀)에는 문무만 연행하고 무무는 연행하지 않았다고 여겨진다"고 썼다.

그러면서 "[王世子釋奠文宣王儀]와 [有司釋奠文宣王儀]에는 '典樂이 공인 2무(二舞)를 인솔하여 들어가 위치를 잡는다'(98쪽/101쪽)고 되어 있고, 또 '문무가 물러나고 무무가 나오면 헌가에서 〈서안지악〉을 연주한다'(99쪽/102쪽)고 하였다. 그런데 아헌에서 〈성안지악(成安之樂)〉이 연주될 때 〈소무지무〉를 춤추라는 지시가 기록되지 않은 점은 특이사항이라 여겨진다. (99쪽/102쪽) 이로 인해 문장의 행간으로 무무인 〈소무지무〉가 춤추어졌다고 해석되기도 하지만, 앞서의 다른 기록의 방식으로 볼 때, 아헌에 〈소무지무〉를 춤추라[作]는 표기가 빠져 있음은 2무를 진설하되 무무를 춤추지 않았을 것으로 생각된다. 흉례에 악기를 진설하되 연주는 하지 않는 것과 같은 예라고 판단했다"고 각주를 달았다.

그런데 이 부분은 방동민 석전대제보존회 사무국장이 검증위원회에서 지적한 사항이다. 그 이전까지는 어느 누구도 알지 못했다. 적어도 이종숙은 위와 같이 얘기하기 위해서는 이 점을 밝혔어야 했다.

이런 점들은 '석전 일무 원형' 복원 작업이 어느 특정한 집단이 아니라 각 분야 전문가들의 합동 연구를 통해 이루어져야 함을 확인시켜 주고 있다.

성균관과 석전대제보존회는 일무검증위원회를 마치고 「석전대제 일무 검증위 보고서에 대한 성균관의 입장」을 발표하고 문화재청에 송부했다.

"무형문화재 지정 당시 여러 가지 한계로 인하여 석전대제의 원형이 일부 어그러졌다. 유림의 입장에서는 선성(先聖), 선현(先賢)들게 큰 과오를 범하게 되었다. 이에 성균관과 석전대제보존회는 잘못된 석전대제 의식을 원형에 맞추어 바로잡고 우리 민족의 대표적 문화로서, 세계인이 함께 공유할 수 있는 문화로서 만세에 전하고자 하는 입장에서 다음과 같은 요구를 한다"며 "성균관과 석전대제보존회 는 석전대제의 원형을 찾고 전승함으로써 국민의 문화 의식 향상 및 민족 문화에 대한 자부심을 고취하기 위해 노력해 왔으며, 지속적으로 석전대제 전형 연구위 원회를 구성해 올바른 문화 계승을 위해 노력할 것이다"라고 밝혔다.

'석전 일무 원형' 논란에 대한 성균관의 입장은 제대로 된 '석전 일무 원형'을 복 원해야 한다는 것 외에 다른 것은 없다.

성균관과 전승주체인 석전대제보존회가 새롭게 '석전대제 전형 연구위원회'를 구성해 지난 10여 년이 넘는 시간 동안 축적된 연구 결과들을 바탕으로 '석전 일 무 원형' 논란을 종결시킬 수 있기를 바란다.

2. '석전 일무 원형 복원'은 일제 잔재 청산의 역사적 과제

이상호(성균관 부관장)

1)

2019년은 3·1운동 100주년이 되는 해이다. 1919년 3월 1일부터 수개월에 걸쳐 벌어진 3·1운동은 우리 민족사뿐만 아니라 세계사적으로도 커다란 의의를 갖는 사건이었다.

3·1운동 100주년을 맞아 미래 100년으로 나가자며 국가·사회적으로 다양한 사업들이 추진되고 있다. 사회 각계에서는 앞으로 100년의 미래까지 3·1운동의 정신을 온전히 잇는 것이 우리의 사명이라고 선언했다.

그런데 미래 100년으로 나아가기 위해서는 두 가지가 전제되어야 한다. 첫째는 일제의 잔재를 제대로 청산하고, 둘째는 일제에 의해 왜곡된 민족정신의 정수를 회복하고 보존하는 것이다.

여전히 우리 사회에 어두운 그림자를 드리우고 있는 일제 잔재의 청산은 우리 역사를 바로잡는 것일 뿐만 아니라 한국유교사를 바로잡는 일이기도 하다.

한국유교사에서 근현대유교사는 빈칸으로 남겨져 있다. 3·1운동 이후 유교인의 시대사적 역할에 대해서는 그다지 언급이 없다. 해방 정국과 제1공화국의 여러 정치 파동, 4·19혁명 등에서 유교인 역할은 제대로 조명을 받지 못하고 있다.

여기에는 여러 이유가 있겠지만 그 중에서도 해방 이후 제1공화국 기간 동안 유교 종단을 장악한 친일 유림이 오히려 득세를 하고 일제 잔재의 청산이 제대로 이루어지지 않은 데도 원인이 있다.

일제에 의한 유교 왜곡은 유교의 사상내용에서부터 각종 의례에까지 광범위하게 자행되었다. 유교 의례는 그 행위 하나하나에 의미가 있다. 그리고 그 의례 행위들은 수천년 문헌으로 통해 면면히 이어져 내려 왔다.

일제는 이러한 유교 의례를 무너뜨리기 위한 교묘한 작업들을 치밀하게 했다. 예를 들어 일제는 성균관의 문묘를 일본의 신사처럼 만들었고, 학생들이 공부하던 공간을 정원으로 만들어버렸다. 일제가 성균관 문묘에 설치한 배전(拜殿)과 명륜당 마당에 심어놓은 정원수들이 철거된 것은 광복 후 50년이 훨씬 넘어서였다. 하지만 이 같은 사실을 알고 있는 사람들은 별로 많지 않다.

문묘의 신로가 제 이름을 찾은 것도 얼마 되지 않는다. 신로는 신성한 곳이 아니었음에도 신도라고 부르면서 신사에서처럼 신성시하고 절까지 하는 행위가 멈춘 것도 얼마 전이다.

최근 벌어진 석전 일무 논란도 마찬가지이다. 유교권 최대 행사이자 무형문화재인 석전의 일무에 남아 있는 일제의 잔재를 밝혀낸 것도 얼마 되지 않는다. 하지만 일제의 세례를 받은 이들은 오히려 일제의 잔재를 우리 전통이라고 우기고 심지어는 국가권력을 동원해 자신들의 과오를 은폐하려고까지 하고 있다. 일제의 잔재를 제대로 청산하고 유교의 본래 모습을 회복하는 것은 3·1운동 미래 100년을 준비하는 유교인뿐만 아니라 우리 모두에게 주어진 어려운 과제이기도 하다.

2)

국가무형문화재 제85호 석전대제의 일무는 민가가 아니라 국가에서 관리하던 춤으로서 모든 절차가 나라의 법으로 정해졌고 춤사위는 예법에 따라 만든 것이기 때문에 문헌기록으로 남겨져 있음은 물론 개인이 임의로 바꿀 수 없는 것이다.

고대로부터 이어진 일무는 주나라 시대에 이르러 줄을 지어서 추는 춤의 형식체계를 갖추게 된 이래 송나라를 거쳐 고려 예종 11년(1116)에 우리나라로 전해졌다. 그러므로 우리나라의 일무는 1116년에 송나라로부터 들여온 것에서 유래한다.

고려와 조선 왕조를 거치는 동안에도 일무의 위치, 춤사위의 진퇴법 등에 관한 문제는 끊임없이 논란이 됐고, 이에 원형을 복원하고자 하는 논의가 지속적으로 이어져, 태종, 세종, 정조는 하·은·주 삼대의 고악(古樂)에 준해 일무의 원형을 복원하고 그 전통의 맥을 지켜왔음이 『조선왕조실록』에서 확인된다.

우리나라의 일무 춤사위는 일제 강점 시기에 대부분 망실됐다. 일무를 담당하던 예악인들이 모두 흩어지게 됨에 따라 일무의 올바른 전승이 어려워지게 됐다. 이에 성균관에서는 한·중 문헌을 비교 연구하는 고증을 거쳐 2006년 문묘 일무의 춤사위를 원형으로 복원해 석전에서 실행하게 된다.

문묘일무의 원형 복원은 성균관대 동아시아 특성화 사업단, 유교문화연구소의 지원과 (사)국가무형문화재 제85호 석전대제보존회, 석전교육원, 한국석전학회의 후원으로 2003년부터 2006년까지 5차에 걸친 '문묘일무 원형복원을 위한 학술시연'을 거쳐 2006년 9월 『춘관통고』와 『악률전서』에 근거해 문무와 무무의 춤사위를 복원했다. 그리고 석전학 관계 전문가로 구성된 심사위원회의 공식심의를 거쳐 2006년 다시 복원한 문묘 일무가 채택됐다. 이는 한국유교뿐만 아니라 문화계, 무용계에서 유래를 찾아볼 수 없는 쾌거였다.

3)

유교의례는 어느 개인이 함부로 만들 수 있는 것도 아니고 임의로 바꿀 수도 없다. 모든 절차가 나라의 법으로 정해 전해져 왔다. 유교의례인 석전대제에 포함된 '석전 일무' 역시 마찬가지이다.

'석전 일무'의 원형은 유교의례의 전승 원칙에 의거 복원되고 전승되어야 한다. 이 원칙은 크게 세 가지로 나눠 말할 수 있다.

첫째, 전거 없는 유교의례는 없다. 유교의례에는 모두 전거가 있으며, 여기에는 중국이나 우리나라의 구분이 없다. 이는 공자 이래 변함없이 지켜져 온 유교의례의 원칙이다.

둘째, 석전대제의 원형 복원은 석전대제 봉행 주체인 성균관의 역사와 의식을 기록한 『태학지(太學志)』에서 출발해야 한다.

『태학지』는 성균관의 제도, 교과, 학생 생활 등에 관한 내용을 기록한 책으로 정조 9년(1785) 성균관 대사성 민종현(閔鍾顯)이 왕명에 의해 편찬했다. 석전대제는 성현들에 의해 갖추어진 예법이며 기록으로 전수되었다. 따라서 『태학지』를 비롯한 예서(禮書)와 전거(典據)에 의거해 원형을 찾고 복원해야 한다.

셋째, 실준중화지제(悉遵中華之制) 혹은 실준전대지제(悉遵前代之制)이다. 즉 "모두 중화의 제도를 따른다" 혹은 "모두 전대의 제도를 따른다"는 것이다. 석전대제는 고려 때 전래된 이후 여러 번 유실되었으며, 그때마다 중국으로부터 예법을 가져왔다.

『태학지』에서는 조선의 문묘에서 제사하는 전거는 모두 중화를 따랐다고 밝히고 있다. 물론 일무도 여기에 포함된다.

또한 『태학지』에서는 비록 그 이어받고 개혁하고, 보태고 덜어내는 사이에 할 말이 없지는 않으나 중요한 것은 모두 묻고 의논해 다 같이 동의한 것이니 취한 근거들이 있다고 말하고 있다. 이러한 유교 의례의 전승 원칙은 '석전 일무 원형' 복원의 첫 번째 원칙이 되어야 한다.

4)

석전대제는 1986년 11월 1일 대한민국 중요무형문화재 제85호로 지정됐다. 당시 제출된 지정보고서의 지정조사자인 성경린 선생은 이보다 앞선 1972년 유교신문(당시 제호는 '유림월보')에 기고한 글에서 다음과 같이 말했다.

"내가 佾舞版에 처음 들어선 五十年前에도 文舞는 左方 中央 右方 中央 規則的인 三方拜로 始終이오 武舞는 亞獻은 선 자리에서 그리고 終獻은 廻身으로 도끼로 방패(干)을 소리내어 치는 춤사위로 固定되어 있다. 확실히 原形 古形은 아닌 매우 單調롭고 雅拙한 佾舞로 轉落하였다는 印象이다. 종묘의 佾舞는 종묘제예악의 창제와 더불어 너무 어울리는 文舞 武舞가 새로 안무되고 그 舞譜가 「時用舞譜」(單一本國立國樂院所藏)로 전해오고 있다. 그러나 정작 아악 佾舞의 정확한 舞容에 대해서는 전혀 막막하다. 〈중략〉 佾舞의 舞容을 바로잡는 일 이것을 더는 미루지 말고 바삐 서둘러야 하겠다. 전날의 文廟의 석전이든 宗廟의 祭享에는 雅樂部의 定職 雅樂手만으론 不足되어 雅樂生과 外部에서 임시로 무원을 고용하여 세우고 있었다. 그러니 自然 제대로의 춤을 익히고 춘달 수가 없다. 그래서 窮餘之策으로 그런 三方拜와 干戚을 뚝딱거리는 簡易한 舞作이 案出된 게 아닌가. 이것은 정말 하루 速히 止揚되어야 할 것이다."

이 글은 2018년 유교신문의 과거 기사를 정리하던 중 우연히 발견된 것이다. 비록 47년 전의 글이지만 석전 일무 원형 논란의 핵심을 잘 지적하고 있다. 아마도 이 글은 석전 일무를 왜곡시킨 인사들에게 적지 않은 곤란함을 안겨주었을 것이라고 여겨진다.

성경린 선생의 뒤를 잇고 있다는 인사들이 오히려 자기 스승의 뜻과는 반대로 '삼방배'가 석전 일무의 원형이라고 주장해 왔기 때문이다. '삼방배'가 석전 일무를 왜곡시킨 일제 잔재의 대표적인 사례임은 이미 잘 알려져 있는 사실이다. 그럼에도 석전 일무의 원형을 훼손시킨 인사들은 정권이 바뀌어도 세력을 굳건하게 유지해 온 문화 카르텔의 힘을 빌려 '삼방배'가 석전 일무의 원형이라는 억지 주장을 관철시키려 하고 있다.

하지만 더 이상 그들의 뜻은 관철될 수 없을 것이다. 그만큼 지금까지 이뤄온 연구 성과들이 그것을 용납하지 않기 때문이다.

2018년 성균관과 석전대제보존회는 일무검증위원회를 마친 후 「석전대제 일무 검증위 보고서에 대한 성균관의 입장」을 발표하고 문화재청에 송부한 바 있다.

이 입장문에서는 무형문화재 지정 당시 여러 가지 한계로 인해 일부 어그러진 석전대제의 원형을 바로잡고 우리 민족의 대표적 문화로서, 세계인이 함께 공유할 수 있는 문화로서 만세에 전하기 위해 '석전대제 전형 연구위원회'를 구성할 것을 제안하고 있다.

'석전 일무 원형 복원'은 성균관과 성균관대에 주어진 역사적 시대적 의무라 할 것이다. 그리고 실제 그러한 역할을 할 수 있는 곳은 이 두 곳밖에 없다. 2006년 성균관과 성균관대가 공동으로 이뤄낸 성과들이 다시 한 번 재현될 수 있기를 바란다.

2010 국제석전학회 / 성균관대학교 600주년기념관 조병두국제홀

2010 국제석전학회 / 성균관대학교 600주년기념관 조병두국제홀

2011 국제석전학회 전야제 / 두리춤터

2011 국제석전학회 / 성균관대학교 600주년기념관

孔祥林　　　　　紀祥　　　　　焯然

2013 국제석전학회 / 성균관대학교 600주년기념관

2019 국제석전학회 전야제 한 · 중 문묘일무 비교공연 및 좌담회 / 두리춤터

2019 국제석전학회 전야제 한·중 문묘일무 비교공연 및 좌담회 / 두리춤터

2019 국제석전학회 / 성균관대학교 경영관 첨단강의실

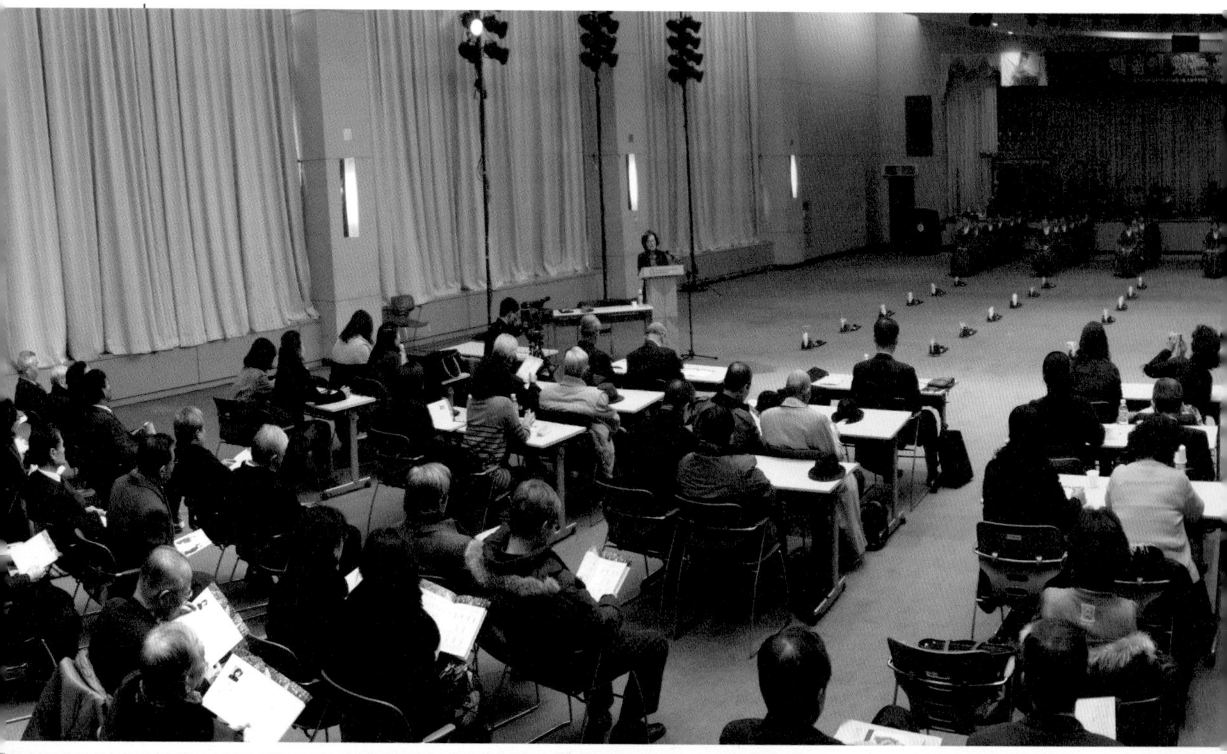

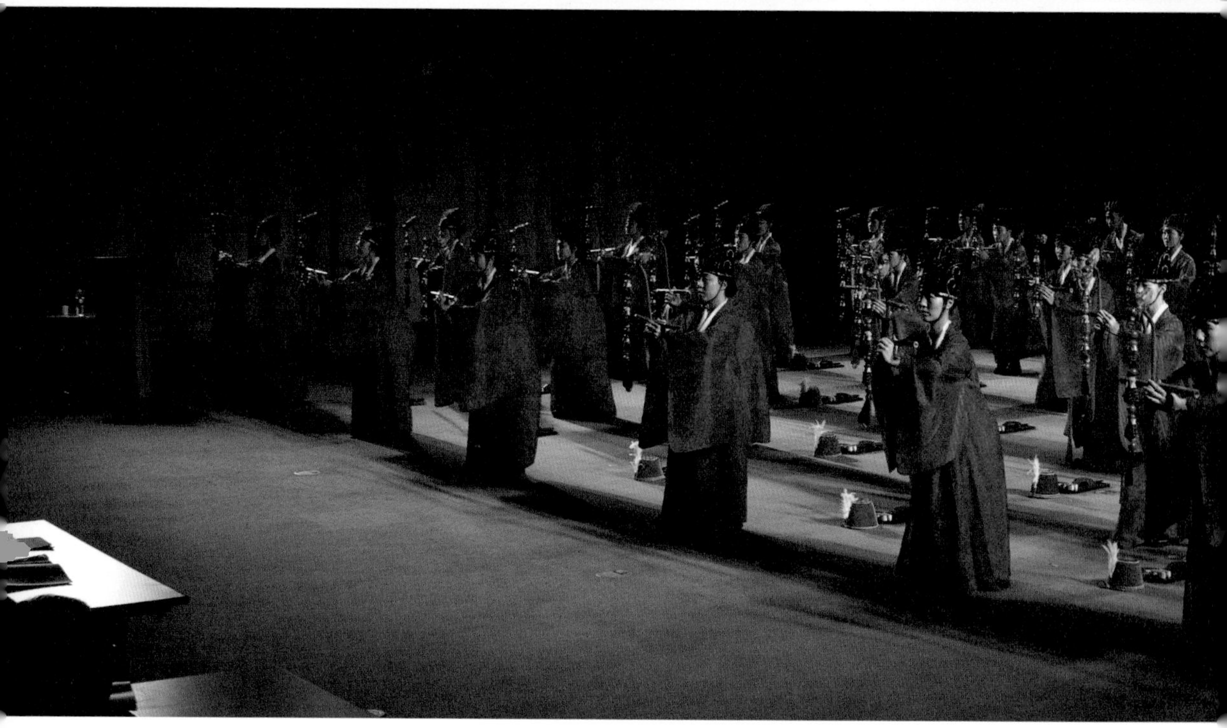

2009 해설이 있는 문묘일무
/성균관대학교 600주년기념관
조병두국제홀

2011 해설이 있는 문묘일무 /성균관대학교 600주년기념관 조병두국제홀

2011 해설이 있는 문묘일무 /성균관대학교 600주년기념관 조병두국제홀

2012 테마가있는 한국춤 시리즈 / 두리춤터

2014 테마가있는 한국춤 시리즈 / 두리춤터

문묘일무 해외 활동 / 중국·대만·프랑스·독일·홍콩

문묘일무 해외 활동 / 2010 대만 석전대제 문묘일무 공연

2018 임학선 춤 50년 〈굿에서 태극 그리고 문묘일무〉 출판기념회 / 두리춤터

2018 임학선 춤 50년 〈굿에서 태극 그리고 문묘일무〉 출판기념회 / 두리춤터

문묘일무 컨텐츠 개발 무용 〈스승 공자〉 / 성균관대학교 600주년 기념관 새천년홀

문묘일무 컨텐츠 개발 무용 〈스승 공자〉 / 예술의 전당 오페라극장, 프랑스 유네스코, 아르코예술극장 대극장

문묘일무 컨텐츠 개발 무용 〈영웅 이순신〉 / 아르코예술극장 대극장

문묘일무 컨텐츠 개발 무용 〈영웅 이순신〉 / 아르코예술극장 대극장

문묘일무 컨텐츠 개발 무용 〈문무꿈춤〉 / 아르코예술극장 대극장

문묘일무 컨텐츠 개발 무용 〈문무꿈춤〉 / 아르코예술극장 대극장

문묘일무 컨텐츠 개발 무용 〈문무꿈춤〉 / 아르코예술극장 대극장

문묘일무 컨텐츠 개발 무용 〈문무꿈춤〉 / 아르코예술극장 대극장

함께 한 사람들

문묘일무의 역사적 원형과 왜곡

저　　　자	임학선
편　　　집	박자은
표지 디자인	강낙현
이　미　지	이승은
사　　　진	포이어프로덕션

문묘일무 원형복원 연구진

책 임 교 수	임학선
연　구　원	유혜진 이보름 박지선
지　　　도	정향숙 김수정 노한나
시　　　연	성균관대 팔일무단

홍은주 김향선 전민정 정향숙 박연주 김미영 유혜진 정보경
연혜진 전현진 이보름 박지선 노한나 김수정 김민정 손유정
김민희 마리아 김경은 박보민 안정은 이승혜 김주희 이주희
우현주 최나경 이엄지 강공지 전성은 권나현 우경옥 제갈숙영
김보라 박완주 박소영 이혜민 박혜연 임정아 구성아 홍지인
유향임 이송하 최희아 김우리 양지현 안초롱 남예림 송지영
심아름 조윤경 박윤지 허윤경 김주혜 선경아 박미나 백은지
박하늬 이정민 고재선 조인호 전진홍 김주빈 조윤주 전수진

문묘일무 전공 박사

유혜진 이보름 박지선 백 로 이성결 정향숙 설자영

국가무형문화재 제85호 석전대제의 일무 원형성 검증

2007년 성균관 주최 검증위원	최병철 이상은 송수남 정승희 이장열
2018년 성균관 · 문화재청 공동주최 검증위원	이상은 임태승 윤덕경

문묘일무콘텐츠개발 〈스승 공자〉 〈영웅 이순신〉 〈문·무·꿈·춤〉

예 술 감 독/안 무	임학선
자　　　문	이상일 이상은 임태승
음　　　악	신혜영 홍동기
조　　　명	안드레아스릴케스 진용남
무　　　대	이동선
무 대 디 자 인	박동우 김동경
의　　　상	진영진 민천홍
아　카　이　브	포이어프로덕션 · LSIB
협동안무 및 지도	김용복 김기화 정향숙 유혜진 정보경
출　　　연	임학선댄스위 · 성균관대 팔일무단

정향숙 김유진 박연주 김미영 유혜진 정보경 이보름 박지선
노한나 김수정 박완주 이정민 조인호 김주빈 이혜민 김라희
김세정 조민아 김동민 김경은 안정은 이하울 선은지 함채원
이혜준 박정훈 양한비 송윤주 김시원 김현우 최종인 김효준
이원지 허윤경 허여진 조혜린 박혜리 황경미 윤선아 양세인
김민정 윤민정 박지현 이 솔 조민경 최은진 윤민정 정지수
이성결 백 로 이망서 우 맹 강연진 김현정 이지은 이숙영
조유미

특 별 출 연	임현선

유가예술문화콘텐츠연구소 총서시리즈 5

문묘일무의 역사적 원형과 왜곡

초판 1쇄 인쇄 2019년 12월 23일
초판 1쇄 발행 2019년 12월 31일

지은이 임학선
펴낸이 신동렬
펴낸곳 성균관대학교 출판부
책임편집 신철호
편 집 현상철·구남희
마케팅 박정수·김지현

등록 1975년 5월 21일 제1975-9호
주소 03063 서울특별시 종로구 성균관로 25-2
대표전화 02)760-1253~4
팩스밀리 02)762-7452
홈페이지 press.skku.edu

ⓒ 2019, 임학선

ISBN 979-11-5550-394-2 93680